PHYSICAL INTELLIGENCE

Harness Your Body's Untapped Intelligence to Achieve More,
Stress Less and Live More Happily

突破生理限制的
顛峰表現

PI

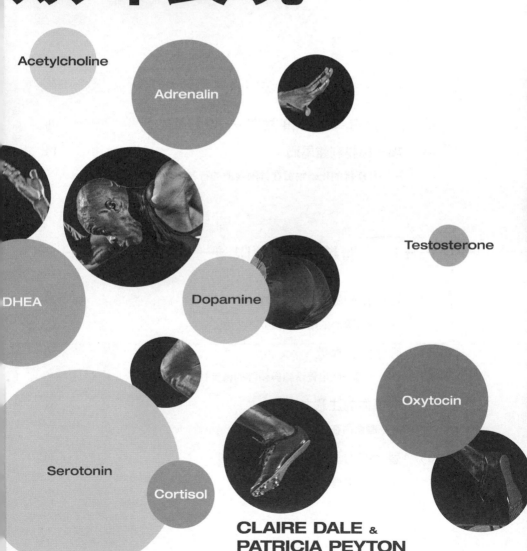

Acetylcholine

Adrenalin

Testosterone

DHEA

Dopamine

Oxytocin

Serotonin

Cortisol

CLAIRE DALE &
PATRICIA PEYTON

克萊兒・戴爾、派翠西亞・佩頓 著

曹嬿恆、陳松筠 譯

目錄 · CONTENTS

Part II ｜ 讓彈性沒有邊界

創造卓越成就的秘密——身體智能

　　我們的身體是展現智慧設計與功能的卓越典範，每秒能執行數以兆計的作業。有超過四百種神經傳導物質與荷爾蒙影響我們的思考、感覺及言行舉止，是生理機能驅動我們的行為表現，然而，儘管多數人都能**體驗**到生理反應、情緒與思想，卻渾然不知我們能加以**改造**。

　　「身體智能」（Physical Intelligence, PI）有能力偵測，並採取策略影響體內和腦內的化學物質平衡，主動管理我們的生理機能。只要練習身體智能的技巧，便能增強我們的**力量、彈性、復原力**與**持久力**，建立信心、做出更好的決定、迎向更遠大的挑戰，過著積極充實又堅忍不拔的人生。身體智能恐怕是21世紀最重要的智能。

身體智能是良好 EQ 的基石

　　身體智能一詞，首見於霍華德・嘉納（Howard Gardner）在 1983 年出版的書籍《發現 7 種 IQ》（*Frames of Mind*），讓我們對不同的智能與學習型態有初步理解。嘉納認為，「身體動覺」智能，也就是如擅長運動或舞蹈的人那種透過身體的實踐

學習而獲得的智能，就和其他智能一樣具有效力[1]。嘉納也確認「自省」智能（了解自己）與「人際」智能（了解他人），和一般用智商（IQ）來衡量的智能同等重要。

接著在1990年，兩位研究人員彼得・沙洛維（Peter Salovey）和約翰・梅爾（John Mayer）闡揚「情緒智商」（EQ或EI）的觀念，丹尼爾・高曼（Daniel Goleman）則在1995年出版重量級著作《EQ》（*Emotional Intelligence*）。情緒智商是察覺、控制及表達情緒的能力，以良好的判斷與同理心處理人際關係，從而成就自己和他人的個人成功與事業成功。

擁有高度的身體智能，才能表現情緒智商，這是因為我們大多隨著體內的生理變化而感受到情緒。情緒其實就是一股神經肽，這些化學物質被釋放到血液裡，抵達受體細胞，啟動產生行為反應的迴路；憂傷、興高采烈、挫折及驕傲，全都各有不同的化學作用，帶來截然不同的**感覺**。比方說，驕傲感容易從胸口慢慢地往外、向上移動；而挫折感則往往會快速地往內、向下收緊，形成一個個緊繃的結。

不過，身體智能的表現不僅如此，是身體的內在狀態，促使我們在夏日炎炎時沿著路上的蔭涼處走、捧讀一本愛不釋手的書、身體不舒服時少出門、避免接觸臭臉的人、和信得過的人做生意等等。五臟六腑（體內的器官）、四肢（腿、手臂、腳掌、手掌、腳趾、手指）、感官（聽覺、視覺、味覺、嗅

1　嘉納定義出八種「多元智能」：語言智能（linguistic；又稱 word smart）、邏輯數學智能（logical-mathematical；又稱 number/reasoning smart）、空間智能（spatial；又稱 picture smart）、音樂智能（musical；又稱 music smart）、人際智能（interpersonal；又稱 people smart）、自省智能（intrapersonal；又稱 self smart）、自然觀察者智能（naturalist；又稱 nature smart），以及身體動覺智能（bodily-kinaesthetic；又稱 body smart）。

覺、觸覺），以及肌肉骨骼系統（姿勢和方向感），不斷地與大腦島葉皮質（insular cortex）進行雙向溝通，後者位於大腦中心部位的深處，將生理經驗連結到思想和情緒，反之亦然。

二十年來的神經科學研究告訴我們，我們在走路時想到創新好點子的可能性，比坐著不動時高出45%；開放、擴張性的身體姿勢能增強信心與風險承受度；而定速呼吸的技巧則會讓認知功能增強62%。再者，有超過100篇研究證明，運動會提高智力，你的智商水準和任務執行效率都能因此受益。

這些證據愈來愈指向一個事實，就是身體智能不但和我們的認知與情緒表現並駕齊驅，更是**支撐**後者的基石。擁有較高的身體智能，能幫助打造出人人各盡其責的企業與社會，大家會更知道如何周全運用自己的才能，也能掌握促進和諧的技巧，幫助自己，也幫助組織攀上績效顛峰，永保不墜。

運用身體智能提升工作成效

一夜好眠的艾利克斯早上醒來，今天他即將帶領一場對客戶的簡報，同事和他為此已經準備月餘，如今一切就緒。艾利克斯起身，拿起手機，打開一封新郵件觀看。

不妙，客戶只能給他們10分鐘，而不是他原來準備的30分鐘。艾利克斯皺眉咒罵幾聲，肩膀微微前移，胃部緊縮，他的頸背後縮，下巴前凸，脊椎下陷，呼吸變得又急又淺。

艾利克斯注意到這些徵兆，於是放慢呼吸，很快地掃視身體一圈。他發現自己的膝蓋鎖死、下顎緊咬、肩膀也很緊繃，有種被重重打了一拳的感覺，這個消息真的來得猝不及防。

　　艾利克斯再吸一口氣，身體坐直一點，往後轉動肩膀，讓脊椎伸直。他放鬆緊繃的部位，讓自己穩定下來，心情也因此發生微妙的變化。不管這個消息對他的簡報意味著什麼，希望猶存，他覺得自己有辦法應對。他又呼吸了幾次，放鬆脖子和下顎，舒緩緊繃的感覺，將雙腳穩穩踩在地上。

　　他很快和伴侶說了這個消息，離開家門前，兩人相互擁抱。艾利克斯放鬆地走向車站，集中精神在腳步上，並且刻意注視周圍的世界，讓自己從憂慮中暫時脫身，也藉此刺激創造力。經驗告訴他，無論這類意想不到的變化有多麼惱人，緊張焦慮也無濟於事。

　　他專注呼吸，就在踏進車廂那一刻，突然想到可行的辦法。團隊裡簡報能力最強的人可以為這份深入研究做總結報告，這樣就節省至少15分鐘，只要再多刪減5分鐘就好了。他帶著微笑走進辦公室，要大家到會議室集合。他鎮定地說明情況，也承認雖然不盡理想，但是他相信運用創意思考重新調整方向，不至於一敗塗地。他提出自己的構想，也徵詢大家的看法。團隊不到20分鐘便擬定計畫，1小時內重新完成簡報，並且一致同意應該由柯琳做總結報告，因為她的簡報風格靈活又吸引人，而且台風穩健。這次出擊大獲全勝，接下來十年，他們與這名客戶的夥伴關係越發密切，對公司的成長頗有貢獻，最後藉此幫助公司股票上市。

　　世事多變才是日常，艾利克斯運用自己的身體智能，汲取身體／腦部化學變化的身體數據來管理情緒，扭轉結果。

我們的專業背景

這套身體智能的技巧，全都有科學研究做為根據，是我終身與身體為伍，研究身體，累積三十年經驗開發出來的。我最早是一名舞者，後來成為編舞家，在一家頂尖的現代舞團卡萊爾‧羅斯舞集（The Claire Russ Ensemble）擔任藝術總監，接著成為律動企業（Companies in Motion）創辦董事。科學與藝術的結合，向來令我神往。

我幫助全球領導者攀登績效顛峰，也在RADA Business[2]訓練機構帶領體現式領導的旗艦課程「做自己的主角」（The Leading Role）。我現在的人生志業，是襄助商業人士、業務團隊、教師、醫生、電視主持人和各行各業的專業人員，都能更加認識並善用自己的身體，為工作及生活締造佳績。

共同作者佩頓也有舞蹈背景，同時擔任配音員，從事聲音方面的工作。不過三十多年來，她最為人所知的是和《財星》（Fortune）雜誌及富時100指數（FTSE 100）一百大企業合作，提供領導、銷售與溝通的顧問、培訓及教練，幫助客戶改善績效。佩頓除了是顧問公司環球國際（Sphere International）創辦合夥人，也在理查森（Richardson）這家頂尖銷售訓練公司擔任設計長，同時是律動企業的董事。她的人生志業是和組織攜手合作，營造出能支持人員與流程發展的環境，以滿足個人成就感，並促進商業成功。

我們輔導過無數的人，因為有效運用身體智能的技巧，提振他們的信心與效能，從而晉升到更高的職位，或是受到鼓

2　譯注：RADA Business 是皇家藝術戲劇學院（Royal Academy of Dramatic Art）專為業界人士開設訓練課程的組織。

舞，追求夢想。我們在製藥業的客戶團隊練習身體智能技巧僅僅三個月，商業交易的品質就改進了12.5%；在我們的協助下，一家科技公司在上一次的不景氣中達成兩位數成長。身體智能屢經證明，能對我們的生活與工作產生顯著的正面效應。

　　你可能會想：如果我們過去能換個方法處理自己的化學變化，有多少次能反敗為勝？又如果我們能從成功與失敗中學得教訓，現在又會變得多麼才智過人？

四大要素：力量、彈性、復原力及持久力

　　力量、彈性、復原力與持久力，是身體智能訓練的骨幹，也是許多出色的運動員和藝術表演者仰賴的支柱，我們將這些人同樣會用到的技巧加以設計調整，以便適用於任何人、任何地方。這四大要素對日常生活不可或缺，也是本書的核心。

　　力量（Strength）使我們能承受風險的神經系統和內分泌系統，具備強健穩固的基礎，涉及的面向包括：保持專注力；在壓力下也能發揮高度認知功能與良好決策技巧；有自信、積極果斷；建立清楚的規則界線，並且說到做到。

　　彈性（Flexibility）是指有創造力、創新性及合作精神；擁有高度的自尊，也極為尊重他人；善於調整自己的作風，對周圍的人發揮影響力；了解別人關心的課題，在變遷的環境中保持敏捷並快速思考，做好擁抱變化、鼓動變化的準備。

　　復原力（Resilience）是指從逆境與衝突中谷底反彈的能力；樂觀積極地面對失敗；採取學習的心態；並且透過情緒、心理與身體健康，發展功能完善的免疫系統。

持久力（Endurance）是指保持耐力與決心的能力；有辦法專心致志地達成長期目標，找到長期抗戰的內在動機；有謀略地進行規劃、執行，並且維持長期表現。

你會在本書中發現超過八十個可落實於日常生活、養成新習慣的身體智能技巧，幫助你主動管理生理機能，讓自己在這個步調快速、變化萬端又要求極高的世界裡盡情發揮。

用「習慣堆疊法」善用身體智能

想要養成新的習慣，較簡單的做法是把新習慣附著或「堆疊」在現有習慣上，也就是找到某件**一直**在做，已經嵌入你的長期記憶，因此形成固定作息的事情。我們稱為「習慣堆疊法」（habit stacking），書中處處都有如何做到這一點的訣竅，即所謂的「觸發點」（trigger）。本書還提供「生活絕招」，提供一些即時可用的創意，讓你採取展現身體智能的行動，持續為此後的人生增強、深化你的身體智能。

如果你想要養成跑步後伸展身體的習慣，就把它附加在當時總是會做的某件事上，譬如你總是會穿越花園的門，就在那之後馬上開始做一連串伸展運動。不出幾天，這個新習慣就會變得根深柢固，你也會開始享受到其中的好處，打破意志力不堅時，自我譴責的循環。

新習慣靠著聚沙成塔，形成重大長期改善，這個理論稱為「增量收益」（incremental gain），不管是推出新產品或贏得奧運金牌，只要你把一項流程或挑戰拆解成大量組成成分，讓每個成分的效率增加1%，整體成果就會有顯著進步。別忘

了，我們永遠有改善的空間。

　　在接下來的章節中，讀者會學習到更多影響體內與腦內化學物質的知識，接著會逐一檢視身體智能的四大要素（力量、彈性、復原力及持久力），解釋每種要素背後的科學、生理學及化學原理。再來會教你鍛鍊一套能改善四大要素的技巧，建議你挑選其中幾項練習一週，看看自己如何透過反覆操練獲得成效。然後我們會鼓勵你下定決心，在那個月剩下的時間裡，每天都能利用同樣的觸發點，以同樣的順序演練這些新技巧。如此一來，你將能完全塑造出新行為。

　　這四大要素都會依照相同程序進行，以便在四個月內打造出你的身體智能訓練計畫。你可以從「力量」開始照著順序做，或者也可以做我們提供的小測驗「你的身體智能有多高？」（https://www.companiesinmotion.com/howphysicallyintelligentareyou），然後從優先性最高的要素著手。四個月後，你會把二十個技巧透過習慣堆疊法融入日常生活中（每個要素包含五個技巧），另有六十多個技巧可供你按時回顧練習。累積經驗後，你就能營造展現身體智能的生活型態。

　　運用書中的技巧數週，你可能會注意到精神較集中，情緒也更穩定。幾個月後，你應該會體驗到自己的能力、活力與滿足感都更高了。終生不懈地應用身體智能的技巧，為認知能力、智慧、快樂與成就創造不斷成長的條件，你就能過著如願的生活。今日的處處荊棘，將成為明日的遍地陽光。

　　希望你能在書裡寫下感想，創造生命中的轉機，藉著再次回頭閱讀，獲取支持與養分，也和其他人分享本書，激勵身邊的人與你一同攜手開發身體智能。

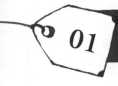

調一杯勝利雞尾酒

什麼樣的化學物質在推動我們的行為？

　　現在你感覺得到心跳的節奏嗎？能感覺到呼吸進出身體的律動嗎？能感覺到脊椎的形狀嗎？能說出當下是什麼心情嗎？今天的心情又是怎麼來的？花幾秒鐘專心想想每個問題，你會更容易察覺到自己的身體，也更能主動與身體同在。

　　我們在居家、工作、玩樂時因為種種情境而產生反應，都可以用身體裡八種重要化學物質的組合解釋。當組成對的平衡配方，我們就說這是調出了一杯「無敵雞尾酒」。

左右身體表現的八種物質

乙醯膽鹼（Acetylcholine）

　　忙了一週後，你早早就寢，週末睡到自然醒。星期六早晨，你放慢生活步調，清楚自己正深深地吐出一口氣，有種如釋重負的感覺。這是你的再平衡與更新系統在發揮作用，而推動因子就是副交感神經系統的一個主要化學物質：乙醯膽鹼，像恢復精力、抗壓、學習與記憶這類非常重要的領域都要靠它。它可以在劇烈活動後，讓心律恢復正常，並且在體內恆定調節過程中，恢復整個有機體的平衡，不管是情緒、心理、身體或三者兼具的劇烈活動皆是如此。乙醯膽鹼的招牌感覺就是平衡。

> **生活絕招**：想要快速放鬆，刺激乙醯膽鹼分泌，就放點浴鹽泡熱水澡吧！鎂與鉀這類礦物質會經由皮膚吸收，讓你的精力有如泉湧，也會睡得較好。

腎上腺素（Adrenalin）

玩遊樂設施、滑雪、第一次約會，或甚至做了某些不太妙的事，像是回信誤按「全部回覆」，我們都會感受到腎上腺素發功，它的主要作用就是：(1) 在危急存亡關頭，讓心跳與血流加速；(2) 從碳水化合物和脂肪的儲備資源快速釋放能量，提供一波精力與氣力給肌肉和腦部，以便立即採取行動。

腎上腺素帶來興奮、活化及速度，提供我們能量迎接新的挑戰，也會讓我們在簡報或談判時加快速度，或是感到過度興奮緊張，以至於難以簡潔溝通或清晰思考。交感神經系統能引發快速行動以回應威脅，而腎上腺素就是其中兩個重要的操作型化學物質之一，它的招牌感覺是恐懼或興奮。

> **生活絕招**：如果你覺得緊張，換個位子，走一走，動動四肢，驅散腎上腺素。

皮質醇（Cortisol）

你曾對某些事感到煩惱、焦慮嗎？有時候會不會做出沒有耐性或生氣的反應？是否擔心未來，沒有把握？是否經常怪罪他人？或者總認為都是自己的錯？

這些都是高皮質醇在發揮作用的關係，在今天這個高速又嚴苛的環境中，很多人苦於無法維持一貫表現，有部分問題就出在皮質醇，這是一種非常重要的化學物質，我們能存活，靠的就是它發揮的積極影響。皮質醇能麻痺疼痛，如此一來，我們即使受傷也能戰鬥，它是神經系統功能裡的要角，陪伴我們面對所有艱鉅或競爭的處境（警醒），在爭鬥時提升短期記憶。

在壓力下持續工作一段時間，肩上扛著千斤重擔，或長期處在「戰鬥或逃跑」的環境中，皮質醇就會升高，讓我們變得過度警覺與焦慮，以至於表現不佳，做出拙劣的決定。之所以會如此，若不是因為我們加倍操勞、用力過度又承擔十足的風險（反應過度），就是因為已經屈從（反應不足）。我們試圖在複雜難解的情境中正常思考，卻往往淪為一意孤行或便宜行事，沒有做出對的事。皮質醇的招牌感覺是焦慮。

脫氫異雄固酮（Dehydroepiandrosterone, DHEA）

DHEA是可以激發高績效的化學物質，人造DHEA被列為奧運選手的禁藥，不過只要運用一種有節奏的定速呼吸技巧，就能每天自行製造DHEA，生命力、壽命、耐力、認知功能、免疫系統功能、心臟—腦部功能、長期記憶、反應力，以及一個健康高效有機體的許多功能都要靠它支撐。

DHEA和皮質醇也因此成為天秤的兩端。DHEA是一種年齡的生物標記，過了30歲就會自然下降，無論男女，壓力和高皮質醇會加速這種下滑，進而導致過早老化。除非妥善管理壓力，否則一旦DHEA濃度太快降低，就會累及神經和內分泌系統的整體穩定性。如果能改善自己在壓力下的表

現，不要有過度壓力，就能老化得慢一點。DHEA的招牌感覺是活力。

> **生活絕招**：下載調節呼吸的應用程式，增加你每天用規律節奏呼吸的時間，就能提振DHEA含量。

多巴胺（Dopamine）

打開生日禮物或聖誕禮物，拿到的卻不是想要的東西；工作沒有得到升遷；或是和某個搶走你功勞的人講完話，覺得受到冒犯時，你是否曾感到失望？之所以會有這些負面感覺，是因為期待落空，未能分泌出愉悅的化學物質——多巴胺。

多巴胺是激勵大師，一旦嘗過它的甜頭，我們就會改變行為，以持續得到它為優先，例如，很惱人地迷上一本寫得頗差卻「愛不釋手」的小說、一齣讓你非得一直追劇的影集，或是吃掉整包洋芋片，這些都是我們的獎勵系統上場時，多巴胺作用在巧妙操縱的例子，可以讓我們欲仙欲死，也能讓我們痛不欲生。

多巴胺為許多攸關生存之事提供強大的化學驅力，我們享受食物的美味、喝水能緩解口渴，以及性愛的感覺如此美好，這些並非偶然現象。此外，我們在年少時博得讚賞的事，也為日後的人生，無論工作或某個專業領域或技能上想要達成與贏得的目標，樹立追求機制，這正是在孩童時期強化正向行為如此重要的原因。在目標導向及促成人的改變上，多巴胺發揮強大的作用，它的招牌感覺是愉悅與需要。

> **生活絕招**：停下腳步，找東西來享受或欣賞吧！這麼做
> 是在「犒賞」自己，為自己大大注射一劑天然多巴胺。

催產素（Oxytocin）

和家人、朋友一起吃飯時，你有沒有**這樣就對了**的感覺？你喜歡和這些人相處，感覺安全、被接納，相信他們會關照你的幸福？希望你經常覺得如此，這是催產素被釋放出來的關係。催產素的濃度會因為我們對社交資訊的感知與處理，不管自己是在「圈子裡」或「圈子外」、有安全感還是覺得受到威脅，而隨之波動。當信賴某人時，體內會釋放催產素，讓我們覺得對他人有責任，並且會建立社交連結。催產素釋放太多時，我們可能會過度依賴人際關係，缺乏獨立做決定的能力，也可能會想要形成排外的小圈圈或菁英團體；催產素釋放太少時，我們可能會覺得孤立，未能建立專業關係，或是不知道如何運用人脈尋求支持。我們必須有能力提振催產素濃度，做法是對別人發揮同理心，以便創造和諧關係或處理矛盾衝突。

催產素對良好的團隊合作至關重要，因為它與喜歡、鍾愛、自尊、被接納等情感不可分割，是一種「感覺良好」的化學物質，有了它，我們會有眾志成城的感覺，進而增強自信。催產素的招牌感覺就是歸屬感。

> **生活絕招**：馬上發簡訊給某個你懸念在心卻很久沒說話
> 的人，問候他們的近況、請教對方意見或伸出援手。你
> 剛剛提高自己的催產素濃度了，留意自己怎樣因此變得
> 比較快樂，甚至因為得到回應而更開心！

血清素（Serotonin）

血清素左右快樂的程度、地位的高低及幸福滿意的感覺。我們認為自己是富足、知足的，自然而然地感到平衡，並且有自主權，能負起責任，扮演好在社會中的角色。

血清素對免疫系統與穩固的信心非常重要，那個殺手級的化學物質皮質醇如果飆得太高，會讓血清素的濃度流失，直到憂鬱來襲。當我們對他人微笑時，笑容與笑聲會讓雙方的體內都釋放出血清素，吃香蕉和高品質黑巧克力也會有同樣效果。血清素的招牌感覺是快樂。

> **生活絕招**：每天靜心10分鐘——正念（mind-fulness）、瑜伽呼吸法、超覺靜坐（Transcendental Meditation），或只是安靜地坐著專注呼吸，任何冥想方式皆可。注意自己這一年是怎麼平安度過的，不會有那些惱人的鼻塞發作或染上流感。冥想能提振血清素濃度。

睪固酮（Testosterone）

睪固酮（連同多巴胺）刺激我們成就與競爭的慾望。當你湧起「我是贏家」的感覺，或有**我做到了**的想法，睪固酮濃度就會進一步上揚，持續升高好幾分鐘。

睪固酮帶來風險承受力與信心，想要擁有自主感就少不了它。不過，我要提出睪固酮太多的警告：如果過度自信會贏，可能變得自大傲慢，沒有做好充分準備（如面對一場重要面試時），同時也會妨礙團隊合作；但如果睪固酮太少，又會變得逃

避風險，避免落入競爭狀態。我們可以透過身體姿勢和阻力式運動訓練，調整睪固酮濃度。睪固酮的招牌感覺是力量與控制。

生活絕招：想要提振睪固酮，下一次當你完成什麼好事，像贏家那樣對著天空高舉雙手，大聲叫好，不要壓抑興高采烈的感覺，要習慣成功！

　　現在來看看，當我們為了創造更好的結果，開始混合這八種材料、左右它們的平衡時會發生什麼事。

調配生理激素的比例

　　讓我們經由化學透鏡回顧前言裡艾利克斯的成功故事：一早醒來的艾利克斯獲得充分休息，經過一晚，他的皮質醇（威脅／壓力／警覺）已經降到適當程度，也把褪黑激素（睡眠品質）的濃度提高至妥當水準。即便隔天有重要活動，但是艾利克斯知道如何運用身體智能睡眠技巧（稍後會有更多討論），讓自己睡得好。早上，皮質醇的濃度升高喚醒艾利克斯，但是當他從手機裡讀到壞消息，感受到一波皮質醇陡然衝高，表現出來的跡象就是他的肩膀僵硬，胃部緊縮，同時體驗到睪固酮（信心和風險承受力）與多巴胺（獎勵和目標導向）下降了，艾利克斯受形勢所挫，顯露出動力全失的敗相。

　　不過他隨即運用姿勢重啟睪固酮的分泌，並且和另一半分享遇到的問題，以提振催產素（社交連結與信任）。催產素和睪固酮都能反制高皮質醇，他再次覺得平衡一些。

　　艾利克斯以昂首闊步的姿態走路，進一步提升血清素（快樂、地位與自尊）與睪固酮的濃度。當我們環顧不斷變動的景色，會釋放與創意思考有關的多巴胺。他一踏進車廂，解方就如電光石火般閃現。艾利克斯在列車上練習呼吸動作，提振DHEA（增加活力與耐力）的同時，也平衡腎上腺素（面對挑戰）和乙醯膽鹼（保持冷靜）。

　　艾利克斯走進辦公室，對著團隊微笑，讓自己和團隊成員都釋放出血清素與催產素。他走路的步伐帶著開闊、節奏、決心、放鬆及自信，提升自己和團隊的血清素水準。在提出構想也詢問大家的看法時，他的聲音平穩響亮，刻意壓制自己和他們的威脅反應，把皮質醇與腎上腺素維持在理想水準，做好迎向挑戰的準備，拿出高效幹練的表現。

　　艾利克斯很清楚自己在做什麼。他知道這些重要的化學物質對自己和他人行為的作用，憑藉這層了解，他才有辦法影響體內的雞尾酒配方，達到個人的「心流」狀態（flow state）[3]，他正在選擇那些能支持所需配方的行為。

　　只要對我們的生理機能有更多認識，確實發展新習慣，並且表現出能使特定化學物質的濃度上升或下降的行為，就能指揮身體達到想要的平衡。

　　你是否曾走進充滿緊繃氣氛的辦公室，裡面的人被不確定的形勢所逼而焦躁不耐，或是案子似乎老是出問題，團隊經常在滅火？你是否看過這樣的家庭環境，裡面的大人、小孩都很有自信，盡情提出有創意的想法，大家也能無所畏懼或沒

3　譯注：又譯為神馳狀態或沉浸狀態。

有衝突地提出質疑、討論並同心協力？你是否曾在讓自己覺得快樂的團隊裡工作，在活潑、信任、生產力又高的環境裡很快取得進步？運動心理學家和運動員稱後面這種狀態為「化境」（zone）；舞者〔還有心理學家米哈里・契克森米哈賴（Mihaly Csikszentmihalyi）〕則稱為「心流」：全神貫注又毫不費力地達到顛峰表現的能力。

儘管腎上腺素讓我們前進，乙醯膽鹼使我們休養生息，但卻是皮質醇和DHEA的相對濃度指揮我們**如何**前進、**如何**復原，以及是否處於心流狀態。皮質醇過高會讓四種「感覺良好」的化學物質——多巴胺、催產素、血清素、睪固酮的濃度降低，而DHEA卻可以提振它們。

如果你懷疑自己、擔憂、感覺焦慮沮喪或一蹶不振，或是經常在星期一早上醒來時心情低落，渴望更多的睡眠，巴不得那天就是星期五，你的皮質醇就飆得太高了。如果你的興致高昂、動力十足、熱情洋溢地過一天，在休息復原時是滿足、樂於接納的，你的DHEA含量就很高，處在迎接新挑戰的良好狀態。

身體是複雜的系統，其中許多生化交互作用是我們不能也不想影響的。不過，如果我們對支撐行為的神經科學有愈多了解，就愈能練習控制那些**可以**左右的化學物質的平衡，增加對力量、彈性、復原力及持久力的影響力。有了這層基礎認識後，就可以來看看身體智能四大要素的第一個要素：力量。

Part I

跨越力量的極限

我願做被浪濤不斷沖刷的岩石，儘管怒海肆虐，卻仍屹立不搖。

——無名氏

星期六下午，約翰租了一艘小型帆船載著家人出海，乘浪於聖地牙哥灣。就在海灣與大海的交界處，突然變得波濤洶湧。約翰知道，想要穩住帆船，就必須馬上反轉帆桁，可是5歲的女兒正搖搖晃晃地靠在船邊看海豚，8歲的兒子正在艙口跳進跳出扮演海盜，對著他大吼大叫，而10歲的兒子（還是一個菜鳥水手）則是站在船頭邊緣，一副準備向下跳的模樣。約翰的另一半在船後方準備午餐，背對著他們，沒注意到這一切。儘管危險一觸即發，但是約翰以自信的聲音很快喊了每個家人的名字，對每個人下達明確的指令：他叫另一半抓住5歲的女兒離開船緣，並且坐下來；告訴8歲的兒子關上艙門坐好；並且指揮10歲的兒子趕緊把反轉帆桁，自己則是繼續掌舵。拜約翰的**力量**之賜，危機得以解除。

力量是身體、心理與情緒的基礎能力，讓人在壓力下保持冷靜，面臨高風險的複雜情勢也能穩住陣腳，表現出果斷睿智的言行，**不覺得受到威脅或是需要威脅他人**，我們會**看起來也感覺起來**很有信心。沒有力量的話，一旦遭遇威脅，認知功能會削弱，我們也會忙於戰鬥、逃跑、指責或保住面子而無暇他顧。有能力在壓力下維持並改進認知功能，同時做出良好決定，是有力量的特徵。很多時候，壓力或威脅來自工作或健康上的變化，或是他人的舉動。如果我們在生活、社交及職業上遇到較錯綜複雜的情境時，想要表現得有積極建設性，就必須管理自己的威脅反

應，建立自信，並且握有自主權。

想要擁有力量，從身體開始實實在在的「接地」
（grounded）是很重要的——感覺身體的重量落在地板或椅子
上；感覺自己站穩腳步，而非「焦躁不安」。我們的站姿和呼
吸模式扮演關鍵角色，而且要有一套紮實的方法產生信心、容
忍風險，也幫助別人培養這樣的特質。在本篇中，我們將學習
如何創造力量與信心的內在感受，如何變得堅定果敢、思想獨
立、靈敏、生產力高，而且能提升能力，有所成就。

生活絕招：你是否曾經有話沒說，而在事後埋怨自己？
下一次，停下來，感覺身體落在椅子上的重量，然後有
話直說吧！

左右力量的生理激素

睪固酮

我們都需要靠著睪固酮，才有辦法斷然維護自己的
權益，立場堅定，並且讓自己的聲音被聽見。當睪固酮
到達應有濃度時，會覺得從內在湧現一股驅動力，人也
會變得強大而有影響力。

DHEA

我們無法實際感受到DHEA的短期變化，不過卻
可以經年累月地從自己的深層狀態中感受到它的長期轉

變。DHEA被「加好加滿」的人會覺得信心增強，而且有一股迎向挑戰的慾望。他們在競爭時有勇有謀，不是用打拳擊賽的方式過人生，而是當成在下棋。

皮質醇

高皮質醇產生焦慮感，會導致防禦、挑釁或退避的行為。我們必須讓皮質醇達到平衡、穩定、低度的基本水準，才能採取行動，而非被動反應。

多巴胺

我們的腦中需要含量適當的多巴胺，不要太多，也不能太少。衝動、冒險、不留情的行為，表示多巴胺太多；而灰心喪志、悶悶不樂，則表示多巴胺太少。

這些化學物質和荷爾蒙之間會交互作用。多年來，研究人員相信讓我們變得好勇鬥狠的化學物質只有睪固酮，可是現在知道是睪固酮和高皮質醇**相互結合**下，觸發挑釁、孤僻及自私自利的行為。

關鍵在於平衡。當高皮質醇遇見高睪固酮，便啟動了「反應過度」鍵，我們過度掌控，顯得傲慢自大，而且處處挑剔，冷漠霸道，我們一意孤行，試圖征服生活步調；當高皮質醇遇見低睪固酮，便按下「反應不足」鍵，變得過度順從、自我譴責，用虛張聲勢的笑聲來掩飾弱點，說話很快，假裝有信心卻退讓放棄，我們無法容忍風險，遇到壓力就會崩潰。

生活絕招：想確認自己是否反應過度或不足，可以詢問自己遇到壓力時是否：

1. 直接採取行動，分派指令，變得咄咄逼人又暴躁易怒？這就是反應過度。你可以放慢呼吸，集中精神，一個個地安定念頭，並且排定優先順序。
2. 動彈不得，強忍情緒，壓抑沮喪，感覺到內在一團混亂，可是外表仍保持微笑？這就是反應不足。把自己帶到隱密的地方，劇烈地甩動伸展身體，對著空氣揮拳，用力捶打墊子，然後採取行動。

　　由高睪固酮／高皮質醇／高多巴胺調出來的雞尾酒，會讓我們陷入用力過度的危險處境，而可能處事輕忽，毫不管控風險。皮質醇和多巴胺之間也存在決定性關係，當我們對某事或某人有開心、正面的感覺，想要與對方有所往來時，就在產生「趨近」反應，多巴胺上升，而皮質醇停在理想水準。我們覺得受到獎勵，從而想要投入更多、做得更多、更處於那個情境下。當我們對某件事感到失望、洩氣、缺乏動力、憤怒或不開心時，正在產生稱為「脫離」的反應，這是原始的威脅反應，此時皮質醇高漲，而多巴胺下降。我們覺得這個情況很不值得，所以會出於本能地抗拒。

　　已知這種原始威脅與原始獎勵，是由食物、水、庇護所和繁殖機會等基本動物需求所激發，但現在我們明白，**社交領域**（social domain）也是觸發條件，包括地位（在社會上的價值被認可）、確定性（預期需求會被這個社會滿足）、自主性（有能力做選擇和擁有決定權）、關係感（感到與人緊密連結、穩

定、安全，而且被團體／種族所接納），以及公平性（團體中人人能均等分配到工作、挑戰與資源）。〔參見本書最後「參考資料」裡大衛・洛克（David Rock）的SCARF模型。〕

就力量而言，這層認識有兩個重要性。首先，如果我們能開始看懂處境、需求與期望的本質，是由於皮質醇濃度升高，而多巴胺濃度降低，創造出原始威脅（脫離）或原始獎勵（趨近）反應的觸發條件，就可以讓我們的反應少一點被動因應，多一點積極進取，使自己能更堅強、更務實地採取行動。

其次，當我們在團體裡做人做事，無論是管理眾人或養育小孩，如果知道人們需要什麼才會有充分參與感，像是他們的投入被看重（地位）、有清楚的界限與期望（確定性）、有能力訂定優先次序，並且自己做決定（自主性）、被接納（關係感）、知道團隊／家庭裡人人都有均等的參與機會，而且可以坦誠溝通（公平性），我們的一言一行就可以朝著這種方式，創造培養「趨近反應」的化學作用，凝聚大家。

培養力量是一趟終生旅程，支持我們肯定自我、建立並展現信心、維持一貫表現的能耐。增加神經系統與內分泌系統的穩定性，就能培養出深層又持久的力量，務實地看清自己的處境，同時對自己和身邊的人保持信念，進而摘下成功的果實。我們的力量和運用力量的智慧，能營造出讓人熱愛挑戰，而且有能力達成更高成就的環境，既支撐自己的進步，也帶領其他人往前走。讓我們開始學習開發整體力量的基本技巧！

02 姿勢真的能決定你是誰

建立信心的站姿與坐姿

> 今日雄偉的橡樹,昨天只是一顆堅守土地的種子。
> ──美國黑人民權行動主義者羅莎・帕克斯(Rosa Parks)

我們「矗立於天地間」的姿態是非常強大的,因為它會改變我們思考、感覺、發揮影響力的方式。我們也大多記得爸媽老是要我們挺直身體、下巴抬高、挺起胸膛。良好的姿勢能讓你有自信感並展現出來,做好採取行動的準備,也能使肺部充滿空氣,讓呼吸機制有效運作,這正是我們從姿勢開始談起的原因所在。

剖析姿勢

脊椎(或背骨)是神奇又複雜的彈性結構,從顱底一路延伸到骨盆,成為支撐身體重量與保護脊髓的中流砥柱。脊椎的三個部位有三道自然彎曲:頸部(頸部與上背部)、胸部(肩膀與胸膛),以及腰部(腰部與下背部)。從側面來看,這些彎曲構成S型的脊椎,有助於把身體重量從前到後分散開來,讓我們不至於前俯後

29

仰。（如果脊椎是筆直的下來，我們肯定會往後倒。說實在話，脊椎更接近身體的中心線，並不能算是「背」骨，應該是「中心」骨才對。）

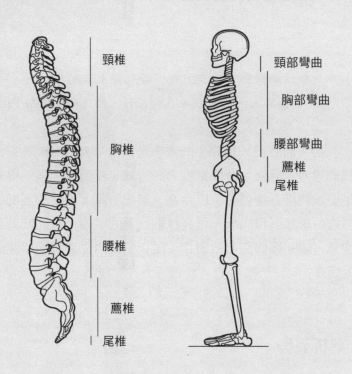

頸椎

胸椎

腰椎

薦椎

尾椎

頸部彎曲

胸部彎曲

腰部彎曲

薦椎

尾椎

　　脊柱由一節一節的脊椎骨構成，中間被纖維組織的椎間盤隔開，而且包裹著脊髓，裡面含有中樞神經和脊髓液，後者可使腦部與中樞神經在一個加壓系統中保持浮起。

　　最上面一節脊椎骨叫寰椎（atlas），命名自把地球穩穩地扛在肩上的古希臘神話人物阿特拉斯。這節脊椎

骨讓我們可以做出「點頭」同意的動作。脊柱的**第二節脊椎骨**叫樞椎（axis），使頭部能從一側轉向另一側，做出「搖頭」反對的動作。

脊柱的另一端是**薦椎**（sacrum），卡在骨盆底部中間，與其兩側相接。脊椎、胸部（肋骨和器官）及頸部、頭部的重量，被整個分布在骨盆上，並且通過髖關節往下傳送到腿骨與腳部。

髖部的球窩關節是一個強大的關節，透過吸力抓住骨頭，不過它是可以活動的，能在行走時自由移動，站立時微微撐住。

尾骨或尾椎是遠古時期的尾巴退化物，做為平衡之用。它不應該內縮或外突，可以把尾椎想像成像袋鼠尾巴，從身後往下延伸到地板，讓你保持平衡。

腿是用來穩定和移動的，在髖部、膝蓋與腳踝都有關節。小腿、大腿、腿後肌及臀大肌（屁股）的肌肉不要拉得太緊是很重要的，如此一來，腿部關節才能吸收衝擊，讓我們流暢地移動。滑雪選手和高爾夫球員都知道，想要穩定並體驗到「心流」，鬆開膝蓋有多麼重要。

腳把身體的重量分散到地上，使我們能每分每秒做出微小的平衡調整。脊柱讓我們往上延伸，而足部則像是一棵健壯大樹的樹根，使我們向下扎根。

前胸的鎖骨和上後背的肩胛骨形成「衣架」狀結構，**雙臂**懸掛其上，能伸出拿取需要的東西，也能透過手勢進行溝通。

頭部是非常沉重的，保護用的顱骨內含稠密、結實

的腦部物質。頭部平穩地架在脊柱最頂端的脊椎骨上，寰椎與頭部的對齊，讓我們能環顧四周，和他人四目相接。

下顎骨與耳朵正前方的**上顎骨**相連，必須可以自由移動，這樣才能咀嚼食物、做出臉部表情和說話。下巴咬緊會形成拉力，導致脖子的頸部彎曲縮短，使頭部偏離對齊線；下巴放鬆的話，頸背和喉嚨部位就會找到平衡，這樣也會影響發聲。

當骨骼的位置正確妥當，**核心肌群**應能毫不費力地撐住脊椎。如果有過骨骼錯位和骨骼脆弱的歷史，或是要從事繁重的阻力工作或運動時，就需要強化核心肌群。

「天下無敵」的姿勢

身高的運用是自我感覺裡的一個重要因素。矮個子的人可以顯得強大自主，高個子的人也會看起來喪氣無力，端看他們如何擺放自己的脊椎和頭部。事實上，華盛頓大學（University of Washington）和康乃爾大學（Cornell University）在2012年的研究發現，我們覺得自己多強大，取決於認為自己有多高。

在競爭或從事陌生冒險的事情時，頂天立地站著，是承受住情緒與精神壓力的一個重要部分。英式橄欖球員喬治・克魯斯（George Kruis）就談到面對紐西蘭隊戰舞時的感覺，他說：「很怪，因為你覺得備受挑戰卻不能戰鬥。你知道這是一個傳統，而且背後有很多的文化在裡面，所以這不是侮辱，而是一

種尊榮，可是你會發現自己直挺挺地站著，比平常高了一吋，表現出一點都不害怕的樣子。」

重要的不只是高度，運用你的寬度、擴張性與邁開步伐也很重要。馬賽（Masai）獵人看到一頭獅子捕獲獵物，會緩步靠近正在飽餐的獅子，同時張開雙臂，宣示空間主權。獅子跑開後，才發現被愚弄，那時馬賽人早已割走幾塊上等好肉。

　　打開雙臂向周圍的空間延伸，以四肢形成寬闊開放的站姿（好像海星的形狀），有助於建立信心，培養風險耐受度。我們把這種姿勢叫做「勝利姿勢」（winner pose），因為一份2008年的研究顯示，不管是失明或視力正常的運動員，在競爭中得勝時都會擺出這種姿態，這種自豪與有信心的表達方式是與生俱來的。「勝利姿勢」就是一種「權勢姿勢」（power pose），這個觀念是艾美·柯蒂（Amy Cuddy）等人於2010年在一篇具爭議性的哈佛大學（Harvard University）研究中所創。儘管這一次哈佛實驗的內分泌效果未能再被複製，但是有55篇研究證明擴張性姿勢和有權勢的感覺之間有關，而柯蒂在這方面的研究也通過統計的p曲線檢定（p-curve test）。

> **生活絕招**：回想童年，你在戶外敞開雙臂跑下山丘，或是迎風而立，現在用同樣的方式張開姿勢與整個身體。只要用姿勢觸發感覺，隨時都能擁有那樣的自信。

　　從學生身上，我發現勝利姿勢在減輕高皮質醇與高腎上腺素引發的神經症狀方面特別有效。有一個年輕業務員來我們公司上課，因為他每次外出拜訪客戶前都會臉紅，害他在大辦公室裡感覺很困窘。每次拜訪客戶前，到廁所擺出勝利姿勢，加上一個呼吸技巧（詳見下一章），馬上就解決他的問題。

　　擴張性姿勢也能改變別人對我們的看法。用開放的身體語言，讓人感覺到我們的存在，能向世界證明我們是有把握、有信心的行動派。幾年前，我曾和英國政府一位傑出的常務次長合作，60歲出頭的他改變姿勢後，在這一年間對自己部門的影響力也大幅躍進。我初見他時，他駝背得很嚴重，不過等他學會放鬆雙腿和胯部，讓下半脊椎更能支撐上半脊椎時，就能伸展肩膀，拉長脖子，揚起頭部，看起來強壯又緊實。改變永遠不嫌晚。

> **生活絕招**：將腳平放在地面上，拉長你的脊椎，注意自己的思緒如何變得更清晰專注。

姿勢與領導力的關係

　　姿勢對領導非常重要。史丹佛大學（Stanford University）

於2010年的研究顯示，在危急時刻站出來領軍的往往是那些有著開放、擴張性身體姿勢的人，**而不是被指派擔任領導角色的人**。環顧身邊那些身體姿勢最開放、最擴張的人，你會發現往往就是這些人挺身而出，團結眾人。

改變身體對高壓情境的反應獲得成功

星期四下午3點，曼蒂和她的小組在會議室裡，為了隔天早上一場重要的銷售簡報做最後準備。不料客戶打電話表示，也在考慮和某個競爭者合作。這家競爭廠商不但是市場領導者，也曾和客戶裡的重要決策者合作，對曼蒂和小組能否贏得案子是一大威脅。

當曼蒂感覺威脅逼近時，她的皮質醇飆高，讓心跳和體溫上升。她知道必須凝聚團隊、建立信心，於是暫停討論，就在大家離開會議室時，她從桌邊走開，伸展手臂。這個開放而擴張的身體姿勢，幫助降低皮質醇的效果，提振勇氣。不過幾秒，她便感覺情緒的生化浪潮翻轉了，從洩氣沮喪變得自信果決。

曼蒂想到不久前，團隊在類似情況下也曾成功達陣，她想要提醒大家這件事。這樁有成就感事件的視覺圖像，觸發腦內的多巴胺被釋放而出，她馬上覺得精神更集中，也更能迎向挑戰。當大家回到會議桌，曼蒂抬頭挺胸地站在會議室前方，負起領導者的責任，掌控全局。她和小組分享還是相信他們的銷售簡報，只要在引

言加上短短一句話，表現出有別於競爭者的價值主張，就可以確保客戶了解他們的獨特賣點。幾分鐘後，大家的心情發生變化，也回復了信心。他們對銷售簡報做了一些調整，專心致志，成功贏得案子。

如果小組離開會議室時，曼蒂跌坐在椅子上，縮著肩膀，讓威脅打敗她，而沒有思考該怎麼做呢？如果她讓念頭執著在競爭者也許確實處在比較有利的位置呢？如果和小組說話時，她假裝有信心，卻讓潛藏的懷疑逐漸露餡呢？團隊恐怕會對他們的做法失去信心，無法專心於自己的銷售簡報。曼蒂改變身體對高壓情境的反應，也幫助小組改變他們的反應。

姿勢如何影響專注與心情

專注程度和情緒好壞往往會受到屋裡的人的姿勢所影響，而且這是會傳染的。你是否曾參加一場會議，裡面大多數人蜷縮坐在椅子裡，或弓著身子看筆電，或沉重地靠著桌子，讓人感覺有一股死寂氣氛在室內蔓延？很多初次學習姿勢技巧的人會對我說：「可是往後坐，抱著手臂，感覺很舒服……」也許沒錯，不過這些都只是習慣和肌肉記憶，可以改用警醒的姿勢取代，幫助你完全處於當下，保持覺察。

生活絕招：下次和別人碰面時，實驗看看，用你的姿勢來正面影響互動的節奏與氣氛。最後會發現，其他人會

和你一樣，採取較警醒、開放的姿勢。

　　沒有兩具身體是相像的，世界因為我們的多樣性而顯得有趣。形形色色的人都能同樣占有一席之地，比方說，想想那些身材較短小的人：歌唱家小山米・戴維斯（Sammy Davis Jr）、演員丹尼爾・雷德克里夫（Daniel Radcliffe），以及贏得奧運金牌的美國體操選手西蒙・拜爾斯（Simone Biles），以及更多其他的人，都能在大型舞台或競技場上叱吒風雲。

　　2002年，我為一家享譽國際的綜合舞團CandoCo編了一套舞作，裡面有些舞者是身心障礙人士，有些不是。舞團招收身材短小、坐輪椅及失去肢體或肢體癱瘓的舞者。每位舞者都以獨特的身軀，在舞台上震懾全場。我和舞團全球巡演，所到之處，CandoCo的表演必定贏得熱烈掌聲，這不只是出於對舞蹈的欣賞，更因為對身心障礙人士的偏見大受衝擊的關係。

生活絕招：回想一下你的身體幫助自己完成某項重大成就的時刻，如發表一場重要的簡報、為某個信念挺身而出；或是你的身體幫助自己做了某件好事，如幫助某個人過馬路、參加慈善路跑或健走。沒有人是完美的，要對你的身體心懷感激，並且善盡其用。

　　姿勢不是僵化固定的狀態，我們全都可以培養和自己獨特身軀自在相處的能力，只要保持開放的**思考**，採取寬闊的**舉止**，就能**看起來**開放寬闊，也將能全然掌控一席之地。

上網的姿勢

很多人長時間待在螢幕前，眼睛和頭部往前太過傾斜，突出於脊椎前方，以脖子的懸臂動作與肩膀肌肉支撐，這樣會對身體這些部位施加巨大壓力。我們需要為頭部找到平衡點，使其安置於脊椎的頂端，不會對頸部和肩膀造成壓力。

由於我們在網路上能完成更多事、更快達到目標，所以會大量製造獎勵的化學物質多巴胺。我們不斷有新奇體驗，從而讓我們就算沒有到網路成癮的程度，也會長時間耽溺其中。

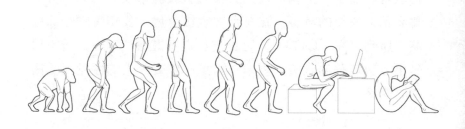

不過，長期彎腰駝背、下巴突出、脊椎彎曲，也會壓縮肺部擴張的空間，使血液中的二氧化碳增加，進而提高皮質醇的濃度。皮質醇高於基準值會減損認知功能的品質，以及我們的心智和情緒表現。很多人的肩膀肌肉非常緊繃，部分原因出在在螢幕前花太多時間，這會深深影響工作時的想法與感覺。德國希爾德斯海姆大學（University of Hildesheim）和波鴻魯爾大學（Ruhr-University）在2014年的研究顯示，即便是坐姿的微小改變，也會影響我們對事件的詮釋與記憶。

如果我們整天都是駝背聳肩的姿勢，就會把身體形塑成挫敗或逃避的姿態。我們必須察覺到工作時下巴和頸部的緊繃，因為下巴連接到脊椎的頸椎區，如果這個地方很緊繃，就會對脊椎造成限制，也會妨礙大腦島葉皮質的資訊處理、記憶提取及資料蒐集，無法意識或感覺身體發生什麼事。

站立的姿勢

練習：用姿勢做實驗

想像那封你非常畏懼的電子郵件剛剛進入收件匣。垮下你的脊椎，稍微蜷縮你的身體，採取你最喜歡的「失去生存意志」的身體姿勢。現在，試著大聲說出以下這段話：「我覺得樂觀又有信心！」

覺得不是很有說服力？也許是因為以這樣的體態，就是**無法**感到樂觀有信心，對我們的身體、心智與情緒系統來說，擺出那種姿態的同時，還要說出這些話，並不合理。

現在反過來，筆直地坐好，手臂往兩邊舉起的高度稍微超過肩膀，攤開手掌並張開手指，然後展開整個身體，擴張成勝利姿勢，說：「我覺得沒有動力又沮喪。」感覺如何？同樣不合常理，對吧？用這樣的體態，**幾乎不可能**覺得沒有動力又沮喪，或是在擺出開放、擴張性姿勢同時，還能有那種想法或說出那些話語，讓人感覺自相矛盾。

讓我們用一個視覺形象來練習擴張的概念，讓自己的念頭和身體同步一致。

想像你站在或坐在一盞強烈的探照燈前，讓燈光從前胸

到後背穿透身體。讓盡量多的燈光穿過每塊骨頭之間的空隙，如此一來，你即可在前方牆上看到一具完美骨架的投影，其中各個骨頭都明顯區隔開來，彷彿沒有被肌肉和皮膚包覆就會飄散開來。當這麼想時，你的大腦正在透過神經與肌肉的動力鏈（kinetic chain），指揮身體展開，並且加以擴張。

現在練習「接地」的概念。想像你站在火車、捷運或地鐵上，膝蓋鎖死的話，會發生什麼狀況？是不是快要跌倒？如果你的身體太緊、太僵硬，很容易就會撲倒，所以維持高度的同時，也要放鬆膝蓋（放鬆小腿、大腿、腿後肌及臀部肌肉），這樣就能防止跌倒。

你現在用一種開放擴張的姿勢「站穩腳步」了，讓我們來做細部訓練。

練習：站立與行走的姿勢技巧

姿勢是身體智能很重要的基礎。一開始可能需要一個安靜的空間幫助你集中精神。練習身體智能的第一個星期，每天花10分鐘完成以下練習，一步一步慢慢做。先學會站立與行走的姿勢，能在你坐著工作時，幫助了解如何讓脊椎定位。拿一張椅子放在旁邊，這樣等一下就可以直接轉換成坐姿。

步驟1：放鬆關節

- 站立時，檢查你的髖部／骨盆位於腿部與足部上方的位置。留意自己是否容易骨盆前傾，往前推得太多，造成脊椎塌陷；或是較會鼓起胸腔，讓屁股突出來，找到介於中間、舒服的平衡點。記得那條幻想的尾巴，想像它

碰觸到腳跟後方的地面，像袋鼠尾巴那樣保持平衡。

- 放鬆大腿和臀大肌（屁股的肌肉），讓膝蓋不會被「鎖死」。你的腿不一定要彎曲，只要放鬆關節就好。感覺如何？

- 盡量放鬆踝關節。找到讓身體重量自由地往下通過腳踝落到腳部的姿勢。用你的平衡感來實驗看看，前後左右移動你的重量，直到找到腳踝能剛好就定位，在行走時隨時準備彎曲，而不會緊繃僵硬的位置。

- 試著站直、站挺，但是放鬆所有的關節，彷彿髖關節、膝蓋和腳踝能隨時彎曲，讓你可以很快坐下來。

骨盆前推，
脊椎塌陷

胸膛鼓起，屁股
突出，膝蓋鎖死

正確的姿勢

步驟 2：感受大地

- 腳踝、膝蓋和髖關節必須放鬆，不要鎖死，這樣腳才能把你的體重分散到地面。走一走，感覺你的腳接觸地面，一步是一個腳掌的距離，腳跟先著地，從髖關節開始放鬆，膝蓋放鬆，舉起另一隻腳邁出下一步時，彎曲你的膝蓋，放鬆踝關節。放下腳跟前，享受下肢因重力而產生的擺動。

- 每踩一步，就感覺體重經由足骨分散到地面，一路深入你的「根基」。注意這種身體狀態是否為你的情緒狀態或心理狀態帶來任何變化。你正在探索自己的權威與「莊嚴」國土。

- 停下來，兩腳平行與臀部同寬，不要太開或太窄。想像你的每隻腳都有個三角形基座：兩個點在腳掌，一個點在腳跟。感覺體重經由這個三角基座被分散開來，確定腳掌和腳跟的重量是一樣的。

- 再次繞行所在的室內。行走時，想像你的頭蓋骨正上方，有一根細線從天花板吊掛著頭頂，同時有一股重力通過你的身體往下拉，每走一步都能感覺到腳部的三角形接觸到地面。

- 慢慢地走，感覺腳下的地面，感受慢一點的步伐如何引發自信感。

- 習慣同時運用擴張與接地的感覺，這是一體兩面，而且向來同時發生，每一步、每個當下，莫不如此。

步驟 3：挺直而開闊地站著

- 做出勝利之姿一會兒。張開並延展你的身體呈海星狀，擺出最寬闊、最挺直的姿勢，雙腳張開，雙臂打開，手掌攤開，手指張開，睜開眼睛往遠處看，用到你的周邊視野。深呼吸，維持這個姿勢幾秒，不是僵硬的、停滯的，而是開放而擴張的。

- 保持擴張的感覺。想像你繼續占有那麼大的空間，同時慢慢把雙腳移回臀部下方，雙臂放回身體兩側，直到恢復較自然的站姿為止。仍要記得探照燈的燈光正穿透你的骨架。

- 確定雙腳保持平行，位於髖部正下方。

- 想像每節脊椎骨之間有空隙。

- 現在把一隻手放在頭頂／頭蓋骨上方正中央，輕輕地往下壓，好像你可以非常溫和地擠壓脊椎的彎曲部位（不要把頭往後推或往前壓）。持續按壓1分鐘。現在把手移開，釋放壓力，你能感覺到脊椎伸展又變得較高嗎？你是否覺得更高挑、更輕盈、更挺直？由於不再擠壓，你應該會感覺脊椎骨之間的空間恢復了。在專心做下一個指示時，保持你發現的這個身高。

- 著重於你的頭部如何安置在脊椎頂端，覺察到寰椎（最上面的脊椎骨）—— 做點頭「同意」的動作幾次，以及樞椎（第二塊脊椎骨）—— 做搖頭「反對」的動作幾次。頭部毫不費力地在脊上保持平衡，這樣喉嚨和頸背才能同樣放鬆拉長。

- 頭部往下，讓頸背拉長放鬆。深吸一口氣後閉氣10秒。

步驟4：前彎拉長你的脊椎

- 緩慢地讓頭部的重量往下放，引導身體前彎。脊椎下彎時，放鬆肩膀與手臂的重量，自然下垂，脊椎下彎到大部分上下顛倒為止，伸展腿部後面（腿後肌）和下背部。膝蓋可以稍微彎曲，當你的腿後肌拉到可忍受的極限時，做幾次深呼吸，閉氣5秒。

- 接著緩慢倒轉剛剛的過程，逐步把脊椎和頭部抬起來，好像一磚一瓦重蓋一面牆壁那樣，一節節重新架好脊椎。

- 最後，再次讓頭部平穩地置於脊椎頂端，下巴與視線不要往上抬或往下，可是仍要拉長頸背，記得放鬆下顎。找到最省力的姿勢，讓你可以維持頭部與脊椎直立。

步驟5：打開肩膀

- 盡量把雙肩抬高，停5秒，然後放鬆肩膀。重複這個動作三次。

- 抬起肩膀，往前轉圈，然後往後轉圈。重複前後轉圈的動作三次。

- 再次以轉圈的方式把肩膀往後轉，雙手在背後緊握。打開前胸伸展，這時候你可以稍微往上看。維持這個伸展的動作，慢慢數到十，同時深呼吸，然後放鬆。

- 鬆開雙手，讓肩膀自行歸位，不要推拉到位，讓它們自己找到新的對齊位置就好。你會發現伸展有助於打開肩膀。你能感覺到肩膀更開了嗎？想像它們往外飄，碰觸到所在室內的兩側。

- 想著寬闊的肩膀，這麼做應該會讓人感到愉悅，除非你

的脖子和肩膀緊繃到疼痛的地步，如果是這樣的話，你
可能需要很輕柔、緩慢地重複步驟5，動作要很小。這
對紓緩緊繃非常有效。

（注意：如果你有高血壓、背痛或身體有什麼地方疼痛，
或是做前彎或伸展肩膀的練習會對你的症狀有影響，請在開始
練習前，先諮詢醫生、整骨醫師或物理治療師。）
　　現在，讓我們來看看這些原則如何應用於坐姿。

坐下的姿勢

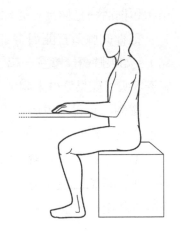

　　坐著時要一直保持良好姿勢
是很難的，我知道自己偶爾還是
會想把腳勾在椅腳上或翹腳，或
是會突然發現，浮現一個困難的
念頭時，就會聳肩。
　　雖然這麼說，但你還是應該
盡量坐正，雙腳放在地板上。一
整天下來，身體需要變換姿勢，
你應該有所察覺，在需要時讓自
己稍做休息，往後坐，彎曲你的
背部或伸展脊椎或頸部。

練習：開放與擴張的坐姿技巧
　　坐姿的原則和站姿一樣，不管是在會議中發言或聽他人說

話，或是在家休息時，你每天都可以用到坐姿的技巧，關鍵在於保持開放與擴張。

良好的坐姿需要下背部和髖關節有足夠的彈性，才能坐得挺直。如果以下練習造成身體壓力，就慢慢增加練習，第一次先維持2分鐘，幾天後再增加到3分鐘。如果你覺得背痛，一定要請教醫生或整骨醫師。

坐在椅子前面三分之一的地方，在背部和椅背之間留出空間，就可以撐起自己的脊椎。感覺雙腳平放在地板上，穩穩地坐在骨盆最下面的骨頭，也就是你的「坐骨」上，你的屁股是很好的坐墊，所以要把重量安頓在這個坐墊上。

想著有一條長長的背骨／脊椎，有三個部位——腰椎、胸椎和頸椎活絡且伸長，從你的骨盆向上聳立。

把你的膝蓋打開與臀部同寬（如果穿裙子，就稍微靠近一點）。如果膝蓋擠壓在一起，可能會造成下腹部的緊繃和壓力，影響呼吸；如果分得太開，可能會覺得不夠對齊或不太莊重。

讓頭部平穩地置於脊椎上，不要讓頭往前突出或是抬高或壓低下巴，用和站姿一樣的原則找到平衡。

檢查下巴是否收鬆，臉部肌肉也要放鬆。前面提過，下巴會連接到脊椎的頸部區域，因此下巴拉緊會造成脖子緊繃，因而限制脈衝進出腦部。

其他工作或放鬆的坐姿

如果你是在螢幕前工作，確保螢幕在視線高度，而且有良好的燈光與合適的眼鏡，能讓你看得清楚。避免皺眉，因為這

個動作會導致皮質醇濃度升高，讓你孳生負面想法。

如果你坐在桌前工作，交替變換坐姿，有時候把椅子靠近桌子，讓下腹部可以碰到桌子，骨盆則往後坐。這種姿勢可以讓你伸長脊椎，保持頭部平衡，同時椅背也可以撐住整個後背；有時候則坐在椅子前端，雙腳穩穩踩在地上，用核心肌群撐住坐姿。

如果你覺得不舒服，用一張直背椅，往後坐，拿一個靠墊或把毛巾捲一捲放在下背部的彎曲處。

肩膀下垂，把雙臂輕輕放在桌上，手指輕輕地在鍵盤上移動。椅子的高度應該讓你的肩膀放鬆，下臂與上臂垂直，在手肘的地方形成90度彎曲。

如果你在會議上發言，或是在會議室裡進行電話會議或視訊會議，把雙腳穩穩放在地上，核心肌群就會發揮作用，在和人互動時也會覺得較有信心。

避免靠著桌子或靠向面前的書桌，輕輕把雙臂放在桌上。

如果你是講者或負責帶領會議，坐在椅子前面三分之一處，上半身挺直並保持警覺，會提醒你全神貫注，也能把自信傳遞給全場的人。

如果你正在主動聆聽與接納，也可以往後坐一會兒，不過記得保持開放擴張的姿勢。

如果你要進行一場私下或有難度的對談，向前靠並做出和對方相同的姿勢一會兒是很自然的。在覺得適當時，回復到開放擴張的姿勢，然後再隨意變換，不用拘束。

如果你是坐在沙發上放鬆，或依偎著另一半或小孩，好好享受！不過一定要用靠墊撐住背部與頸部，尤其在工作一天

後。享受不規則延展與放鬆的感覺，只是別停留在不對稱的姿勢上太久（例如，把腿側向一邊壓在身體下，或雙腳交叉翹在凳子上，脊椎整個陷進沙發裡），因為這樣骨盆可能錯位，脊椎的重要部位也會卡住，進而影響腹式呼吸（參見下一章）。

有用的輔助裝備

很多人喜歡升降式辦公桌或可調整高度的書桌，因為可以變換姿勢。如果你真的是站著辦公，要確定膝蓋沒有鎖死，而且體重平均分布在腳掌與腳跟之間。

跪凳對脊椎不是非常好，而且會對膝蓋造成壓力，要很小心，不要讓下背部過度伸展（成拱形）。

把皮拉提斯球用於工作中或會議上也很好，因為當你靠近或離開螢幕時，或是在思考與說話時，球會跟著你滾動，所以是整條脊椎在移動，而不是只有頭部與脖子向前傾。你還可以上下彈動，增加脊椎和腦部的腦脊髓液活動，以便更有效地排除毒素。

雖然科技對姿勢有負面影響，但是也能幫助我們，現在市面上就有很多應用程式和小裝置可以幫忙培養良好的坐姿（請見本書最後的「參考資料」）。

如何運用姿勢，深深地影響你的自主性。良好的姿勢能使你在行走、站立與坐著時，同時感到更強大、更在當下、更

警醒,也更自在。在日常生活中,像是走路到車站,或推著推車在超級市場購物時,愈常用到新姿勢,就能愈快製造肌肉記憶。第8章會幫助你規劃姿勢練習計畫,藉由習慣堆疊法,讓你把姿勢的新認識融入日常生活中。

一旦你學會也正在落實正確的姿勢,觀察周遭的人開始有什麼表現。無須為了做自己而感到抱歉,用你全部的高度創造令人驚豔的第一印象。姿勢和呼吸是不可分割的,因為姿勢能為肺部打開實際的空間,用呼吸讓這個空間充滿空氣,以供給身體與腦部。讓我們繼續前進,學習如何運用呼吸創造力量。

03 呼吸的節奏感

一吸一吐培養情緒與精神的穩定性

> 我如果懷疑自己，我媽會說：「吸一口氣……瞧瞧，看
> 看你能為自己做到什麼？你不需要靠別人幫你呼吸，是
> 吧？」
>
> ——嘻哈天團黑眼豆豆（The Black Eyed Peas）
> 團長威爾（Will.I.Am）

　　我們不假思索，就能在橫膈膜、肋骨、肺臟與腹肌的協奏
奇蹟下，一天呼吸 25,000 次。我們的呼吸模式會隨著感覺、念
頭與從事的活動型態而發生變化，反映出情緒、心理與身體狀
態。若要在壓力下保持穩定性與一致性，有賴於強健的神經系
統與內分泌系統，而這兩者又需要正確的呼吸支撐。我們將會
發現到，呼吸技巧是能否全力發揮的關鍵基礎。

　　古希臘人認為呼吸裡含有靈魂，是具有靈性的生命力。
inspire（啟發、賦予靈感、激勵、鼓舞）這個字的拉丁文字根
spirant，就是呼吸的意思。商業領導者**鼓舞**員工相信公司會成
功、父母**激勵**孩子善盡全力；換言之，呼吸不僅僅是生理需
要，也是一種社交貨幣（social currency）。

> **生活絕招**：從鼻孔深吸一口氣，然後從口中呼出，以實
> 際的動作自我「激勵」一番！

我們只要好好呼吸，讓空氣進入肺部下面三分之二處，就能以腹式呼吸得到足夠的空氣，做為身體和腦部的燃料；如果呼吸得不好（胸式呼吸），鎖骨上下移動，這樣的呼吸是淺的，空氣只能充滿肺部上面三分之一，這時候我們的思考、感覺與行動會變得較飄忽不定，在壓力下無法保持頭腦清楚，或是沒有那麼容易平衡情緒，變得很不穩定。

腹式呼吸的運作原理

橫膈膜是橫跨體內呈現平放的一片肌肉薄膜，把身體分成兩個部位：胸部與頭部；腹部與腿部。它就像一頂位於肺臟下方的圓形帳篷，邊緣附著在肋骨底部周圍，一路連到背部的脊椎。它的肌肉束（橫膈腳）則通過小腹肌肉，一路垂直往下連到骨盆底。吸氣的話，橫膈膜會下降，帳篷形狀倒轉，創造出真空讓空氣被吸入，馬上充滿肺臟；呼氣的話，橫膈膜會上升回到原來呈現帳篷狀的位置，幫助肺部排出空氣。這種上下移動是複雜又奇妙的肌肉動作一環，涉及各種腹肌的放鬆與收縮。我們無法直接控制橫膈肌，不過卻可以藉由有意識地放鬆、運用及收緊支撐呼吸的肌肉，做出有效率且飽滿的呼吸動作。

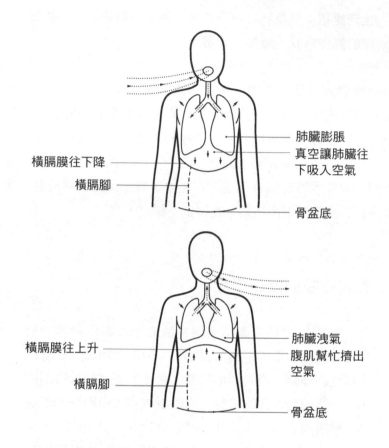

肺臟膨脹
真空讓肺臟往
下吸入空氣

橫膈膜往下降

橫膈腳

骨盆底

肺臟洩氣
腹肌幫忙擠出
空氣

橫膈膜往上升

橫膈腳

骨盆底

　　希臘人也相信思想本身源自肺臟，兩者之間有重要的連結。我們想要分享出去的想法會觸發身體吸氣，呼出的氣則會把我們的想法帶到世界上，所以思想和呼吸之間密切相關。橫膈膜移動，確保我們有足夠的氣息，精神奕奕地說出想法，讓聲音被聽見，所有的口語溝通莫不仰仗於此。

　　呼吸作用除了提供維生所需的氧氣外，也能讓我們更健

康。每次呼吸時，腸胃、肝臟、脾臟、腎臟會因為橫膈膜移動及肺部擴張而移位，器官周圍就不會那麼容易累積毒素，害我們生病或消化不良。此外，腹腔神經叢（solar plexus）——神經的複式立體交流道，位置靠近胃臟後方的脊椎（情緒中心），也會因為橫膈膜移動而受到刺激，讓我們能更強烈地感受到情緒。假使呼吸技巧不好，橫膈膜在腹腔神經叢周圍鎖得太緊，會導致我們壓抑感覺、遲疑耽擱，甚至可能拖延重要的決定。

> **生活絕招**：猶豫不決嗎？做三次具有刺激效果的深呼吸，用鼻子吸氣，嘴巴呼氣，把吸進來的氣送進小腹，讓小腹鼓起，然後把氣透過雙唇向前方呼出。開始吧！

　　上健身房可以增進**肌肉**張力，穩定有節奏的呼吸習慣同樣能加強**迷走神經**張力（vagal tone），這個用語是指迷走神經的功能，之所以稱為迷走神經，是因為它從腦部一路「迷走」到心臟、肺臟與胃臟。迷走神經是副交感神經系統（我們的復原與再生系統）的一部分，會釋放平靜的化學物質乙醯膽鹼，抵消腎上腺素的效應，在激烈的活動後讓心跳回復正常，以利平衡、再生、壓力下保持冷靜與**協調連貫（同調）**，不會讓思緒和行為變得**混亂**。每個人都可以透過有節奏的定速呼吸而做到**協調連貫**，在這個狀態下，身體、心理及情緒機制同步一致，我們也能毫不費力地發揮全力。只要呼吸得好，不但可以改善思考的清晰度與品質，也能有極好的情緒自律，讓我們增進活力，不管扮演什麼角色，都能有登峰造極的表現。

　　這背後有著聰明巧妙的生物學在支撐。我們的心臟會配合呼吸，有節奏地一天跳動 10 萬次。吸氣時，把氧氣輸送到全身各處時，心跳會加速；呼氣時，心跳則會減慢。而心臟與腦部則會彼此透過迷走神經，經常性溝通受到威脅的程度。

　　個體處於壓力下，心跳會加速與放慢，理想的情況下，如果平順進行，就不會為心臟肌肉造成那麼大的負擔，也能把更多**同調性**訊號送到腦部，使得心臟與腦部對於壓力能泰然處之。還記得約翰的航海事件嗎？當海象變得危急時，他保持著同調連貫的狀態。但若是焦慮的人，只要一沒自信，心臟就會不規則地加速與放慢，送出更多**混亂**的訊號到腦部，導致在面臨壓力時做出消極反應。壓力升高時，心跳的**速率變化**，又稱為心率變異性（Heart Rate Variability, HRV），是保持穩定與高認知功能的關鍵要素。想要改善心率變異性，在心智與情緒上更穩定有自信，就需要運用定速呼吸法（見本章後半）調控呼吸模式。如此一來，能讓負責的腎上腺增加類固醇化學物質DHEA的分泌，以便我們在壓力下更有機會明快又協調地掌控局面。

　　從以下第一張圖可知，受試者的呼吸模式是有節奏的，因此心跳可以平順地加速與放慢。在第二張圖中，受試者的呼吸模式一開始是焦躁的，心跳 1 分鐘飆高到很多下，接著猛然下降。然後當受試者開始做定速呼吸，心跳便從焦慮轉變成有節奏，以穩定地增量加速與放慢。波動愈平穩，起伏愈大，心率變異性就愈高。心率變異性和DHEA分泌是年齡、健康、體適能及神經系統功能的生物標記，可以用來衡量情緒調控與認知的表現。

在定速呼吸期間，心率變異性佳

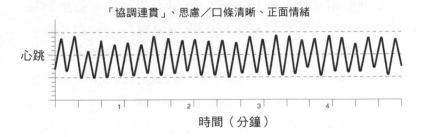

「協調連貫」、思慮／口條清晰、正面情緒

心跳

時間（分鐘）

心率變異性差和呼吸的影響

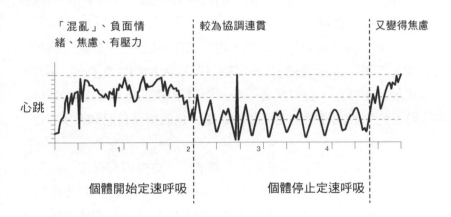

「混亂」、負面情緒、焦慮、有壓力　　　較為協調連貫　　　又變得焦慮

心跳

個體開始定速呼吸　　　　個體停止定速呼吸

　　比勒陀利亞大學（University of Pretoria）的賈斯汀・甘迺迪（Justin Kennedy）博士於2012年進行的一項研究裡，把定速呼吸法納入績效教練指導課程，教給八十位銀行經理（有男有女）。只不過三堂指導課加上二十一天練習，在需要複雜決策的任務裡，他們的認知能力平均就有62%的改善，變得較**協調連貫**。這份研究運用到生物回饋技術，讓受試者裝上感測器，連接到一台電腦，上面即時顯示他們的呼吸對心率變異性

的影響，顯示出來的資訊和上頁圖相近。

在這些南非銀行經理的呼吸變得不規律時，如果能掃描他們的腦部，就會看到大腦的決策中樞 —— 前額葉皮質（Prefrontal Cortex, PFC）處於低度活動狀態，而其他部位則有數量龐大的混亂 β 波。練習定速呼吸法能提高前額葉皮質區的活動，以及 α 波、δ 波、θ 波這些與清楚專注有關的腦波數量。除了提振DHEA外，由於沒有助益的皮質醇和腎上腺素流失了，睪固酮也會回到理想濃度。因此，銀行經理就從處於生存模式、做出較差的決策，而變身為機敏、有生產力、有競爭性又**協調連貫**。

你可以訓練心率變異性，用一個簡單的生物回饋工具與軟體（參見「參考資料」），來改善呼吸調控與大腦功能。即便已經練習多年，我還是會不時回頭做這個訓練，因為你可以即時看到呼吸調控對生理機制的影響，也能衡量自己的進步。

生活絕招：想一個不久後即將發生，你覺得有難度，但卻非常希望一切順利的情境。吸氣與呼氣，並且想像自己做得很好，讓心跳隨著你對壓力的反應，平順地加速與放緩。你已經為肌肉記憶做好準備，事情來臨時，你的表現會有所提升。

不過，有效的呼吸練習無須用到科技。我最近指導一位忙碌的母親兼職業婦女莎拉，她發現只要坐車去辦公室的路上，把報紙放在一旁，花點時間練習定速呼吸，那一天的思慮就會清晰許多。我的另一半亞當是空拍導演，從直升機上拍攝電影

畫面，很多時候有些困難的鏡頭往往只有一次拍攝機會。每次拍攝前，他會運用定速呼吸法取得專注力，第一次就做對。

呼吸技巧有很多種，各為瑜伽、靜坐、武術、英式橄欖球、射箭、演戲、舞蹈、歌唱、演奏小號等不同目的所用。不過，就日常生活而言，我們需要一個簡單易懂的技巧，在任何地方都可以練習，把它融入生活中，逐漸成為日常規範。

當你讀到這裡，有開始留意自己的呼吸是快是慢、是深是淺嗎？大多數人會在思考時屏住呼吸，在發電子郵件時快速吸氣，而在開會、煮晚餐或是看電視時，呼吸則變得太淺。生活會在我們無意中介入呼吸，有損認知功能、情緒穩定及生產力。有了這一層了解，讓我們學習如何運用定速呼吸法為大腦充電，穩定情緒。

定速呼吸法

定速呼吸法的目標是平順而規律地做腹式呼吸，用鼻子吸氣和呼氣（如果鼻塞的話，就用嘴巴呼吸）。建議一天撥出10分鐘練習這種呼吸技巧，不過如果你很有動力，也可以早晚各練習20分鐘。只要你這麼做，就能得到和南非銀行經理相近的進步。

準備：雙肩下沉，放鬆腹部肌肉，記得姿勢技巧裡的寬闊感。然後呼吸——

用腹部呼吸

- 坐著時，讓自己接地，把氣全部吐出。
- 現在放鬆你的腹肌，不要縮肚，吸氣，觀察小腹往前擴

張（肚子變得較圓），而下面肋骨向兩旁擴張（你變得較寬）。

- 接著呼氣，觀察你的下腹與肋骨往內移動。
- 吸氣時，試著不要抬起肩膀或鎖骨，或鼓起胸部，不必用力、推、拉或屏住呼吸。
- 換不同姿勢會有幫助。首先，往前靠，前臂放在大腿上，把脊椎鬆開拉長。用這個姿勢，可以感覺到深深往下的腹式呼吸，如何使下背部、脊椎及肋骨移動；另一個選擇是趴下來，打開雙臂，額頭貼在地板上，或頭偏一側靠在墊子上，這樣應該會覺得較容易做深呼吸。你也可以仰躺下來，膝蓋彎曲，腳底踩在地板上，放一本書在肚臍的部位，用吸氣把書往上抬，呼氣時讓書下降。
- 注意自己的感覺。如果覺得頭昏眼花，就是過度換氣，少用一點力，讓呼吸自然發生。

以均勻的流動，平順呼吸

- 彷彿穿針引線般，讓吸氣與呼氣找到平穩一致的流動。
- 呼吸的開始與結束時不要匆忙，好比海浪拍打海岸，讓呼吸自行來去。
- 這時候有些呼吸會較長，偶爾也會大口呼吸。
- 現在保持均勻的流動，讓每一次呼吸找到自己的長度。
- 當你在練習這個部分的技巧時，心臟會開始有點突然跳動一下，不要擔心，因為你的呼吸和心跳會想要同步一致，有時候心律會自己重設。

規律呼吸

- 以放鬆專注的方式，開始察覺呼吸的節奏。
- 吸氣時，下意識地默默計數，計算每次呼吸的時間。
- 開始探索今天你數到多少時，身體不會覺得不舒服。呼氣和吸氣的數字不一定要相等（例如，吸氣數到四，呼氣也數到四），兩邊的數字可以不同（例如，吸氣數到三，呼氣數到五），自行決定計數的數字與速度。
- 有些人喜歡在計數時配合視覺形象（例如，吸氣時向上攀爬階梯，呼氣時走下階梯；在沙灘上來回於海岸邊；在高音與低音間來回彈奏鋼琴琴鍵；跑向目標得分，然後接受歡呼），又或許你喜歡單純計數，讓心靜下來。吸氣就像是在為身體加油，呼氣則是排氣管在排氣。
- 在練習時，重複以這個方式吸氣與呼氣。

　　你會發現，愈練習就愈容易進入定速的節奏。建議讀者一天練習10分鐘，假以時日，你的身體就會習慣這種節奏。如果計算的數字改變，沒關係，找到新的節奏就好了。

　　努力做到一醒來就自動開始有節奏的呼吸，透過習慣堆疊讓定速呼吸也能融入其他時間的生活中。只要做這項練習，你的呼吸會成為日常表現的基礎功，日子也會開始變得更好。在日常生活裡，你的心因為被其他事情占據了，所以不會**總是主動**意識到呼吸的節奏，不過如果你的身體開始認識這個節奏，就會成為既定的肌肉記憶一部分。無論何時，只要你在生活中開始感覺到緊張、壓力，就運用定速呼吸法，讓這個最強大的工具幫助度過嚴苛的處境。

速度變化

你的速度可能會因應不同目的或情境而有所變化，例如：

如果你覺得萎靡懶散，想要用呼吸來提振活力，就選擇快一點的步調，輕快地充飽和清空肺部，比方說呼吸進出都數到二；如果想要放鬆，就選擇緩一點的步調，譬如吸四呼五。

如果你比較優柔寡斷，有事不說，不太會表達自己（**反應不足**），呼吸進出數到較少的數字，也就是用較快的呼吸速度來「充電」，可能較有利。每次減掉一或二，逐漸縮短計數，實驗出對你有用的速度。

如果你容易衝過頭、**反應過度**，就需要慢一點的呼吸速度來穩定神經系統。不要把自己逼得太緊，每次增加一或二，逐漸拉長呼吸的計數，做法是在吸氣時，進一步放鬆腹部肌肉。

大部分的人喜歡在搭車、搭機或安靜地坐在家裡時練習，但是你沒有必要**非得**坐著不動。很多學生喜歡做擴充練習，在行走時定速呼吸，用計算步伐來吸氣與呼氣。這需要一些練習，不過你很快就能找到喜歡的節奏。

呼吸就是生活，享受呼吸練習，也享受它為你帶來的更多專注力與精力。發揮創意，運用這些原則、原理做實驗。

現在讓我們培養收攝的能力，鞏固呼吸的基礎。我們要來學習如何即刻專注，熟練收攝的方法，以便用最好的自己面對五花八門的挑戰。

收攝你的注意力

凝聚內在的力量與焦點

> 知人者智，自知者明[4]。
>
> ——老子

忙碌的行程被重要的承諾與迫切要緊的決定塞得滿滿的，一直以來，身為超人配偶或超人爸媽，我們不斷努力地想要做到每件事，像多頭馬車那樣被四面八方的力量拉扯著。排山倒海的資訊，加上各式各樣的塵勞與溝通，使我們很難在生活中保持清楚專注。然而，只要學習收攝（center）[5]自己，在我們稱為「發現你的自我（I）」（Finding Your I）過程中鍛鍊內在力量，就能在對抗龐大壓力時保持專注，培養清晰的思考力、行動力及論述力。

何謂收攝？

收攝的過程，讓你的身體、心理與情緒處於「你知道自己是誰，知道身在何處，也能客觀看待周遭事物」的狀態；你會

---

4 譯注：在老子《道德經》的英譯版本，這句話譯為：「在你的心中，你已經有了答案，你知道你是誰，你知道你想要什麼。」（At the centre of your being you have the answer; you know who you are and you know what you want.）

5 這個字眼用的是美式拼法，因為它似乎更能明確傳達其核心概念。

無比清晰地見到、體驗到不斷變化的環境，還會有強大的自信感和內在力量伴隨而來。只要制心一處，思考無須費力，注意力也會集中。

> **生活絕招**：當你找到內在「靜止點」，就會變得更有吸引力，因為你在保持儀態的同時，也夠放鬆，能真心傾聽他人。在你要約會、面試或談判時，想想這件事。

收攝給了我們一條準備途徑，一個你可以用來找到內在平衡，讓自己迎向成功的規約，譬如，在考試或面試前，或是在網球賽中發球或高爾夫場上推桿前。其次，遇到情勢驟變時，它能給你一個把恐懼轉化為集中精神的方法。如果工作上的變化對你有所衝擊，收攝心念會是你的救命索。

找到身體的「中心點」

「置中、中心」（centre）既是一種有幫助的心靈概念，也是體內的一個實際位置，就在腹部，位於肚臍後面下方。想像兩腳中間有一條垂直線，一直畫到頭頂，把你的身體一分為二，然後再想像有一條水平線畫過身體，讓你一半的重量在上，一半的重量在下，這條線大概就在肚臍下方，而這個位置就是你的質量中心所在。

當我們主動意想這個點，並且深深吸氣向下朝它而去，就會刺激延伸到腸道的迷走神經最末端，進而增強交感神經系統與副交感神經系統的交互作用，使腎上腺素和乙醯膽鹼取得平

衡。如果同時應用第 2 章學到的接地原則，就能啟動深層核心肌群，而不必縮緊外層腹肌，限制呼吸與活動便利性。如此一來，我們的動作和姿勢可以既放鬆又熟練，也較不會在第一次約會時，就笨手笨腳打翻酒杯。

收攝增強高睪固酮和低皮質醇的化學作用，也支援多巴胺功能，確保神經路徑有效率地放電，使我們保持專注，並調和身體與精神能量，以求成功致勝。多巴胺的濃度保持在理想水準，不多不少，剛剛好，我們的動作、姿勢、言語及行為就會彷彿來自「中心點」，讓我們有時間與空間展現深思熟慮的作為、溝通能力和自制力。

收攝為你努力的事帶來焦點

收攝也可以用物理法則來理解，重力和離心力是兩股施加在我們身上的物理作用，身體在這兩股力量之間保持平衡。

在心念收攝的狀態下，你的身體**重心**可能會因為活動而有所不同。網球選手接發球時，需要更具攻擊性，並保持警覺，所以重心會往前，重量放在腳趾；而準備發球時，重心則較低，舉止也較鎮定。跳芭蕾舞的舞者會運用向脊椎內拉的深層核心肌群，找到旋轉中心軸。保護權益的談判代表則需要盡可能把重心降到最低，以便帶給人看起來毫不動搖、堅守立場的感覺。演員在演出焦躁的角色時，會提高身體重心，最可能的位置是胸膛，因為焦慮通常會導致緊繃集中在胸部和肩膀。無論重心放在何處，收攝狀態做為一種規約，能為你正在努力的事帶來正確的焦點。

藉由收攝拿出最佳表現

當莎曼珊・泰勒（Samantha C. Taylor）還是年輕的板球員時，便早早建立自己的基本攝心規約。她說：「我們學會一步步收攝，舒緩緊繃，找到平衡、呼吸、聚焦。然後透過練習，我們加快速度，這樣就不必花費6分鐘做準備，它就在那裡。我只要看著球棒的某個點，就能達到收攝的狀態，那就是觸發因子，我馬上收攝自我，做好準備。」

身為板球員的泰勒，在精神上與技術上花費很大功夫確認自己要多麼收攝，才能處於最佳表現的狀態。她應該多警醒？應該多冷靜？而不管發生什麼事，都能保持既放鬆又警覺的狀態，看起來又是什麼樣子？

就像泰勒說的：「球以每小時80、90哩的速度向你飛來，我集中心力在每顆球上，務必讓自己在比賽壓力下，能一貫地拿出最好的技巧表現。」

生活絕招：你是否容易在沒有妥善做好聚焦準備的情況下，就匆匆從一件事忙到另一件事，從一場會議開到另一場會議？在你想要有好表現的行動緊接著開始前，收攝自己是有效的，而且可以當成過渡階段，讓你在進入下一個事件前重整旗鼓。

找到你的中心點，透過收攝的例行練習，進入覺察與準備

就緒的狀態是令人振奮的。無論你何時應用這個技巧，都能靠著它獲得力量，迎向成功。讓我們來看看要怎麼做。

練習：收攝自我的中心

　　若要收攝自己，我們需要舒緩緊繃，找到平衡、呼吸與焦點。

步驟1：準備

- 站著或坐著，沿著身體中心線一路往下 —— 眼睛、下巴、舌頭、喉嚨、胸部、脖子、肩膀、核心部位、橫膈膜、骨盆底，而後放鬆不必要的緊繃。
- 上排牙齒與下排後方的牙齒分開，讓舌頭後部沉沉地躺在嘴巴後方，藉以放鬆下巴和舌頭的緊繃。下巴和舌頭緊繃是無法收攝的，緊繃會一路向下傳遞到身上，你的動作也就不會那麼有效。
- 喉嚨和胸部、頸部與肩膀不是撐著的，而是往下放，並且打開，核心肌群要放鬆到橫膈膜可以自由上下移動，自然呼吸。
- 感覺雙腳穩穩放在地板上，與臀部同寬，如果你是坐著的，則把雙腳固定在前方地板上。

步驟2：收攝

- 找到平衡，把你的質量中心放在需要的位置上。
  請注意，不管你現在是否覺得平衡，把體重往前後左右移動，找到最佳中心點。無論是在行進時的車上保持平

衡、與你的團隊說話、為了做家事，以及正值青少年的孩子討價還價，或是擔任主要舞者，一次又一次地找到你的身體平衡，左右你的情緒與心理平衡程度。生活有著讓我們失去平衡的慣性作用，問題是就算面對壓力或遭遇威脅，譬如等待一個重要回饋，或是組織重整讓你陷入被解僱的危機時，你是否能找到自己的內在平衡？

- 感覺重力。

  幸虧有重力把你固定在這顆星球的表面，讓你不至於飄走。在第二章你已經學會如何腳踏實地，現在再次應用那個技巧。要注意的是，如果你的思緒飄走或心懷憂慮，就無法感受到重力的接地效果。

- 感覺讓你懸浮的離心力。

  地球正在轉動，我們懸浮於大氣中。感覺周圍的空氣毫不費力地支撐著你，也留意我們可以如何運用這股力量。我們兢兢業業地過生活，在忙碌競爭的世界裡努力朝著目標前進，只要想到有離心力支撐我們，就可以較輕鬆地看待一切。還記得坐旋轉木馬繞圈的感覺嗎？你旋轉得如此厲害，以至於像是沒有重量似的，所以不會掉下來。察覺地球自轉的力量，並且在觀想這股力量的同時，放鬆更多肌肉的緊繃。你會發現，愈放鬆就愈覺得輕盈，也愈能體驗到被離心力支撐的感覺。

- 找到你的質量中心，也找到介於重力和離心力的支撐點，兩相結合下，馬上就能找到內在平衡。

- 讓呼吸沉至肚臍以下。

  想像呼吸抵達某個特定的點會對你有幫助，位置就在肚

臍下方,如此一來,你就能用一次呼吸來收攝自己。吸進來的氣直接來到那個點,當你呼氣時,就能舒緩不必要的緊繃。有些人則喜歡想像呼吸抵達肚臍下方一個網球大小、充滿暖光的部位。

- 聚焦。

微微放鬆目光,這樣你就可以較省力地運用周邊視野獲得更多的資訊。你是否容易盯著東西看,或是太專注於事情上或失了神,以至於未能看到周圍的世界?在收攝的例行準備時,看看怎樣的眼神強度效果會最好。日常生活中,你可能會把目光集中在一件事或一個人身上,有時又會用到周邊視野(好比在家裡或會議上歡迎一群人時)。針對你的行動/情境,選擇適當的目光強度。做做實驗,觀察收攝身心如何改變你看世界的方式。

生活絕招:如果你需要快速瀏覽一份文件或一篇文章,把眼神的焦距放鬆,集中呼吸,目光雖然跳躍於字句間,但卻能對整個段落有大致的理解。這樣一來,你就會讀得較快。

現在慢慢地練習這套方法三次——第一次做時,每個步驟至少做1分鐘,等到比較熟悉後,才稍微加快速度。

平衡、呼吸、聚焦

平衡、呼吸、聚焦

平衡、呼吸、聚焦

感覺有什麼變化?對周遭環境的觀感有什麼不同?

現在想一個你要經常應用收攝的情境，例如：

- 準備一場重要會議或對談時。
- 改進你所從事的運動的準備工作。
- 應用在經常不順利的某種互動上。

練習收攝，觀察它對你的人際關係的影響。你是否更能傾聽？你是否較清楚敏銳？在 Part I 最後，你會有機會培養收攝的習慣，把這些習慣融入日常生活中。

生活絕招：每天開始想一個讓你收攝自己的觸發點，譬如在一場會議上入座時。就從今天開始。

培養內在力量

在各式各樣的困難處境下，收攝帶給我們更大的信心與控制力。收攝的感覺有賴於對自己覺得夠自在，認識也接受自己的優缺點。只要我們在某個特定情境下無法感到自在，表現於外的行為，就會有部分動機來自必須減少那種不自在，而這可能會和那個情境需要我們表現出來的言行相悖。我們可能會放棄、讓步，在真有必要時，卻無法表達意見或採取行動。

我們設計了一套增強式的收攝心法，用來鍛鍊內在力量與動機。它是一個稱為「發現你的自我（I）」的意念形象法（Visualisation），當你的生活處處充滿挑戰，得到的外在獎賞

少得可憐時，可以藉由想像你的「I」來刺激多巴胺分泌，讓你找到內在獎賞和動機。

多巴胺是職司獎賞和專注的化學物質，與大腦的視覺皮質（visual cortex）有密切關聯，當我們把強而有力的意象加以視覺化，就能提升多巴胺的分泌和吸收。藉由想像一個中正的「I」內建於體內，就能以心像與隱喻描繪出自己的力量，在戮力發揮潛能時，提供糧草給我們。

觀想你的「I」或你的「自我」有很多種不同途徑，無論出於何處，它都是一股驅動力。你的獨特識別，立足於你是誰、你的長處、你想要實現什麼，以及你如何對社會有用的信念上。

假想你擔任陪審員，是陪審團中唯一認為被告可能無罪的人，或是和一群比你資深的老鳥開工作會議，而你想提出一個覺得受到忽略的問題。在你懷疑自我的那一刻，例如，猶豫著是否要表達意見時，想想你的「I」，能幫助你想起自己是誰、你的初衷與強項，如此一來，就能發揮力量，盡己所能地影響他人。

若是無法汲取力量，你可能會隱忍不語，避開變成孤鳥的窘境，即便心存懷疑，依然順從多數人的意見。我們表達意見，也許不見得總是能受到歡迎，可是如果依賴外來獎賞帶給自己的感覺——無論是被別人認同／肯定／稱讚，或是擁有一輛好車或買了新的鞋子，我們就會受制於對**外來**獎賞的需求，在這種狀況下，多巴胺的供給必將耗竭。然而，假使我們能與發自內心、出於自己的「I」之**內在**獎賞有更多連結，就能隨時取用多巴胺，繼而變得更有動力、更強大。

意念形象法讓人滿懷信心面對挑戰

泰勒在英格蘭隊上場比賽前，經常感到皮質醇飆高，恐懼和焦慮的威脅步步進逼。泰勒的應對方式，是運用教練給他們的強大意象：藉由想像「格雷伊獵犬」（Greyhound），從心理上緊縮核心肌群，讓身體保持中正；並且想像「天使」，讓肩膀肌肉用力，上半身做好強力擊球的準備。在2009年20回合制世界盃（Twenty20 World Cup）的一場關鍵比賽中，澳洲隊已經擲幣贏得發球決定權，而且得到163跑分。不過，第一個擊球手出局後，泰勒一邊踏上廣袤的球場，一邊想像碩大的天使翅膀在身後展開，藉以提振睪固酮和多巴胺的濃度。她踏上區域線，重複一次站姿規約，想像「格雷伊獵犬」來緊縮核心肌群，感覺到皮質醇變弱。那是一場20回合制的比賽，她以五十球得到70跑分，英格蘭隊贏得該場比賽，幾天後繼續贏得世界盃冠軍，這也是她的職業生涯中，最重要的一次比賽。

練習：發現你的自我（I）

準備

- 找到一個安靜的處所。
- 閱讀以下指示，然後閉上眼睛，收攝自己——花幾分鐘安定身心。

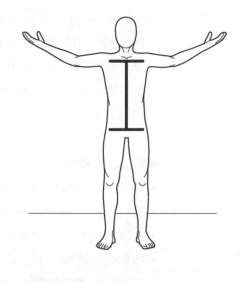

步驟 1：創造你的「I」

- 專心想像一個和你身體相合的大寫字母「I」。

- 從想像一個如右圖的簡單結構開始。〔有些人會對體內的「I」感到一種動覺，也有人會自行以心靈之眼創造出一幅「I」的圖像，並且純粹專注在那幅心智圖像上。有心盲症（Aphantasia）的人則完全無法以視覺想像。如果是這種情況，可以用言辭形容你的「I」，或是拿一張紙擺在眼前，試著畫出來，看看是什麼模樣。〕

- 現在加入你的創造性想像。如果你可以選擇任何想得到的材料，天然或人工的、液態或固態的，或是上述的組合，你的「I」是什麼做成的？探索各式各樣的可能，你就是建築師與工程師。

- 讓這些想法，你心靈之眼的這些圖像進化成長。你的「I」可能依舊保持單純，可能變得精雕細琢。你的「I」可能逐步發展出和原來的簡單形制大異其趣的結構，可能會拉長、縮小或長出翅膀⋯⋯讓它隨你所欲地成形。

- 完成圖像。當你想到它時，應該會覺得強而有力。放大圖像，查看細節，裡面有沒有什麼與眾不同的特徵？

它是怎麼被建立的？還需不需要附加什麼？例如，你的「I」的接縫之處看起來如何？它的各個部分是怎麼被接合的？用什麼樣的材料和接法？如果你的「I」有部分是有機體，如何維持生機？需要供給水或養分嗎？這麼做能為你建構的形象增添更多細節，讓這幅圖像無比強而有力。

步驟2：詮釋你的「I」

- 你選擇這種材料與設計的理由，背後有什麼意義？
- 這個「I」代表你的哪些強項？
- 在哪些情況下，你會更常發揮這些強項？
- 在你的生活中，有誰需要看到更多這個「I」？
- 你的「I」如何幫助自己迎向眼前的某些挑戰？
- 何時需要用到你的「I」？例如，你什麼時候想給自己正面肯定、向上管理、掌控局面、保持沉默、對周圍的人發揮更大影響力、感到鎮定又勝任、相信自己？
- 你可以祕密做這項練習，也可以和朋友分享，相互觀摩筆記。請他們對你提出更深入的問題，從你的優點與特質出發，向他們解說你的「I」，然後你們可以互換角色。分析我們為什麼會選擇這樣的「I」，是很好玩的事。

一個「I」通常支撐不了一輩子。我會在日記裡記錄，並每個月回顧一次，知道它是否已經發生變化，或是否需要一個新的「I」。有些人會為了不同場合創造一整櫃的「I」。這麼多年來，我看見成千上萬個各種物質構成的「I」被創造出來：鋼、

鈦、碳纖維、樂高、銀、竹、塑膠／金屬組合、噴水池、橡樹、裝飾著活生生花朵的鐵，以及許許多多有創意的種類。

我曾指導一位相當內向的商業人士，工作上大量的交際往來令他厭惡，他便特別為自己創造一個「I」——一座香檳酒滿溢出來的香檳塔！他說，一想到這座塔就會笑起來，也會覺得較想認識新朋友。在工作前冥想他的「I」，就能替代過去感受到的極度不自在。

「I」意象裡的相關優勢與弱點，總是和我們在生活中的優勢與弱點有所關聯。這幅圖像來自我們的創造性想像，往往含有潛意識帶給我們的訊息。

你可以為聚會與演講、危機和慶功的場合想像一個專屬的「I」，或是把它當成收攝規約的最後一個步驟，使之成為四個步驟：平衡、呼吸、聚焦及「I」。鼓勵讀者運用這項練習，持續確認你的優勢，在想要站穩立場的情境中增強，並且在新的優勢浮現時能予以承認。

只要對自己的肉體有深入認識，並且運用身體智能，勢必會對我們的聲音產生衝擊——如何說出要說的話，如何把自己的思想與觀念投射到這個世界上？現在就讓我們來更加認識，並且學習培養聲音的力量。

05 聲音的力量

用聲音傳達權威與信心

> 我花了好長一段時間才創造出一種聲音,現在擁有它,我
> 將不會保持沉默。
>
> ──美國前國務卿馬德琳‧歐布萊特(Madeleine Albright)

我們說話時,氣息會穿過喉頭的聲帶,形成在體腔與顱腔內震動的聲波。聲音的共振各有不同,端看我們獨特的身體與骨骼構造而定,所以發出的聲音也是獨一無二的。2012年,理查三世(King Richard III)的骨骸在英國萊斯特(Leicester)一座停車場被發現,現在藉由分析骨骼,幾乎可以重現他的真實嗓音。不過,不是只有骨骼構造會影響我們的嗓音特質,如何運用肌肉收縮的張力、呼吸及咬字構音,也扮演重要的角色。

你有沒有注意到在非常放鬆時,嗓音也會變得較低?例如,你去按摩,離開時和接待人員說話的聲音,可能就會比較低沉,這是因為你的肩膀、喉嚨、上脊椎、下巴及喉頭聲帶周圍的肌肉已經放鬆,使得聲波以較低的頻率震動。用這種方式拉開音高範圍,運用較低的音區,往往能建立聽者的信心。

身體處在肌肉緊繃的狀態下,嗓音便會聽起來悶悶緊緊的,好像塞滿衛生紙的吉他,因為共鳴空間受限,所以聲音變

得很模糊。當我們收攝自我，肌肉骨骼取得平衡時，身體就立即處於更能共振的狀態，說話的聲音也能以自己獨特的方式發出共鳴，為我們帶來屬於個人的權威感與真實感。

生活絕招：想讓嗓音頃刻間充滿權威感與真實感，想像你的話語發自你的「I」（在前一章的練習中建立的）。試著說說看「早安」，讓聲音好像發自你的腦袋。然後再試著說一次，聲音彷彿發自你的「I」。注意到有什麼不同嗎？第一次的聲音聽起來和你好像滿疏離的，第二次就感覺比較像「你自己」！

呼吸時把氣吸到你的中心點，使肺部下面三分之二充滿空氣。我們已經發現，吸氣（in-breath）和鼓舞（in-spiration）一詞系出同源，是把腹肌放鬆，橫膈膜向下移動，創造出肺部的真空，使它自然而然充滿空氣。就嗓音而言，這是一個關鍵動作，能給我們足夠的氣投入說出來的話。呼氣也很重要，腹部前側、兩側與後側的呼吸肌需要全部動起來，才能提供良好的「呼吸支持」。「沒有得到支持」的嗓音很快就會在呼氣時用光力量，一句話講到最後，聲音愈來愈弱，或是一個字沒說完就換氣。這樣的聲音聽起來可能音調薄弱、氣喘吁吁或喉嚨沙啞，在會議、吵鬧的酒吧或餐廳裡無法讓人聽到。

如果沒有適當的呼吸和呼吸支持，我們就很難額外提高音量，用來強調關鍵字，讓聽者知道哪些字眼更重要，而這對優秀的講者來說是基本要求。

適當的呼吸支持，讓聲音立刻被聽見

我最近為某家頂尖時裝品牌訓練一批經理人。第一天，我們八個人一起在餐廳吃午餐。瑪莉安坐在我的右邊，點餐時，她說了三次才讓服務生聽清楚。她轉頭對我說：「我老是發生這種事，要一直重複講。」我說，我覺得這是因為她需要更多的呼吸支持，而且發聲位置要往前。那天下午回到課堂上，瑪莉安發現，當她用腹部吸氣，然後把呼出的氣和說出的話指向目的地（服務生的耳朵），就能被聽見。問題不在音量，而在投射的方式。隔天，服務生第一次就聽到瑪莉安要點的餐。

我給瑪莉安一些日常練習。每天早上刷牙後，她要面對浴室鏡子說十次：「我話從我口，往前說出去。」（重複每句話之前，做一次腹式呼吸）。她每天做這項練習，為期三個月，加強聲音支持肌。其他時候，她也會有意識地發出噪音，而且很快就變成習慣。

生活絕招：早上點咖啡時，練習呼吸支持。當你說「麻煩給我一杯卡布奇諾」時，把氣吸到你的中心點，然後在呼氣時，將聲音導向目標對象（服務生的耳朵）。

聲音穩定度會受我們的情緒影響，強烈的情緒或甚至小小的威脅反應，皮質醇與腎上腺素升高就會伴隨而來。這些化學物質使肌肉收縮，是造成喉嚨緊繃的元凶，喉頭周邊的肌肉也

無法自外於此。情緒高漲時，我們的橫膈膜會卡住、顫抖、猛然一驚，而腹壁會振動，這就是唸悼辭之所以困難的原因。

佩頓在幾年前就有過親身體驗，她為一名不好應付的高階主管處理一個備受矚目的案子，儘管做出來的東西符合企劃概要，卻得到負面回應。否定從來不會讓人感到愉快，但是主要聯絡人欺騙這位高階主管，表示有要求佩頓做出不一樣的東西，更讓情勢雪上加霜。佩頓知道，若是反駁這位聯絡人，就很難繼續與對方好好合作。她和團隊必須為失誤道歉，吞下責備。接下來一、兩個月，在完成專案變更項目的過程中，她還要和這位高階主管及主要聯絡人通好幾次電話。第一次通話時，佩頓這位訓練有素又經常公開演講的配音專家告訴我：

> 我一開口，聲音聽起來短促尖銳，馬上發現這個情況造成的緊張，已經讓自己的嗓音受到約束。我擔心聲音沒有力量會更損害可信度，也知道自己必須很快掌控局面。從那一刻開始，我不再假設自己的聲音會自動自發地做好準備。我馬上運用收攝與放鬆的技巧，打開喉嚨，以便講完那通電話，也在之後講電話前與過程中，繼續運用那些技巧，直到完成專案為止。

平順、有節奏的腹式呼吸會促使乙醯膽鹼分泌，這種負責再生與復原的化學物質，能中和腎上腺素造成的緊張與快速，帶來至關重要的平衡，讓喉頭周圍的肌肉放鬆，使我們的思慮清晰，以便克服困難，完成溝通。此外，當佩頓收攝

自我時，多巴胺分泌增加，讓她得以重新聚焦，掌控並協調聲音與行為。

生活絕招：情緒高漲時，喉嚨會收縮。如果你在做簡報前，感覺喉嚨緊繃，就找一個私密的地方收攝自己，然後大聲說三次：「我的喉嚨是打開又放鬆的。」如果你在公司，就用默唸的方式。

　　佩頓就讀艾默森學院（Emerson College）時，每個一年級新生無論主修什麼科系，都必修「嗓音與構音」（Voice and Articulation）這門課，授課老師全是演講領域的大師級人物。雖然對演員和歌手來說，嗓音就是他們的工具，所以咬字構音與清晰度特別重要，但對我們而言也是如此。發出母音音聲的共鳴度、聲調及嘴型，能讓聽眾意識到聲音裡的情感成分；而嘴巴以脣和舌頭發出的子音，則能把聲音構成聽眾能了解的字。

子音在唱歌與咬字的重要性

　　接受正統訓練的演唱家與聲樂老師彤恩·西倫貝格（Dawn Sirrenberg）分享說，唱歌時子音應該飽滿、有存在感且明亮。有些子音從嘴巴的前面發出（如M、P、B）、有些以舌頭輕觸前排牙齒後側發出（如S、Z、T、D、L），而有些則是從嘴巴後面發出（如K、G）。想要清楚發出子音，子音的之前與之後始終應該留下空

間，以便保持聲調飽滿。例如，不是只發出P的音，而是要發出puh的聲音。

　　咬字若要清楚，也必須特別注意字尾子音，以及單字或片語的尾音。清楚地發出字尾子音，能讓你把氣排出肺部，所形成的真空會迫使身體再次吸滿一口氣，供給能量給下一個念頭。唱歌時，有很多人往往會去除字尾子音和音節，但是就如同西倫貝格對學生說的：「沒有把整個音發完，就算沒有唱完。」

　　說話也一樣，很多人的聲音往往會在字尾或句尾就弱掉。不管唱歌或說話，停頓是下一個思緒的橋梁，你必須藉由停頓維持能量不墜，如果關閉橋梁，失去詞語之間的連結，與聽眾的連結也會就此喪失。身體智能練習將幫助你喚醒咬字構音的肌肉，特別是那些說話含糊不清的人。試試看，只要你開始發出強而有力的子音，就能建立信心。我已經幫助不下數千人找到呼吸和聲音的共鳴度與清晰度，連那些較沉默的人也能運用我們提供的方法，有信心地表達意見。

> **生活絕招**：如果想要改進咬字發音，學會這個繞口令，並且每天複誦：「石獅寺前有四十四隻石獅子，寺前樹上結了四十四個澀柿子，四十四隻石獅子不吃四十四個澀柿子，四十四個澀柿子倒吃四十四隻石獅子。」[6]加快速度，不過每個字都要講清楚。

6　譯注：英文原文為「I'd like a proper cup of coffee in a proper copper coffee pot, if I can't have a proper cup of coffee in a proper copper coffee pot, I'll have a cup of tea.」

無論你是想要說服家人，說夏日活動參加冒險旅行比到海灘玩耍更棒，或是在工作上企圖爭取更多的資源，聲音的力量來自於收攝身心、擁有呼吸支持、製造共鳴腔且咬字清楚，如此一來，你的主張才會有重量、有影響力。只要運用以下的技巧進行溝通，大家就會相信、依賴你。

訓練開始：集中嗓音

集中嗓音讓你聽起來清楚真誠，不帶敵意或防衛心，在你被要求回答困難或不清楚答案的問題時，幫助維持可信度。集中了嗓音，你的權威感會自然湧現。

練習：放鬆喉嚨

- 把頭向前面與兩側轉動，放鬆脖子和肩膀。
- 用打哈欠的方式伸展嘴巴，專注地打開喉嚨。
- 試著大聲說出這句話：「我正在用緊閉的喉嚨說話。」注意你感覺拉緊的部位。
- 現在放鬆喉嚨和下巴，吸氣，並且感受喉嚨與下巴的放鬆，如何讓吸進來的氣通過後，直達肚臍下方的部位。
- 現在試著說這句話：「我正在用張開放鬆的喉嚨說話。」
- 重複三次，每次都重新呼吸一次，注意放鬆喉嚨和下巴時，嗓音如何變化。你的音高可能會往下掉，而聲音會自然變得更洪亮，可能也會注意到說話的速度變慢了。

練習：呼吸支持

想要穩定橫膈膜，訓練你的呼吸支持並控制肌肉，嘗試發出持續的長音。

- 深深地做一次腹式呼吸。在呼氣時，發出一個長長的fff音，試著讓氣等量流出，不要用力呼氣，也不要閉氣。重複做三次。
- 再吸一口氣，呼氣時加上聲音，發出高長長的vvv音；同樣地，讓氣等量流出。重複三次。
- 重複一次，發出sss的音，然後改成發出zzz音。
- 重複一次，發出shhh的音，然後改成發出zh音。
- 重複一次，發出thhh的音（發音就和「thistle」的th相同），然後改發成th音（發音就和「this」的th相同）。

這項練習能幫助你鍛鍊呼氣的肌肉支撐力，使你在說出較長的句子或較複雜的想法時，能維持聲音的力量，確保有足夠的氣因應所需。

練習：說話的發聲位置往前

- 聚焦在你前方約2公尺處的某一點。
- 大聲說出這一段話十次：「我話從我口，往前說出去。」
- 想像這些話語乘著呼吸從口中飛出，抵達你聚焦的那一點（你也可以和瑪莉安一樣，在鏡子前練習）。

練習：找到共鳴

你的聲音需要感覺起來、聽起來像是來自身體（而非喉嚨）。當我們說話時，腹部、胸部、背部、臉部、頭部、嘴部

全都在振動，這種振動會從某個身體部位移動到另一個身體部位，端視母音與子音組合後的聲音而定，你可以感覺得到。

- 一隻手放在頭頂上，另一隻手則放在胸口，然後從星期一（Monday）、星期二（Tuesday）、星期三（Wednesday）……開始向下數。你會感覺到聲音的震動在頭腔共鳴與胸腔共鳴之間移動。
- 現在把手從頭部移到鼻梁，再從星期一開始數一次，看看你在練習時，是否可以感覺到共鳴在鼻子與胸口間移動。留意發出 m 和 n 的聲音時，鼻腔是否共鳴得特別厲害。
- 現在把一隻手移到脣部，手指放在脣上，說「星期一」。注意在發出 m 的音時，在脣部與臉的正面發出多少震動。
- 拿起一份報紙或一本書，大聲唸幾段。留意在頭部、臉部與胸部的共鳴，還有共鳴點如何在這些部位之間移動。
- 做共鳴實驗時，對著一位朋友朗讀或說話。
- 請他們描述你的嗓音聽起來如何。

讓自己口齒清晰

如果我們沒有讓構音相關肌群活動一下，或是不確定要說什麼時，就會變得口齒不清。以下這些典型的咬字構音練習，看起來也怪怪的，不過卻非常有效。

練習：練練嘴型，動動舌頭

- 輕輕地把舌頭往外伸，好像被子懸空掛在窗外那樣，蓋住下嘴脣。
- 現在盡可能清楚地大聲說出一年的十二個月份：1月、2月、3月……，讓舌頭掛在外面，成為有待克服的障礙。盡最大的努力讓別人聽懂你說的話。誇大嘴脣的動作與嘴巴的形狀。
- 唸到12月之後，收回舌頭。現在，在沒有阻礙下複述十二個月分，你會發現咬字更清楚了。
- 你也可以用上下排門牙咬住軟木塞，然後說說看。這項練習能改進我們的嘴型，發出更清楚的聲音。

練習：清脆的子音

子音把慾望與情緒條理化。小嬰兒會用開母音（open vowels sound）讓人知道到他們的欲求，想吃時嚎啕大哭，驚奇時就啊啊叫。接著，在牙牙學語的過程中，無意中會發出子音，直到學會說出完整的字，有目的性地運用子音溝通。如果成年人的子音發音含糊不清，就會減損影響力，清脆的子音則能大幅改善這種情況。

- 發出子音時，要說完整。練習ptkt–ktpt–bdgd–gdbd–th-ss-sh、sh-ss-th–the-ze-j、j-ze-the–「Red lorry, yellow lorry」、「She sells sea shells on the sea shore」、「Peter Piper picked a peck of pickled peppers」等。

練習：重音

想要讓別人了解我們，重音是不可或缺的要素。

「讓聽眾知道哪個字眼比其他字眼更重要，是演講者的責任。」（It is the responsibility of the speaker to let the audience know which words are more important than others.）

- 說上面這一段話，第一次把重音放在「責任」這個字。
- 現在再說一次，不過把重音放在「演講者」。
- 注意句子的意義，如何隨著你的重音位置而有所改變。

練習：速度與停頓

思路清晰，口條也會清晰。口語標點（verbal punctuation）和說話若要有條有理，就要善加運用停頓。停頓不是「什麼都沒有」，它會跟著想法活起來，成為一個想法過渡到另一個想法的橋梁，讓聽者有時間消化剛剛聽到的，並做好準備接收即將聽到的。當一位講者把話說出口前，先接通（思考）他們的下一個想法，會發生兩件事：(1)形成停頓，能為他們的想法增添更多價值（與匆忙說出口相比）；(2)說來神奇，他們會吸一口氣，吸氣的量剛好足以支撐那個想法的長度。在RADA Business訓練機構裡，我們的座右銘就是「思考、呼吸、說話」（think, breathe, speak），接下來，會讓你練習製造停頓，開口前以觀想接通你的下一個想法、控制你的說話速度。我們會用簡單的數字，從「一」開始數，直到數到十為止。避免單調、機械式的語氣，你在說出這一連串的數字時，可以和正常說話時一樣，隨意改變速度和音高。

- 精神上觀想「一」這個字（讓「一」的概念在心中閃現），吸氣，然後在呼氣時說出「一」。**停頓時……**
- 精神上觀想「二」這個字（讓「二」的概念在心中閃現），吸氣，然後在呼氣時說出「一」、「二」。**停頓時……**
- 精神上觀想「三」這個字（讓「三」的概念在心中閃現），吸氣，然後在呼氣時說出「一」、「二」、「三」。**停頓時……**
- 精神上觀想「四」這個字，諸如此類。

以此類推，直到發現自己可以在一次呼氣中，完整地從一數到十，享受話語停頓時進入沉思的靜默。留意一下，和我們先前在第3章為了提振DHEA而練習定速呼吸相比，當我們為了說話而呼吸時，吸氣進來並充滿下腹部的速度是相當快的。

每天做這項練習，在開車上班的路上或沖澡時都可以，你會放慢腳步，對靜默感到自在，在言語中找到逗號、頓號及句號。說話有條理，能讓聽者感到有信心、有把握，他們在聆聽時，由於能適應你說話的節奏，所以皮質醇會維持在理想水準，又因為完全投入你所說的話，多巴胺的濃度也會升高。

練習：忠於你的言論

下巴緊繃，會讓我們看似有所保留、單調無味且缺乏承擔（聽者的皮質醇也會升高，開始對說話的人產生懷疑）。一旦放鬆下巴，聲音能輕鬆地從口中傳出，顯示我們想要和別人分享看法，是開放心胸在溝通。

- 張開嘴巴，放鬆下顎，用你的手掌底部按摩雙頰的咀嚼肌。從一數到十，使聲音充滿室內。
- 運用你的雙眼、臉龐、身體，將意義注入話語中——忠於你的言論。
- 如果別人詢問一個超出你能力範圍的問題，你不知道答案，與其讓身體和嗓音顯得畏縮，不如提起精神說出確定的答案。例如：「我們一定能幫你處理這件事，我打電話給比爾。」或是「我會把問題帶回團隊討論。」

　　你可以每天做這些練習，訓練自己的嗓音。開車、洗碗、做菜時，都是練習的好時機。洗澡時也是明智的選擇，因為磁磚表面能反射明亮的音質，讓你的聲音聽起來堅強又有自信。你的聲音會回彈，讓自己既沐浴在水中，也沐浴在聲波震動中。演講或簡報前一定要大聲演練一次。

　　我們的嗓音奇妙得不可思議，是自我的一部分，能表現出自己的個性。然而，我們往往把語言和說話的奇妙天分視為理所當然。花時間培養你的聲音力量，只要你能帶著信心說話，也會開始**覺得**更有自信。你發出帶有自信的嗓音，就和做出有自信的姿勢一樣，會讓對方釋放出信心的化學物質，帶給他們力量。現在一起來探索「信心」這個課題。

06 信心的化學作用

做好準備、承擔風險、迎向成功

> 沒有你的允許,沒有人能讓你覺得低人一等。
> ——前美國第一夫人愛蓮娜·羅斯福(Eleanor Roosevelt)

信心不是一種靜止狀態,沒有人能無時無刻保持自信。面對新的困難或挑戰,不管是邀約心儀的對象、參加學校運動比賽、爭取晉升、公開演講或轉換職涯,往往會產生些許自我懷疑。凡事都有風險,情勢好轉的希望恆存,但也總有每況愈下的可能。我們如何保持信心,即便帶著一點自我懷疑,也能擁有強大的風險忍受力?怎樣面對失敗的風險最好?謙遜又能發揮什麼作用?我們可以「虛張聲勢」嗎?我們如何避免流於自負、傲慢或狂妄,但仍能以健康的求勝心態競爭?

強大信心的基本化學作用,出自運作良好的腎上腺。我們需要高濃度的睪固酮、很多的DHEA、維持在理想低水準的皮質醇、濃度得宜的多巴胺,以及大量隨時可用的腎上腺素(油門)與乙醯膽鹼(煞車),這麼一來,才能隨順所需地使勁並恢復。有了這杯雞尾酒,我們的情緒和精神穩定,但能承擔風險;我們有達成目標的動力,不過不會執迷;我們感到興奮,然而也有本事在興奮變成恐懼之前放鬆自己。

另一方面,低睪固酮、高皮質醇及低多巴胺,加上太多的

腎上腺素和太少的乙醯膽鹼，會導致信心低落。喝下這杯生化雞尾酒，我們會低估自己的實現能力，想要逃跑，而且常常覺得緊張。我們可能會試圖表現信心，不過自我懷疑的呢喃始終陰魂不散，盼著這一次「以假修真」的原理真能發揮作用。

如果自我懷疑讓人弱化，它存在的目的何在？人類有著內建的負面傾向，就是會先看到威脅，然後才看到機會。大腦的威脅中樞總是在提防危險，而它努力保護我們安全的方法之一，就是啟動自我懷疑的機制，後者又往往和我們過往的個人歷史有關。問題出在威脅中樞會警戒過度，所以我們必須確保自己盡可能彰顯正面的態度。

佩頓成長於美國費城一個藍領勞工聚集的街區。6歲時，父母突然離異，她和母親及兩個哥哥搬到祖母家住，所有人必須擠在一間多出來的空房裡。正如佩頓說的：「我們什麼都缺，就是不缺愛。不過，我們從來沒有匱乏的感覺。」多虧良好的教育、努力工作，再加上家庭支持，佩頓已經在她的專業領域建立穩固的聲望，也遠離擠在一個房間的世界，有了自己的生活。她是我認識最值得信賴、勇於承擔，也最有才華的人，可是當美國艾默森學院（她的母校）邀請她加入大學董事會時，有一瞬間，她發現自己想到卑微的童年，很訝異能雀屏中選。

稍微自我懷疑是有用的，確保我們做好充分準備，並維持適度的謙虛。不過，太過自我懷疑，會導致有些人輕言放棄，他們往往過著不得志的生活，從來沒有足夠的信心實現內心深處的想望，或是就算嘗試了，也會因為面臨壓力時，皮質醇飆得太高，而睪固酮掉得太低，以至於「裹足不前」。可惜的是，這意

味有才華的人可能永遠不明白自己的潛能，未能發揮全力貢獻社會，或者可能忽略那些他們能遊刃有餘、獲得成功的角色。

另一方面，雖然在網球場上神氣活現，有助於你恢復信心或傳達自信的訊息給對手，不過傲慢和高風險的舉動不具建設性，也造成了阻礙。高睪固酮、高皮質醇、高多巴胺及高腎上腺素的組合，會產生貪婪、理所當然、無所不能的感覺，驅使我們為了獲勝不計代價。在日常生活裡，這種化學作用形於外的表現是，有些人好像總把自己的需要擺在第一，一直打斷他人，不能好好傾聽，或是在進行對你很重要的討論時接聽電話。

賭客、金融交易員、談判人員會對「贏了」的強烈感覺上癮，開始相信自己絕不會輸，這當然不是真的，過去一百年來的金融崩潰就是明證。交易員在連番漲勢中得意忘形，當第一波損失的徵兆無可避免出現時，皮質醇和腎上腺素的濃度飆高，他們就與賭客一樣，為了維持高多巴胺和高睪固酮不墜，冒著更大的風險，認定自己長期下來不會輸錢。最後，他們因為賭得太大，以至於再也無所謂，孤注一擲。高峰之後必有低谷，當這四種化學物質的濃度下降，能量與幹勁也就全盤喪失了。

謙虛出現在自尊自重的人身上，是受人喜愛的。他們貶抑自己的成就，顯得與一般人無異，也讓我們興起有為者亦若是的念頭。由於他們看起來很收攝，所以我們會更愛他們。不過，如果有人**總是**放低姿態，甚至有點低估自己，進門時說抱歉，講話很客氣，像是「我可不可以……」或「我很快說一下……」，很容易被別人看輕。無止盡的謙遜是一種高皮質醇狀態，既建立不了自信，也讓人對你沒信心。

隨時努力讓人生「破PB」

我們全都會遇到批評，像是考核、同事給你的360度回饋與評論、朋友、家人，有時剛好會在你最需要信心時，反而讓你喪失自信。編舞家韋尼．麥奎格（Wayne McGregor）在面對批評時，有一個讓人神清氣爽，站穩腳步的方法，是我們可以效法的。

麥奎格和有些表演者不一樣，會閱讀所有對他的評論，也發現不是每個舞評家都能了解他對現代舞的處理。舞評偶爾也會很傷人，有些他讀到的評論，以過時的眼光檢驗他的前衛作品，令他難以置信。他沒有保持沉默（並遭人誤解），反而和這些評論家對話，邀請他們採訪，其中有些內容已經在媒體刊出或播出。他的自信、謙遜及開放的心胸，讓他能堅守立場，也展開對每個人都有教育意義的論辯。他說：「你必須審視內心，問問自己想要創造什麼——是否實現自己的主張？是否忠實呈現？是否滿懷熱情？你又學到了什麼？」

麥奎格以學習的心態，努力達成「個人最佳成績」（Personal Best, PB），這正是我們鼓勵學員在收到回饋時運用的方法。有信心並收攝身心，在必要時溝通你的看法，適當提出問題並加以回敬。

想要培養不多不少，剛剛好的信心，我們需要把注意力放在三個A上。

1. **態度**（Attitude）。你如何著手達成想做到的事？你知道怎樣才算成功嗎？我們等一下就會學到兩個「態度」練習——「理想自我形象」（ideal self-image）和「個人最佳成績」，幫助你親手掌握信心水準。

2. **成就**（Achievements）。成就開創新的契機，賦予我們獲得更多成就的地位與信心。你是否主動歡慶自己的成就，以便習慣這種感覺？擺出勝利姿勢，做我們所謂的「繞場一周」，就能學會如何支持自己的內在信念。

3. **分析**（Analysis）。不確定是其中一種信心殺手，只要我們隨時隨地做好**準備**與**學習**，便能讓皮質醇維持在理想濃度，避免自己「裹足不前」，也能提振乙醯膽鹼，讓自己更篤定、思慮更清晰。

態度

想想小孩學走路的樣子：嘗試、跌倒、再試一次。信心的化學作用就是再試一次，而且每次都有進步，經由努力達成運動員所謂的「個人最佳成績」，建立「理想自我形象」。對田徑場上的跑者而言，贏家只有一個，如果你念茲在茲的只有勝出，這種競爭活動可能只會讓你的士氣受挫。假使身邊沒有人肯定或稱讚，你就沒有信心，或是你經常拿自己和別人比較，養成「個人最佳成績」的態度，能幫助你把內在信心提升到新的層次。芭蕾舞者米凱亞·巴瑞辛尼可夫（Mikhail Baryshnikov）就說：「我不打算跳舞跳得比別人好，只想努力跳得比自己好。」

練習：理想自我形象

> 心理學有一個法則是，如果你把想要成為的樣子，在心中
> 描繪成一幅圖像，而且留在心裡夠久，你很快就會變成自
> 己所想的那樣。
>
> ——心理學家威廉‧詹姆斯（William James）

我們全都可以懷有自信和成功的自我形象，並且做好準
備，迎接這些與成功相關的正面感受，這麼做能幫助我們更上
一層樓。不要誤解「形象」這個字眼，它不是要符合你「應」
有的刻板印象，而是要你對自己想要如何**思考**、**感受**及**行事**做
出選擇，並且朝著這個方向努力。

- 找一個私密空間，閉上眼睛，呼吸，並且收攝自己。
- 想像自己展現出最想擁有的技能與品質，如更快樂、更
  輕鬆、更果斷的溝通本事、有自信的姿勢、在高壓下管
  理情緒的能力、腦袋更清楚、更專注、更能體諒別人、
  體態更好或更健康。
- 想像這種事發生的時機與地點——某個具體時刻下的某
  個具體地點，注意你的身體有何感覺，你是否覺得多巴
  胺增加了？
- 和你現在的自我形象相比，看看兩者的行為舉止有什麼
  不同。
- 確認你想具體做到的改變，並且決定練習方法。如果你
  想每天練習，就找到一個觸發點，用下一章的「習慣堆

疊法」養成習慣。

• 完成下面的表格：

目前的 自我形象	理想 自我形象	需要改變 的地方	如何改變	練習

練習：個人最佳成績

「個人最佳成績」的練習步驟，適用於任何你想做得更好的地方，如守時、在難纏的會議上堅持立場、一場大型賽事、改善你的教養方式或某種人際關係、保持桌面整潔、提出你的觀點、在工作上或運動比賽中努力達到某個目標等。「個人最佳成績」的練習，在面試時、考核後、與你的另一半或教練促膝長談，或遭受外界批判時，特別有幫助。你需要一個安靜的私密空間來練習。

- 做出開放、擴張性姿勢，有節奏地呼吸，收攝自我。
- 找出生活／表現中，有哪一個面向是你想要改善的。
- 記錄截至目前為止，你在這方面的個人最佳成績，給予自己公平誠實的評價。
- 拿出行事曆，放眼未來，找到改善個人最佳成績的契機（可能在幾天、幾星期或幾個月內）。
- 辨識你為求進步而需要的訓練、指導或練習。
- 為你即將培養或發展的技能規劃時程。
- 寫在日記裡。
- 開始做。

我想改善 什麼	目前的個人 最佳成績	能獲得的 訓練／指導	需要做的 練習

成就

　　信心靠著過去的成就建立，這是因為成功能創造新的契機。然而，我們常常忘記浸淫在成功之中。我記得好幾次發生很棒的事，但是當天回家後，卻對家人隻字不提，因為我覺得那些成績是理所當然的。不過有時候，我倒是會提到不順利的地方，希望有肩膀可以依靠，我讓負面情緒傾向占了上風。

　　當我們成功時，睪固酮、多巴胺和腎上腺素的濃度上升，興高采烈的感覺洶湧而來。我們想要複製那樣的體驗，再贏一次，所以下一次就會加倍努力。這不是故作謙虛的時候，只要我們承認成功，享受喜悅，讓睪固酮的濃度上升，代表自己更有機會再贏一次，這就是「百戰百勝」的化學作用。

繞場一周，接受歡呼

　　在第 2 章學到的勝利姿勢，對於激發關於成功洶湧澎拜的化學物質與歡欣之情極有幫助。我在弟弟的 50 歲生日派對上，就享受到這樣的樂趣，一群尷尬的青少年擔任老爸舞蹈比賽的評審，我的丈夫大跳「毛毛蟲舞」，撲在地板上，然後從頭到腳趾，身體形成波浪狀；儘管如此，還是我弟弟得意洋洋地贏了。當評審宣布贏家時，他高舉雙臂，然後繞場一周，陶醉在勝利時刻中，很有趣。接著輪到老媽舞蹈比賽。我展現舞藝，也贏得比賽。我心想：**我也要試試這一招**，於是把雙臂舉向空中，大笑著，像蒂娜・透娜（Tina Turner）那樣大步繞場一周。感覺真棒！當我們做得很好時，需要找一個私密或公開的時刻，高舉雙手，在精神上或是就真的來一次「繞場一周」，

讓睪固酮和多巴胺提振下一次挑戰的信心。

　　這裡要提出一個警告：得勝之後，睪固酮和多巴胺的濃度提升，人們會體驗到「勝利的陶醉」，經常因此變得自大傲慢，這是很危險的，會讓我們疏於準備或在訓練時便宜行事。相反地，重新歸零並重拾謙虛本色是重要，也是有益的。橄欖球員克魯斯和足球員賈洛德‧巴恩斯（Jarrod Barnes）都曾發表這方面的看法。克魯斯表示，不管什麼運動，只要團隊贏得容易，就會過度鬆懈，沒有做好準備，下一次比賽也就因此無法拿出最佳表現；巴恩斯則強調，設定具體慶祝期限，結束後就有紀律地回到最早讓我們贏得勝利的常規、準備與分析是重要的。這不只是贏的藝術，更是在得到重大勝利後，繼續致勝的藝術。

練習：勝利姿勢與繞場一周

　　脊椎塌陷、肩膀內縮、目光向下的體態，會消滅想再次達陣的成就感所帶來的化學作用。在這項練習裡會用到勝利姿勢，並且讓繞場一周成為你慶賀成就的私人儀式，用這樣的感覺提振你對未來的信心。繞場一週大約需要30秒，你應該會真的體驗到感覺良好的化學作用向自己席捲而來。

- 想著一項最近的成就，即便是小小的勝利也好。
- 把雙臂舉向空中，做出勝利姿勢。
- 繞著室內，做你私人的繞場一周。
- 允許對自己的成就感到快樂、驕傲、得意及自信。
- 繼續慶賀你的成功一整天 —— 恭喜自己、享受那種感

覺，以及與朋友、家人、同事分享喜悅，接著為下一次的挑戰開始分析與準備。

警告：

- 在獲得重大成就之後兩天內，不要對未來做出重要決定。你的冒險心很強，所以會孤注一擲，然後才來後悔。至少你要注意到體內那種反應過度的感覺，用呼吸練習加以緩和，審慎思考清楚。
- 如果你知道有時會有點高興過頭，留心自己的言行，還是要像上面所說的大肆慶祝一番，然後確定壓制睪固酮，收攝自己。

分析

想要堅定信心，分析我們需要什麼，才能在特定事件中有好表現是很重要的，在面對困難挑戰時更是如此。以下的練習能應用於各行各業、許多不同的情境，也能為父母、配偶及表演者所用。只要建立好定期重複的例行常規，就能讓皮質醇保持在理想水準，使自己全心投入、活在當下——不會沉默不語、裹足不前或衝過頭。這些例行常規也能提振乙醯膽鹼，用來平衡腎上腺素，讓你在壓力下保持頭腦清醒。

練習：準備重要活動

以下面的問題幫助自己分析，如何為了重要活動而準備。我們經由準備累積確定性，只要盡全力做好準備，就不會牽掛

自己的表現，能更自在、投入。

為了有好表現，你對以下這些事做到什麼程度：

- 徹底研究清楚來龍去脈和相關人等？
- 跟上訓練的腳步，每天都努力磨練需要的技能？
- 為假設正式上場的情況做演練？
- 想像成功的景象？
- 和後果脫鉤？（如果浮現「裹足不前」的念頭，像是「我能做好嗎？」或「這件事情太重要了……」，堅定地告訴自己「停止」，然後讓自己和後果脫鉤，專注在個人最佳成績上。）
- 準備好你的身體、嗓音與能量？
- 提早備妥裝備／材料／打包？
- 詢問自己「還遺漏什麼？」

花5分鐘詢問自己：想要做更好的準備，我還需要些什麼？

生活絕招：想要對某次推銷、演講或重要談話有信心，就好好演練一番。做一次彩排，把話大聲說出口，能讓你覺得自己已經做到了，真正上場時就會比較篤定。

練習：做好心理準備

這項練習花費的時間可以隨你所欲；做完大概需要2到5分鐘，不過你想要的話也可以練習更久一些。

- 閉上眼睛。
- 想像你沿著一條漆黑的通道走向一扇門，門後有一間房間，裡面非常舒適宜人，完全照著你想要的設計而做。
- 房間是密閉的，有一股特殊的空氣灌入室內，製造出正好符合你的情境所需的能量。
- 每次吸氣，都能感覺到自己變得更有能量或更放鬆。
- 覺得聚焦的強度或放鬆的程度更高了。
- 繼續呼吸，直到你覺得活力充足。現在經過通道走回來，感覺放鬆、專注、收攝又有信心。

你現在有一個想像的處所可去，在那裡能創造最佳能量，得以因應各種情況，這個房間成為你在上場前提升警醒程度，必到的心靈處所。

各行各業專家對做準備的建議

編舞家麥奎格：

- 清楚你扮演的角色，還有被賦予的期望。
- 運用呼吸、姿勢和收攝讓自己在身體上、心理上、情緒上進入備戰狀態。

足球員巴恩斯：

- 建立你個人的準備儀式與常規。
- 全心投入練習——要用心、專心、全神貫注。

- 有時候覺得累也要練習（可能剛下飛機就要正式上場）。
- 把輸贏拋到腦後。
- 比前一次做更多準備——「你只會表現得和上一次準備得一樣好。」

芭蕾舞者雅麗珊卓・費麗（Alessandra Ferri）：
- 擬定一套詳細的演練時程，**不要**把演練壓縮到最後一刻。每一次演練都能提升表現，如此一來，等到上場時，你就能自在地陶醉其中。

板球員泰勒：
- 研究其他人的方法。
- 在心理上演練，想像你可以做哪些反應。

演唱家西倫貝格：
- 別忘了非人聲的功夫。在表演時，用說故事的方式讓情緒傾洩而出。

配唱歌手瓊・畢爾（Joan Beal）：
- 運用感官意象。（畢爾說：「從所知的各個面向，意想我即將經歷的，就能排除不熟悉的恐懼。我想像腳下的木地板、鎂光燈的熱度、舞台的味道、開口唱歌前的寂靜無聲、樂器的振動，在表演時就能因為熟悉而感到平靜。信心因為肌肉記

憶和心理準備而油然升起。」）

機師卡爾・范豪特（Karl Van Haute）：

- 重複進行，把身體動作附著在心理練習上，建立兩邊的連結，形成例行常規，這樣一來，無論是照著標準程序操作，或是遇到緊急事件採取順暢快速的行動，你的肌肉記憶都在。
- 「**完美的**練習造就完美的表現。」單純練習某個技巧還不夠好，確定自己每一次都完全做到位，不接受絲毫妥協，才能有效培養技能。

　　從每一次練習中學習，讓皮質醇維持在理想水準，是具有意義的。過度追求輸贏或成敗無濟於事，我們的力氣最好放在學習上。我們需要正確的分析，有時還要靠著別人幫忙才能有所學習。要不計代價地避免自己陷入懊惱中，無論事情進行得順利與否，都要做以下的練習。

練習：從過去學習

　　設想一個你曾有表現的事件／情境，是想從經驗中學習的，現在花費10到20分鐘完成這些問題。

- 那一次的結果到底怎麼樣？
- 你做了什麼促成那一次的結果？
- 你的個人最佳成績為何？

- 有什麼樣的環境因素影響？
- 你有什麼證據證明受到這些因素影響？
- 有哪些方面不在你的控制之內？
- 下一次有哪些方面在你的掌控之內？
- 你學到什麼？
- 你打算怎麼處理學到的經驗？
- 你想要如何據以調整自己的練習／訓練？
- 接下來有哪些練習的機會？

　　只要運用身體智能，就能把恐懼與懷疑的感覺，轉化為自信感和自主感。經由獲得提振自信的化學作用，並主宰我們的個人成長，就能學會有自信，也贏得信心。在本章中，已經在建立信心方面，學習如何運用資源，並達到個人最佳成績，既能承擔風險，更重要的是能從經驗中學習。

　　飲食與健身對我們的神經系統和內分泌系統的平衡也有影響，而且在情緒、心理及身體力量中扮演重要的角色。讓我們來看看幾個關鍵的營養原則和健身計畫。

塑造力量的營養與健身計畫

用飲食與運動鞏固內在穩定性

> 力量是你有本事徒手把一條巧克力棒拆成四塊，然後只拿一塊來吃。
>
> ——作家朱蒂斯·維奧斯特（Judith Viorst）

在本章中，我們要看看飲食與健康，對於身體、心理及情緒力量，還有神經和內分泌系統、肌肉、骨骼的根本穩定性有幫助的重要面向。

成就力量的飲食

- 水對體內所有功能的各個過程來說，都是不可或缺的。如果想要感覺強壯又活力充沛，女性一天大約需要1.5公升的水，而男性則需要2公升，運動時需要更多的水。若是想確保自己能定期喝水，可以用「Drink Water」這類的應用程式，在一天中發送通知提醒，或是自行設定一些提醒時程表。

- 咖啡威力強大。經過一夜好眠，早晨喝一杯好咖啡對腦部功能大有助益，尤其能增進短期記憶。咖啡因刺激腎上腺素與多巴胺的分泌，讓腦部的訊號向四面八方發

射，也能讓我們的動作與說話加速。如果你覺得焦慮、緊張或不堪負荷，心跳加速或不規律，或是前一晚睡得不好，就不要飲用含咖啡因的飲料，應該喝水或草本茶。

- 深綠色葉菜含有鐵質，對製造紅血球內的血紅素，以便將氧氣輸送到全身各處至為重要。豌豆、豆類、海鮮及紅肉也是很好的鐵質來源。

- 蛋白質對我們的體能也極度重要，是體內每個單一組織的基石，而蛋白質的單位是胺基酸，對本書談到的許多神經傳導物質與荷爾蒙製造也是不可或缺的。有九種基本胺基酸無法在體內製造，必須經由飲食攝取，它們會出現在優質蛋白質裡，植物性與動物性來源都有。各類的魚、肉、奶製品、豆類植物、大豆及菠菜這類綠色蔬菜裡，都富含蛋白質。

- 過量的糖之於我們，就像氪石之於超人，一口氣吃太多會讓我們的體力耗竭。我們會有 20 分鐘時間能量充沛，然後突然筋疲力竭。血糖濃度隨著我們的情緒下滑，然而腎上腺仍持續分泌大量皮質醇，造成我們在腦部功能變弱的狀態下頭昏眼花、緊張兮兮。低升糖指數（Glycaemic Index, GI）的食物，如酪梨、堅果、穀物或一片全麥麵包，有助於恢復血糖平衡〔升糖指數是對醣類的量度，顯示單獨吃下某種食物後，會有多少血糖（葡萄糖）被釋放到血液裡〕。低升糖指數的食物會緩慢釋放葡萄糖，讓血糖濃度保持平衡。

- 吃新鮮水果攝取天然的甜味，不過每次**都要**搭配一把堅

果或種子，避免血糖太低。水果裡的糖（果糖）帶來即時的能量，而堅果和種子裡的蛋白質與脂肪則帶來持久的能量，兩者相加就能穩定血糖濃度。

- 充分咀嚼食物，如果吃得太快或邊走邊吃，身體會認為你處在「戰鬥或逃跑」模式，因而分泌較少的消化酵素。這表示脂肪只有經過部分處理，而且會存放於肝臟，或是就地棄置在重要器官周圍與腰部。花時間看看食物、品嚐食物，好好咀嚼。當你這麼做時，身體會釋放適量的消化酵素，徹底完成工作，讓所有的營養素被物盡其用。

成就力量的運動

　　無論男性或女性，在鍛鍊身體增加肌肉和功能強度時，會促進類固醇——睪固酮、DHEA及生長激素的分泌。這些類固醇在各方面讓我們更強壯、更具信心。神經系統與心臟－腦部功能的強健，有賴於我們的體能。說來合理，如果我們下意識知道自己無法跑太快或舉起障礙物，就不是很有生存的把握。只要我們開始運動，感到肌肉變得結實有力，馬上就能覺得自己較能幹。身體動作會從各個方面強化腦部連結與功能，這表示精神也會比較集中。

　　無論你在健身房、住家附近的公園，甚至在廚房煮飯，都可以打造個人肌力訓練計畫，一週三次，每次運動10分鐘。做這些運動並不需要設備，和你的環境結合就行了。

　　核心穩定性對整體體能非常重要，我發現做核心訓練對自

己培養堅強的精神與情緒產生**很大**的作用。以下是我最喜愛的
兩個訓練：

捲腹

- 平躺在地板上——木地板或是鋪上墊子或地毯。
- 雙手交叉握緊，放在腦後。
- 雙肩離地。
- 左膝彎曲，抬起上半身，讓右手肘靠近左膝，盡可能碰
  到膝蓋。
- 身體伸直，但肩膀仍要離地。
- 重複四次。
- 放鬆肩膀，躺在地板上，暫停2秒，放鬆脖子。
- 再次抬起肩膀離地。重複這項練習，讓右膝與左手肘互
  相靠近，做四次，保
  持肩膀離地。
- 放鬆肩膀，躺在地板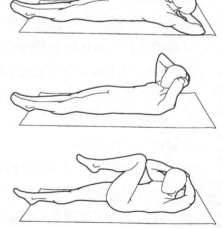
  上，暫停2秒，放鬆
  脖子。
- 重複整套練習，看看
  自己重複做幾次會覺
  得累，然後再多做一
  次。隨著體力增加，
  逐漸增加重複的次
  數。

平板支撐

- 前臂放在地板上，與肩同寬，掌心向下或握拳，肩膀應在手肘正上方的位置。

- 把重量放在肩膀與手臂上，接著右腳往後跨，然後左腳往後跨，直到兩腳完全伸直，腳趾內收，腳尖踮起，腳踝併攏。

- 收縮肩胛骨下方肌肉，穩定你的肩關節。

- 臀部與肩膀保持在一直線上，讓身體呈現平板式。

- 把身體重量移到右手肘。

- 慢慢抬高**左手臂**，把軀幹、臀部及雙腿向**右邊**旋轉，並且把左手與左手臂朝著天花板伸展，現在你的右腳外側和左腳內側會與地板接觸（在培養體力時，可以先放下右膝）。

- 慢慢放下左手，控制自己回到一開始的平板式。

- 把身體重量移到左手肘。

- 慢慢抬高**右手臂**，把軀幹、臀部及雙腿向**左邊旋轉**，並且把右手與右手臂朝著天花板伸展，現在你的左腳外側和右腳內側會與地板接觸（在培養體力時，可以先放下左膝）。

- 慢慢放下右手，控制自己回到開始的平板式。
- 動作要緩慢、平穩且控制好。
- 視你的體適能水準而定，每邊重複三次。隨著體力增加，逐漸增加重複的次數。

至於個人的訓練計畫，你可以選擇五種阻力動作（參見以下的例子），排出上下半身交替的順序，然後依序完成整套動作，重複四次。練習時永遠保持正確的姿勢排列（postural alignment）與肌肉操練。例如，做弓箭步時，保持脊椎拉長，肩膀放鬆；做胸部推舉（chest press）時，收縮肩胛骨下方肌肉，穩定肩關節，而且在整個過程中一定要用到核心肌群支撐脊椎。焦點正確的動作不會只動到目標區，還會運動到更多其他的身體部位。以下是我最喜歡的順序：

深蹲

- 站立時，雙腿張開，稍微比臀部寬一點，腳趾朝向前方或微微向外，雙手下垂，置於身體兩側。
- 肩膀後縮（收緊核心肌群與臀部肌肉）。
- 雙臂向前方伸出，保持平衡，便於安全地把重量放在腳跟，同時彎曲膝蓋，骨盆盡量往後坐，（最終經過練習）

形成深蹲的姿勢，讓大腿和地板保持平行，想像自己正坐在凳子／台階上。

- 保持挺胸的狀況下，盡可能蹲低。膝蓋不能超過腳趾，後腳跟一定要貼在地板上。
- 保持核心肌群緊縮，吐氣，回到原來的站姿，手腳同時收回。
- 重複這個動作五次，深蹲2秒，站立2秒，然後逐漸增加次數。

伏地挺身

- 找一面垂直的牆、床尾、一張結實穩固的椅子／咖啡桌或是在地板上做（視你的體能而定）。
- 雙手放在面前的平面上，手掌稍微向外轉。
- 肩膀與雙手對齊，胸部朝著支撐物的方向落下，肩膀現在應該往後、往下收，收緊核心肌群。
- 兩腳輪流往後跨步，直到你被牆壁、家具或地板完全支撐住為止。

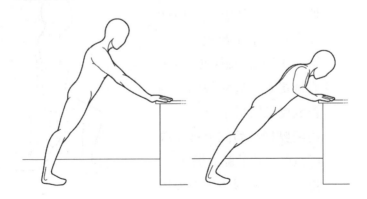

- 保持核心肌群緊縮，身體呈一直線，手肘在胸部兩側，靠近身體（不要往外開），緩慢放低身體，重量放在支撐物上。
- 停頓在此。
- 吐氣時，把你的重量推離支撐物。
- 視你的體能重複五到十次，隨著體力增加，逐漸增加重複的次數。
- 如果你是在地板上，水平做這個動作，把膝蓋放下來可以輕鬆一點，只是記得身體要保持一直線，而且膝蓋、臀部及肩膀要對齊。

弓箭步

- 身體站好站直，雙腳併攏，雙臂垂放在身體兩側。
- 肩膀往後縮，以便啟動核心肌群。
- 舉起非慣用的那隻腳，向前踏出一大步，膝蓋彎曲，直到後面那隻腳的膝蓋盡可能接近地板（或輕微碰觸到地板），雙腳應該呈現90度直角（不要跨太大步，不然就會變成做伸展了）。
- 脊椎挺直，肩膀放鬆，動作放慢且控制好。
- 用前腳把身體向上推，收回後腳，往前腳靠攏。
- 重複上面的程序，用慣用

腳做弓箭步。

- 現在反過來做，舉起非慣用腳向後跨一大步。
- 彎曲後腳膝蓋，直到後腳膝蓋接近地板，或輕微碰觸到地板。
- 用前腳把身體往上推，前腳收回到後腳旁，雙腳併攏。
- 用慣用腳重複一次。
- 記得隨時保持肩膀後收，核心肌群縮緊。
- 整套動作有四次弓箭步（兩次往前，兩次往後），重複做三次，隨著體力增加，逐漸增加重複的次數。
- 花2秒做一次弓箭步，花2秒恢復站姿。

肩部推舉

- 身體站好站直，雙臂放在身體兩側，肩膀後收，自然緊縮核心肌群。
- 把非慣用的手臂在面前抬高，掌心向上舉到肩膀高度，好像服務生托著餐盤。

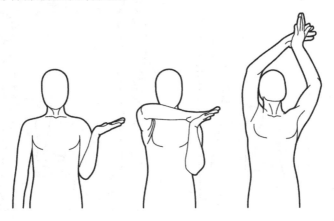

- 另一隻手的手掌底部疊在非慣用手的手掌底部上。
- 以非慣用手臂垂直往上推，同時利用另一隻手抵抗推力，在另一隻手的手肘卡住前，停止動作。
- 把非慣用手往下降，但保持推力。
- 以非慣用手上推，重複做五次（好像手臂間的戰鬥）。
- 換邊，以慣用手往上推，重複五次。
- 隨著體力增加，逐漸增加重複的次數。

登階

- 找一張凳子（上面不要有襯墊，才能較好平衡）、一個大階梯或外面的一面矮牆，高度不要超過膝蓋，讓你覺得可以踏上去，但是又有些難度。
- 身體站好站直，雙臂放在身體兩側，肩膀後收，核心肌群收緊。眼睛直視前方，保持脊椎筆直。

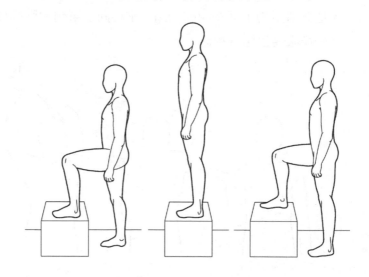

- 向上舉起非慣用腳,踏在凳子或階梯上,整隻腳掌放在上面,腳跟後留下2吋空間。前腳慢慢站上去,然後抬高後腳,站上去與前腳併攏。
- 以非慣用腳帶頭退下,但用前腳控制動作,雙腳併攏。
- 從非慣用腳開始,重複上下五次,花2秒站上去,花2秒踩下來。
- 再重複五次,這一次從慣用腳開始。
- 隨著體力增加,逐漸增加重複的次數。

做運動的過程中,記得要保持呼吸,只要配合你正在做的運動規律呼吸,就能找到呼吸節奏,一邊訓練一邊提升天然DHEA的濃度。也要記得,光是爬樓梯,對你的大腿、小腿和臀大肌(屁股)就是極佳的訓練。

警告:不要購買合成的DHEA當作營養補給品服用。美國市面上可以買到DHEA補充品,不過英國沒有。我們想要的只有透過呼吸技巧和肌肉強化練習而自然產生DHEA。如果你服用合成DHEA,就會有製造更多雌激素或睪固酮的風險,不幸的是,無法知道你會多分泌哪一種。合成DHEA會強行提高雌激素或睪固酮的濃度,超出刺激我們保持自信與忍受風險所需的自然水準。

這就是完整的力量培養技巧。用心在這幾個面向,對於工作、居家、玩樂時的決策、焦點、信心及表現有至關重要的化學作用,就能得到支持。現在讓我們來看看,如何有效練習,並落實新的力量培養習慣,融入日常生活中。

全方位力量增強計畫

現在是你採取行動的時候了，除非你從事表演藝術，否則對演練可能不是很有概念。演練是探索某件事如何進行，並且經由動作的重複練習，建立穩固的肌肉記憶，你可以把這個原則應用在生活中想做得更好的任何事情。希望讀者花費一週的時間練習力量的技巧，這樣就能準備好上場表現。

挑選五個你特別喜歡的力量技巧。

演練一週，發掘它們怎麼融入日常生活最好，以及有哪些適當的觸發點（可參考以下所列的點子）。

接著，那個月剩下來的三週，每天實行這些技巧，直到變成習慣為止（時間到了以後，你也可以回頭選擇更多技巧來演練）。

以下列出在本篇學到的所有技巧，瀏覽這份清單，勾選你覺得對自己最有益的項目，然後把它們納入實行計畫。

- **姿勢**──應用姿勢的技巧，腳踏實地，頂天立地站著／坐著。
- **呼吸**──運用定速呼吸法，以固定的速率吸氣和呼氣。
- **收攝**──平衡、呼吸、聚焦，放鬆沒有幫助的緊繃：找到雙腳站立或坐在椅子上的**平衡點**；**呼吸**時把氣沉到肚

臍以下；眼神找到適當的**焦點**。

- **你的「Ｉ」**——還記得用意念想像你的「Ｉ」嗎？回想你的「Ｉ」是什麼材料做成的，現在就來想像，記住它代表的力量，你是否感覺到多巴胺的增加？

- **集中嗓音**——用呼吸支持你的嗓音，運用它的獨特音質來溝通。可以想像聲音源自體內的「Ｉ」，你的權威感所在之處。

- **理想自我形象**——清楚你的目標，具體想像你會怎麼表現，你的身體和行為看起來、感覺起來會是什麼樣子。

- **個人最佳成績**——記錄目前的個人最佳成績和發展目標。

- **勝利姿勢**——準備好帶著自信迎接每一天，並且慶賀成功。

- **繞場一周**——善加利用你的成功，只要做到了，就伸出雙臂擺出勝利姿勢，做一次私人的繞場一周。

- **準備重要活動**——決定好如何改善你的準備工作。

- **做好心理準備**——想像你走進自己的能量室，裡面有著適合你的氣息提供呼吸，給你濃度適中的腎上腺素與皮質醇，和你需要的專注與刺激。一次呼吸，就能進入最佳狀態。

- **從過去學習**——訂出時間，反省學習到什麼。

- **飲食**——改善水分攝取、血糖平衡，也要檢查蛋白質和綠色蔬菜的食用量。

- **品嚐你的食物**——慢斯條理地享受食物的味道，讓你的消化酵素發揮作用。

- **運動**——執行你的10分鐘核心與肌肉強化健身訓練。

現在，讓我們來養成習慣：

一早醒來

- 喝500 cc的水（準備好放在床邊）。
  觸發點：鬧鐘響起。
- 切換到規律、定速的呼吸節奏。
  觸發點：把杯子或水瓶放下時。
- 記住你今天在某個具體事項想要達成的個人最佳成績。
  觸發點：完成五次定速呼吸時。
- 完成你的體能健身訓練計畫：10分鐘做核心肌力訓練和你選定的五種阻力訓練。
  觸發點：步出浴室後。

吃早餐時

- 做出勝利姿勢，及／或做一次繞場一周，慶賀你最近一次做到，建立信心。
  觸發點：為了泡咖啡或茶而用熱水壺煮水時。
- 吃一頓營養豐富的低糖早餐，讓你接下來一整天的血糖濃度是穩定的。
  觸發點：打開冰箱時。

在浴室時

- 說這句話：「我話從我口，往前說出去。」或是就簡單地從一數到十，把你的聲音傳送出去。發出長長的s-z、f-v之類的音，為你的嗓音啟動呼吸支持。

觸發點：刷牙後或沖澡時。

上班途中

- 擺出開放、擴張性的身體姿勢（想像光線穿透骨骼）。
  觸發點：離開家、關上前門時，若是在家工作，則是在你走向辦公室或工作區時。
- 花費10分鐘練習定速呼吸，並且收攝自己。
  觸發點：列車關上車門、等紅燈或塞車時。
- 用能量室練習預做心理準備，今天需要什麼樣的能量才會特別有效？
  觸發點：完成定速呼吸法或打開當天的行事曆時。
- 當你為了當天做精神準備時，具體觀想你的「理想自我形象」。
  觸發點：闔上當天的行事曆時。

抵達辦公室

- 運用坐姿技巧。
  觸發點：手指按壓鍵盤登入電腦時。
- 一邊調整姿勢，一邊運用呼吸技巧。
  觸發點：擺放姿勢時。

一天當中

- 開會前想想你的「I」，提高你的信心，使你散發真誠的感覺，集中你的聲音。
  觸發點：在手機或電腦上設定開會前5分鐘的提醒。

- 在簡報或重要會議上運用收攝的技巧。

  觸發點：拿起簡報播放器或打開你要分享的檔案時。
- 喝水。

  觸發點：用「Drink Water」應用程式提醒自己。

午餐時

- 注意到一整個早上工作的勝利與成就。

  觸發點：走出辦公大樓時。
- 收攝自己。

  觸發點：排隊買午餐時。
- 選擇營養的午餐。

  觸發點：看到午餐菜單時。
- 不疾不徐地用餐。

  觸發點：吃下第一口時。

回家路上

- 讓自己處於定速呼吸模式下，剩下的時間則做一些你喜歡的事做為獎賞。

  觸發點：列車離站時／插入車鑰匙開車時。
- 注意你的勝利與成就，並且記住個人最佳成績的進展。

  觸發點：練習定速呼吸時。

晚上

- 抵達家門時，收攝自己；享受回到你的基地，和住在同一屋簷下的人（家人／室友）心意相通的感覺。

觸發點：鑰匙插入大門時。

- 10分鐘體能強化訓練（如果早上沒做完的話）。

	觸發點：把你的西裝或上班服掛起來時，或是吃晚餐時。

- 做一次繞場一周，慶祝你做到了。

	觸發點：喝下第一口水、茶、果汁、紅酒或啤酒時。

- 將衣物／食物／文件等準備就緒，為隔天做好妥適準備。

	觸發點：吃完晚餐後。

一次就把所有力量技巧都融入生活是不可能的，你剛開始可以做得來的數目是五個。不過，務必納入呼吸和姿勢技巧，因為它們是基本功。

一旦你選定技巧，就要找到清楚明瞭的觸發點，也就是一天中，你能刻意把**它們融入生活的時刻**。觸發點是明確且能具體看到的事件，例如把手放到銀色門閂上，關上白色大門時。

這裡的訣竅在於辨識出一天中，你在很明確的時間點**總是**習慣會做的事情（觸發點），然後把你的力量習慣放進來一起做（習慣堆疊）。

記下你的力量實施計畫和**觸發點**。

演練七天

用第一個星期探索這些技巧，並且找到你的做法，把這些培養力量的功夫融入生活中。第七天末了，你就能很好地掌握這些技巧的應用知識，並且因應你的日常生活而加以調適。這套例行常規也要配合週末的作息做調整。

實踐力量

一旦落定對你有效的技巧，這個月剩下來的時間就輕鬆了，因為你已經有一套計畫在手。隨著天天練習，你將更能掌控自己的身體。享受力量增強的樂趣，為你的信念挺身而出，保持在正確的焦點上，並且鼓舞他人也這麼做。每天默默落實你的力量習慣，知道正在掌控自己的生理機制，一天比一天變得愈來愈有身體智能。

現在，是時候談一談彈性了。在下一篇中，我們要探索如何放鬆，並且多起來動一動，在人際關係上更有彈性，培養用柔軟的聲音和儀態與人互動的能力，並且發掘如何變得更有創造力和創新性。在下一篇最後，你就能結合彈性技巧與力量技巧，讓自己變得更敏捷、更多才多藝；又如果覺得復原力或持久力對你來說優先性更高，也可以先跳過彈性，進入另外兩個主題。

Part II

讓彈性沒有邊界

聰明與否的評估標準，在於改變的能力[7]。

——物理學家亞伯特‧愛因斯坦（Albert Einstein）

在今天，保持高度彈性是必備條件。彈性工作時間，彈性辦公環境，跨時區、語言、文化的全球化職場，科技變化的速度，我們每天處理的資訊量，多元社區裡形形色色的居住責任與教養責任，全都要求我們必須變得愈來愈有彈性。

我們需要的不是那種「隨波逐流」的彈性，要有力量與自我肯定做為基礎支撐；有彈性並非出於脅迫所致，而是眼光獨到又有創意、開心喜悅又有謀略、心胸開闊、慷慨，而且肯定生命。

在本篇中，我們將學到如何**隨順**變化，變得愈來愈能察覺到情緒，具備自我管理的嫻熟能力，跳脫個人觀點來看世界，為自己創造創新的條件。

想要做到這一點，首先要能更注意體內的變化，尤其是身體的緊繃和情緒的內在面向。只要環境有所改變，我們的身體也會跟著變化，而且因為改變帶來不確定性，人類的自然反應就是防備、緊繃或虛脫。僵硬的身體導致偏狹的思考，抑制創造力，而虛脫的身體則造成自尊低落、棄守、不再樂觀，也失去希望。

當我們有自覺的調整，並提振四種關鍵化學物質的濃度，就能調配出一套彈性的「無敵雞尾酒配方」，這四種化學物質是：催產素、多巴胺、DHEA及血清素。如此一來，我們就能增加成功的**勝率**（ODDS）[8]。

7　譯注：本段文字翻譯取自 https://www.managertoday.com.tw/quotes/author/view/38。

8　譯注：ODDS也是催產素（Oxytocin）、多巴胺（Dopamine）、DHEA、血清素（Serotonin）的縮寫。

左右彈性的生理激素

催產素

彈性的一個重要關鍵,是有能力和形形色色的人一起工作或生活,建立極好的人際關係與合作模式。不只大腦,心臟裡的**獨立**神經元也能分泌催產素。當我們多和別人分享自己,表現出對他人的理解,而且能為了大局著想與妥協,就可以使自己和他人的體內釋放出催產素,從而建立互信。

多巴胺

當我們有創造力,而且感覺到所在環境與周圍的人有所回報時,便會釋放出多巴胺,它也和體內恆定調節有關。在變化的時代裡,多巴胺會激發出解決問題的創意思考、智謀及創新,以便重新獲得平衡。多巴胺、創造力和生存,有著很強的連結,不過對今天已開發世界的昇平地區來說,由於大部分物資比以往更容易取得,多數時候我們無須為了生存發揮創意。如今我們面臨的是另一種不同的急迫性,以至於許多創新是用來處理所需資源太多而非稀少的問題。在這樣新興的富庶環境下,多巴胺促成的那種大腦連結,讓我們得以巧妙運用高科技裝置來豐富生活。

從較黑暗的一面來看,多巴胺也是讓人成癮的化學物質。易上癮代表讓人愉快,不過我們會需要愈來愈多這樣的東西來滿足癮頭,才能釋放出等量的多巴胺,

以至於多巴胺的消耗量攀升，直到失控為止。多巴胺的分泌量要恰到好處，才能使我們成為有彈性、有創意的人，懂得享受生活的歡愉。

DHEA

這個根本重要的化學物質，同時是支撐彈性與力量的基石，因為它能為興奮和快樂這類情緒提供強大的平台，拒斥恐懼或沮喪，讓我們更柔軟、更好奇、更開放。我們能從較寬廣的角度想事情，洞察並審酌各種選擇，思考變得既發散（一個刺激就能想出許多選項），也收斂（在一整排的選項中做挑選）。DHEA也是心臟肌肉是否有彈性的標記；DHEA愈多，心臟就愈柔軟，我們也愈有機會過著長壽健康的人生，有能力隨著速度和強度的變化而快速調適。

血清素

大腦和腸道裡的**獨立**神經元都會分泌血清素，讓我們擁有幸福、平衡、自尊與地位；一種我們在這個世界的地方感（sense of place）。當血清素維持在理想濃度時，而且我們擁有足夠的血清素受體接收此一極重要的化學物質，就會覺得安心自在。它也能維繫肌肉骨骼系統裡結締組織的彈性，確實在骨骼之間打開更多的空間。肌肉是拉長而平滑的，不會收縮或癱垮糾結成緊繃的球狀（皮質醇過高的常見現象）。身體有空間，我們的精神與情緒也能有更多空間。島葉皮質運作得更好，資

料的品質更精煉，也會感到自己的覺知更寬廣、深刻，而能有一種「整體感」，不會受困於衝突的思想與感覺。

就我們在這個世界的地方感來說，血清素的濃度至關重大。我們可以自信滿滿地擁有一席之地，不覺得需要為此奮戰；我們可以呼吸、擴展、開啟對話；我們更有能力連結他人，相互討論，而不必在某些課題上爭鬥或防衛自己的立場。睪固酮讓我們得以忍受風險、進行競爭，並堅守立場，血清素則使人展現柔軟的姿態。

催產素、多巴胺及血清素聯合，使我們有社會責任感、有創意又快樂；DHEA則打造生命力和能量的基礎，如此才有可能提振另外三種化學物質。我們能優雅地改變與調適，也能隨順他人的行為模式。我們學習新事物的能力提升了，讓自己變得更多才多藝。我們的動作大開大闔、自由自在，動作較大、較為流暢，說起話來也較有抑揚頓挫。不管是身體、心理或情緒上的各種移動，因為變得更加流暢，讓我們能輕易地在活躍與放鬆之間、行動和休息之間轉換。

培養彈性，讓我們能發掘內在真正的行雲流水與安心自在，與他人之間亦是如此。我們會成為別人想要親近的人，因為知道如何化困境為選擇，轉逆境為順境。只要我們學會開發自己的彈性，釋放改變與調適的化學物質，就能鼓舞他人效法，以身作則，展開以善良、信任與創意為基礎的文化。

找到身體的壓力地圖

怎麼動才能釋放你的緊繃？

我動，故我在。

——作家村上春樹

　　一隻濕淋淋的狗從河裡爬上來，感受到身上的毛浸滿水的重量，因此用力搖晃身體。天冷時，我們會發抖蜷縮；陽光普照時，我們會伸展身體，沐浴在暖陽中。我們的身體隨時順著外在環境而動，可是對於身體的內在環境，我們的反應卻少了許多。

　　提到你的車子，你怎麼知道它出問題？一個不熟悉的噪音？一種奇怪的震動？或更糟的是，引擎墊圈突然爆開？身體也是這樣，但我們往往不會注意到張力與知覺上的變化，告訴我們應該關心自己的健康，直到為時已晚。

> **生活絕招**：你現在是不是肩膀緊繃？好好放鬆。接下來10秒，只用到你坐下來閱讀這頁文字所需的肌肉力量，把其他的肌群都放鬆不管。

　　「內感受」（interoception）是對體內變化的覺知，能做為支撐身體智能的基礎。如果肌肉緊繃變成習慣性反應，我們

可能會變得較沒有彈性，也會發現自己較不能和人合作、沒有創意、無法真實表現，也沒有那麼能適應新事物。

例如，我們怎麼看待下巴、肩膀或腹部「緊繃」或「緊縮」的狀態？是熟悉的知覺，還是新的感受？什麼時候開始的？可能是什麼原因造成的？

濫用肌肉張力會耗盡寶貴的資源卻徒勞無功，而且往往因為皮質醇濃度高，而催產素、多巴胺、DHEA及血清素濃度低，導致不舒服與疼痛。改善身體柔軟度，能改變內在化學作用，降低皮質醇濃度，並增進精神和情緒的柔韌性，把受壓力源「牽制」的感覺，轉化成接受、適應的感覺。

英國薩里大學（University of Surry）在2004年進行一次大規模研究，顯示在職場上，低報酬、角色模糊及工作未來性不明，往往會表現為頸部、肩膀、手肘、前臂、手掌／腕關節的不適，下背痛則是負擔太多責任和角色衝突而形於外的徵兆。提高自覺、掌控情勢、多動一動、了解根本原因，就能預防這類不適演變成嚴重的疾病。

動一動能在太多方面維持我們的「流動性」，再怎麼說，我們是由60%的水，體內所有液體（血液、脊髓液、消化液等）的基礎材料，加上荷爾蒙與神經傳導物質的傳送流體構成的。所有的感覺、思想及行為，全都是脈衝、化學物質或電子訊號通過這些流體系統的結果。我們需要充足的水分才能保持彈性，不過也必須動一動身體。在自然界，不流動的水會汙濁發臭，身體也一樣。我們在動的時候，體內的液體也會跟著動，讓細胞釋放出毒素，系統經過「刷洗」，能將靜態的生化狀態改造成較有適應性的狀態。我們的身體就是設計來移動和

活動的，如此才能增進健康、情緒及心態。

生活絕招：站起來，想像「牙買加閃電」尤塞恩·波特
（Usain Bolt）在奧運百米金牌決賽上做準備，像他那
樣抖一抖雙臂和雙腿10秒，現在察覺自己的感覺。緊
繃會造成靜止狀態，活動身體才能創造改變。

根據英國公共衛生署（Public Health England）委託的一
份2015年報告指出，我們一天中，應該每隔2到4小時就要站
起來／動一動／走一走。整天坐著的人罹癌的風險比花時間走
動的人高出13%，死亡率則多出17%。我們需要翻轉自己的工
作模式，考慮不要發送電子郵件，而是直接走去找同事討論，
用坐立兩用辦公桌維繫自己的移動性和彈性，並且利用手上的
裝置與應用程式，設定例行活動身體的提醒。我們公司就非常
熱切地鼓勵這種行為。

釋放緊繃，更有能力面對難關

湯姆身為一家正在進行合併組織的新任執行長，
肩負重責大任。我認識湯姆時，他母親的健康狀況也不
好，他的住宅正在裝修，而且每個週末都要長途通勤。
他非常緊繃，以至於喉嚨、脖子和肩膀都是僵硬的。像
他這樣不顧一切，衝勁十足的人，並不明白身體聚積的
緊張和情緒的累積是有關聯的。經過短短三堂教練課

程，湯姆便釋放累積多年的緊繃。我們流下一些眼淚，也多次開懷大笑。只要湯姆找到釋放緊繃的方法，就能迎接合併的挑戰、有創意的思考，也更能體會所有利害關係人的需要。

如今湯姆更能意識到脖子和肩膀變緊繃了，他會設定通知，提醒自己每小時站起來伸展身體，四處走走，進行連續彈性動作。他對整體身體智能的覺察也更為敏銳，在壓力浮現時，可以感覺到體內的化學變化。一旦出現這種狀況，他會放鬆地自然呼吸，走一走，伸展身體，釋放緊繃，更開放一點。雖然這樣並不能完全阻止那種感覺，可是它們再也不會形成體內的障礙。

生活絕招：不要忍住淚水，我們哭泣時，橫膈膜會振動，劇烈地上下起伏，這會刺激迷走神經啟動乙醯膽鹼的分泌，而這個化學物質會讓我們回到平衡（體內恆定性）。皮質醇的濃度下降，血清素、催產素及多巴胺的濃度上升，身體的緊繃消失無蹤，我們感覺「解脫」。哭泣是有生理意義的。

我們來探究呼吸和活動如何改善彈性的化學作用，讓自己更快樂、健康。

訓練自己多動一動

練習：自然呼吸

好比定速呼吸有助於建立穩定性並培養力量，自然呼吸則能讓我們進入物我兩忘的放鬆狀態，在長時間全神貫注於工作或其他事物時特別重要。對於釋放緊繃和降低皮質醇來說，鬆一口氣是一種重要機制。呼氣能排出有毒的二氧化碳，提高乙醯膽鹼和血清素的濃度，引發「如釋重負」的感覺；而呼氣終了，又會促成吸入一口新鮮空氣，讓我們得到充足的氧氣。

吸氣（自然地吸入一口氣）

- 小腹突出。
- 感覺下面的肋骨向兩邊擺動。
- 把氣充滿胸腔，以便刺激腹腔神經叢。

「嘆氣」（自然地呼氣）

- 釋放張力。
- 感覺下方的肋骨回到定位。

感到舒緩

- 注意到你可以運用呼吸，隨心所欲的產生真正舒緩的感覺。
- 享受下一次吸氣；這種「靈感的泉源」。

現在就來探索這個技巧，重複幾次，呼吸間稍作暫停，在過程中找到舒緩的感覺。不要勉強，找到對你有用的速度，讓它自行發生。你隨時都可以練習自然呼吸，譬如完成早上的工作，站起來去吃午餐時；或是一天的工作結束，要離開辦公室時。

（注意：鬆一口氣是在為你個人謀福利，並不是那種讓人知道你感覺的怒氣或怨氣，要留心自己在公共場合的嘆氣方式，否則可能遭到誤解。）

可以自然呼吸後，讓我們來研究與學習如何辨識並放鬆身體特定部位的緊繃，平衡肌肉的收縮和擴張。我們也能熟練地從情緒和心理的角度，來理解身體的緊繃。

練習：建立身體的緊繃地圖

在身體智能的課程裡，MOT是緊繃地圖（Map of Tension）的簡稱。建立自己的身體MOT是強而有力的工具，可用來監測體內的緊繃狀態，並了解它在心理和情緒上的意涵。

- 注意你的身體現在確實的感覺，不要改變姿勢，只要掃描全身就好。身體有什麼部位或特定肌群過度緊張，沒有明顯的理由或目的就太緊繃的？（多數人至少有兩到三個這樣的「熱點」。）

常見的緊繃熱點

- 下巴緊繃往往與挫折、受制於某事，或是未能溝通好重要事情有關。

131

處方：輕輕地左右、上下移動下巴，用打呵欠的方式來伸展嘴巴。

• 胃部打結會伴隨著擔心表現、個人焦慮感、不安全感或罪惡感而來。

處方：扭轉軀幹，找出胃部打結的具體位置，想像你的呼吸被直接送到打結處。

• 頸部拉緊或是肩膀聳高或很緊繃，是因為我們的頭朝著前面的螢幕或正在交談的對象靠近時，肩頸用力承載頭顱重量的關係，也是我們的系統有普遍性壓力的典型徵兆。

處方：運用第2章的坐姿技巧，和「肩膀伸展與放下」及「放鬆脖子」（見本章後半）的運動，經常讓你的腦袋與脊椎復位對齊。

• 下背部緊繃表示缺乏身體姿勢的核心支撐，或沒有家人、同事及上司的支持。詢問自己：你是否承擔太多責任？你是否和其他人溝通，要求他們站出來善盡本分？

處方：運用第2章的姿勢技巧，並且強化核心肌群，用一隻腳站立保持平衡，慢慢舉起另一隻腳，膝蓋靠近胸口，然後緩慢地放下；換腳重複一次。也可以參見「軀幹扭轉」、「高爾夫揮桿」及「放鬆髖關節」（見本章後半）的運動。

- 手臂和雙腿的緊繃，是手指握緊、腳趾撐地及頻繁握拳造成的。這往往顯示你正在抵禦自己的環境，而且覺得有起身戰鬥的需要。

  處方：像「牙買加閃電」波特站上起跑點前那樣，輕輕抖動你的雙腳，一次一隻腳，並且一起甩動雙臂，以便放鬆四肢；想像自己把緊緊抓住骨頭的肌肉鬆開，釋放張力，也要用到「伸展」、「抖動」和「自然呼吸」（見本章後半）的練習。

- 胸部緊繃可能表示情緒反應的壓抑累積。

  處方：試著伸展身體，做跳水式——頭抬起來，手臂放在兩側往後，胸口向前突出，把氣吸到胸骨／胸膛。

- 腿筋和脊椎緊繃，可能和心態或做法太固定，或是感到厭倦或刺激不足有關，譬如總是那樣走路，而沒有把腿筋往不同的方向伸展。

  處方：往多個方向伸展腿部，看看哪種感覺較好。練習「抖動」，注意第一次要輕柔的伸展腿筋。

- 在下一頁的圖上用圈圈或叉叉標記你注意到的重要緊繃部位。
- 現在就來活動你的身體；站立、走動、彎曲及伸展，有沒有注意到任何其他熱點？標記在圖上，並且編號。
- 仔細探索第一個熱點，緩慢移動身體的那個部位，全神

貫注在動作上。如果醫生、整骨醫師、理療師或任何物理治療師，對你應該如何移動那個身體部位，已經給予限制或指示，請完全遵照醫囑。如果該部位會痛，就先從最小的動作開始，再嘗試其他較大的動作，不要做任何可能會導致既有病情惡化的動作。

- 現在找到一個能舒緩緊繃的動作──微型、小型、中型或大型動作皆可，慢慢、輕柔地實驗這些動作，發覺到底哪個動作最有效益。如果你覺得不舒服，就靜靜坐著，內心聚焦在那個區域，以鬆開緊繃處為目標。

- 聚焦於身體的某個疼痛部位，有時候會短暫地感覺更痛。如果是這樣的話，不要活動那個部位，而是做三次

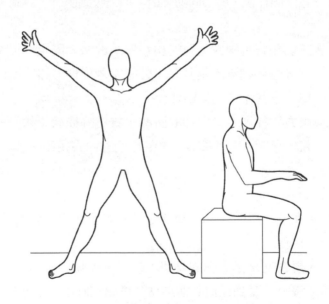

在這些圖上標記你的緊繃「熱點」。

呼吸，想像吸入的氣可以直達該處，然後把焦點放在身體另一個較不那麼痛的位置。

- 開發自己的動作，或是運用你已知有幫助的伸展／動作，但是要以嶄新的聚焦與注意力進行。小心地做動作，切實運用你的身體智能告訴身體的需要。

- 在以下這張表格上記錄你選擇的動作。

- 謹記在心，每個熱點都會把資料（感知或疼痛）送到大腦島葉皮質，後者會和許多腦部區域溝通，使我們能夠做出解讀、找到解方。詢問自己這些問題：每個熱點正在告訴自己什麼事？如果它們能開口說話，會說些什麼？它們會做出什麼要求？它們會給你什麼建議？這個探索為你的思考模式和感覺帶來什麼洞見？你想要有什麼不同的作為？

- 現在繼續進行第二個熱點，走完整個流程。

我的MOT動作	我為什麼會這麼緊繃？ 身體在告訴我什麼？

做得好！你已經有了很棒的起步，開發出自己的MOT動作，傾聽身體的聲音，提高你的**勝率**。你正在主宰自己的化學作用，並掌控思考與感覺。

腸道緊張和職業婦女的內疚感有關

絲薇亞是一家金融公司某事業單位的最高主管，她的腹部肌肉曾繃得很緊，症狀是胃部打結，加上有消化問題和腸躁症。在我們的指導協助下，她了解這個緊繃的意義，做出自己的MOT，我們問她：「如果妳能賦予這個緊繃說話的能力，它會說什麼？它會對妳有什麼要求？又會給妳什麼建議？」絲薇亞說出相關的想法與感覺，發現這個緊繃和她身兼職業婦女與兩個男孩的媽，由此產生糾結的內疚感明確相關。絲薇亞是家中的主要經濟來源，而她為此付出代價。

很多全職工作的女性對此心有戚戚焉，有些人坦承有這種內疚感，並且學會與之共處，有些人則可能不這麼想。絲薇亞直到做了MOT後，才看出其中的關聯，她辨識出自己的熱點，並做出闡釋。她腦海中浮現的話是：**不要讓情況惡化，不要懲罰我**。絲薇亞發展出自己的MOT動作——某種版本的「軀幹扭轉」和「自然呼吸」，而且天天做，為期一個月。絲薇亞發現，她較能與內疚感共處，而這種感覺最後變成偶爾出現的輕微遺憾。她會經常提醒自己是好媽媽，維持家庭生計，對家人盡心盡力。絲薇亞的職涯發展得愈來愈好，兩個男孩也成長為有韌性又獨立的人。

現在讓我們來看看，如何維持並開發你的整套彈性動作，可於坐在辦公桌前和離開座位後使用。

練習：坐在辦公桌前的彈性鍛鍊

上班時，只要你想讓自己從緊繃中解脫，就可以坐在桌前或找一個較寬敞私密的空間，進行以下的動作。

肩膀伸展與放下

坐在辦公桌前，很容易做這個動作。

- 一開始先運用在第2章學到的坐姿技巧。
- 一次一邊肩膀，左右輪流，分八次動作把雙肩向耳朵舉高。
- 頭部後仰，擠壓頸部和肩膀的肌肉。
- 吸氣，閉氣1秒，然後放鬆肩膀，同時吐氣，頭轉正，穩穩置於挺直的脊椎上。
- 視需要重複動作。

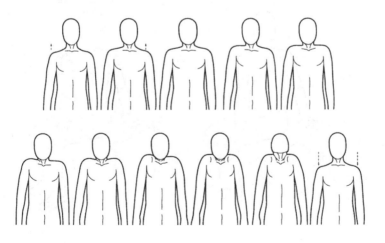

軀幹扭轉

- 坐在辦公桌前做這個伸展動作不會引人注意,因為在旁人眼中,你看起來好像只是在往後看。
- 從正確的坐姿開始。
- 保持膝蓋和臀部朝向前方。
- 左手斜朝下,將左手/腕關節背面抵住右大腿外側。
- 左手臂伸直,輕輕將左手/腕關節背面穩穩按壓在右大腿外側,同時把軀幹往右轉。
- 轉頭朝著右肩後方看去,利用手和手臂製造的槓桿作用,輕輕增加轉動幅度,不要轉到覺得疼痛的地步。
- 吸氣並呼氣,視脊椎的柔軟度,進一步轉動身體。
- 再次呼吸,放鬆身體,慢慢轉回正面。
- 重複動作,這一次以右手斜朝下,將右手/腕關節背面抵住左大腿外側,然後往左轉。

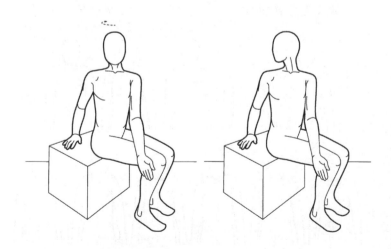

練習：離開辦公桌的彈性鍛鍊

高爾夫揮桿

即使你從未打過高爾夫也無妨，揮桿是釋放緊繃的好動作，不用在意是否擊出好球。

- 雙臂向後準備往前擊球，然後隨意揮桿，讓動作自然停止。
- 左右重複一次，在揮桿時吐氣。

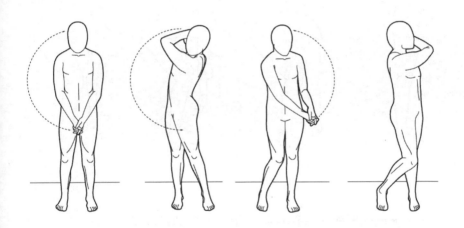

網球和高爾夫球運動都是提振ODDS的好方法，它們有社交性（催產素），有時會在戶外的開放空間（視覺皮質因為看到風景而受刺激時，會釋放多巴胺），而且因為都用到揮舞與扭轉的動作，腎上腺得到排毒效果（幫助DHEA分泌），而腸道裡的獨立神經元也獲得刺激（釋放血清素）。

抖動

在私底下「抖動」，當負面情緒浮現，而你想要做出不同的情緒反應，或是覺得承受不住，無法清楚思考時，這會是重要的動作。

- 向前彎腰，放鬆身體上半部，尤其是脖子。
- 深吸一口氣。
- 吐氣時，劇烈搖晃肩膀和軀幹，同時發出「啊」的音。
- 一直重複並增強力道，直到緊繃消失。
- 慢慢地抬起身體，頭部最後抬起。你會有不同的感受，覺得更好，也更能聚焦。對脊椎做倒轉和劇烈的動作，就像調雞尾酒那樣，會晃動到脊髓液。皮質醇的高峰過

後，代謝分解的化學物質就會被分泌，就好像對電腦做「重新整理」的動作。

（注意：如果你有高血壓，只能短暫、輕輕地做「抖動」練習。對你的健康醫囑做任何重大改變前，一定要請教醫生。）

練習：連續彈性動作

這一連串彈性動作能讓你釋放緊繃，感覺「自由」。在健身房、家裡或戶外公園，任何你運動的地方都可以。把它們當成暖身運動，跟著肌力訓練一起做，或在一天中任何時間都可以進行。經過練習，一個動作連續到下一個動作，就能形成順暢的連串動作。

任意扭轉

- 雙腳固定在地板上，拉長脊椎。
- 轉動肩膀，看向右肩後方，讓手臂環繞身體右側。做法是左手碰觸右臀，右手肘自然彎曲，而且應該越過背部，讓右手背可以碰觸到左臀背後，感受全然的扭轉。
- 現在鬆開手臂，自由甩動，轉動肩膀，看向左肩後方，讓手臂跟著動，直到環繞身體左側，位置和上述的動作左右對稱。
- 做的時候要自然呼吸。
- 重複八次。

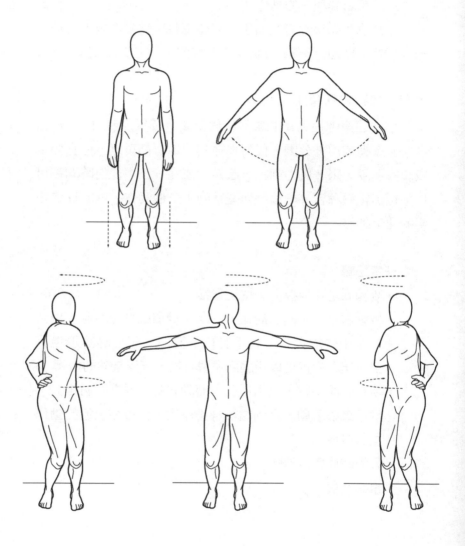

蝴蝶式

- 雙腳固定在地板上，脊椎拉長。
- 用同樣的任意扭轉做出截然不同的動作，不要讓手臂甩動環繞身體，而是在往右轉時，把右臂平舉到比肩膀略高的位置，並且伸直，掌心向下，往後看向右手掌，右邊肩膀不要聳高。
- 同時彎曲左臂，左手水平放在右肩，掌心向下，彷彿有一隻蝴蝶正在輕柔地下降，讓手掌輕輕放在右肩上。
- 稍微停頓一下，然後兩隻手臂往正前方掃過，保持在腰部的高度，畫一個半圓轉向左邊，讓左臂伸直，略高於肩膀，掌心向下，往後看向你的左手掌。彎曲右臂，把右手掌輕輕放在左肩上。
- 停頓一下，然後再次把手臂掃向右邊。
- 重複八次，讓自己能放鬆地擺盪，暢快地扭動脊椎，放鬆肩膀。
- 保持頸部放鬆，不要緊繃。

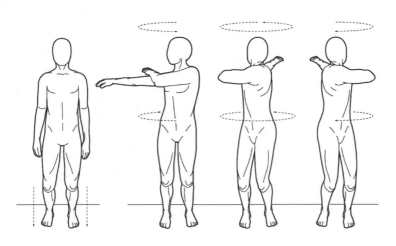

八字式

- 收攝身心，鬆開膝蓋。
- 將雙臂朝著身體右側往下擺盪，然後在身體右側後方猛然向上朝著天花板揮。
- 手臂從右側高處，以斜對角往下甩到身體左側下方。
- 在身體左側後方猛然把手臂向上朝著天花板揮動，然後從左側高處，以斜對角往下甩到身體右側下方。
- 當你從一側揮向另一側時，找到這個動作的擺動節奏。
- 手臂在前方空中揮舞時，想像正在畫一個大大的八字。
- 放鬆脖子，讓頭部跟著手臂的動作移動。
- 重複做八次。

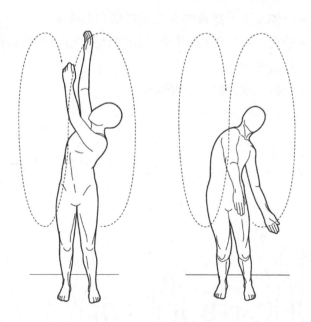

流動

- 想像你用雙手拿著一顆大球。
- 以右手帶領，把球移到右側。
- 以左手帶領，把球移到左側。
- 從一邊轉向另一邊，找到這個動作的流動性。
- 完整重複八次，然後慢慢停下動作。

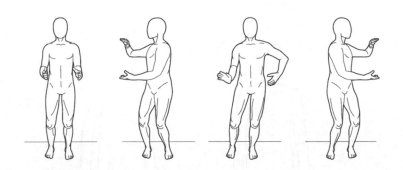

放鬆髖關節

- 放鬆地移動髖關節，用髖骨畫出一個水平的八字。一開始動作要慢，隨著熟悉這個動作後，再加快速度。
- 重複做十六次。

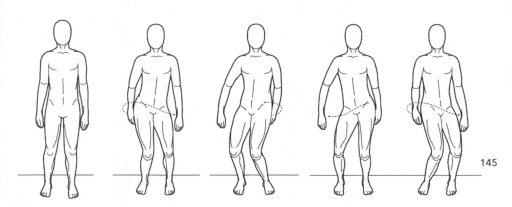

放鬆脖子

- 慢慢轉動頭部，一次一個方向。
- 用鼻子畫一個八字，把頭從一邊傾斜／轉動到另一邊。
- 放鬆下巴。
- 如果對這個動作覺得自在，就可以把動作加大，畫一個更大的八字。
- 重複做十六次。

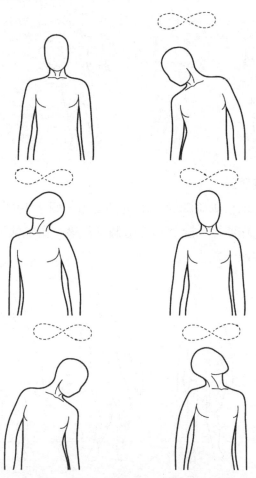

練習：彈性伸展運動

　　在伸展時，一定要拉長身體，向外延伸到周圍的空間；想像四肢和身體各部位進一步的往外擴展。你可以在健身鍛鍊後做這些伸展動作，或是找一天中的空檔做也可以。

弓箭步／髖屈肌群伸展

- 右腿向前踏出，形成弓箭步，找到平衡，把雙手放在右大腿上，後腿伸直，以便伸展，至少維持30秒，然後換腳重複一次。

- 接著用右腿重複一次弓箭步，不過後腿膝蓋跪在地板上，雙臂舉向天空。向右側彎下，感覺髖屈肌群深處的伸展（大多數後背痛都不是後背拉傷的關係，而是前側的髖屈肌緊繃所致）。

147

前彎（伸展腿筋、下背部、脊椎和臀大肌）

- 站立，雙腳打開與臀部同寬。
- 雙臂舉高超過頭部，彎曲手臂互相抓住手肘。
- 拉長脊椎。
- 從髖關節處盡可能往下前彎。
- 呼吸，保持這個姿勢放鬆30秒。
- （選擇性動作：保持前彎，放開手臂垂下。呼吸，保持這個姿勢，再多放鬆30秒。）

路邊石／階梯伸展（伸展小腿和阿基里斯腱）

- 站在階梯或路邊石上，輕輕把腳後跟往下壓得比腳趾低。
- 維持30秒。
- 如果肌腱很僵硬，就一次伸展一邊的小腿肌。

 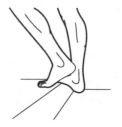

軀幹扭轉

- 參見本章先前所述。

轉動頸部／頭部及側邊伸展

- 把頭往前垂下；放鬆頸部，維持10秒。
- 把頭轉向一側，放鬆，感覺耳朵與肩膀之間部位的伸展，維持10秒。
- 再次把頭往前垂下，維持10秒。
- 把頭轉向另一側，放鬆，感覺耳朵與肩膀之間部位的伸展，維持10秒。

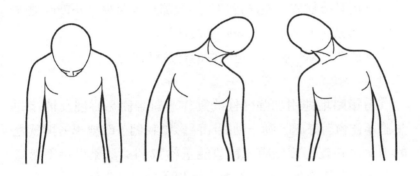

瑜伽

- 瑜伽這種古老的完美系統提供繁複、有難度的伸展動作，對身體各方面系統，如重要的器官功能、肌肉與骨骼結構的穩定性、神經系統、淋巴系統和心血管系統功能，都有莫大助益。
- 如果你的心靜不下來，就學習艾揚格瑜伽（Iyengar Yoga；一系列靜止姿勢的伸展動作）。

149

- 如果你累積太多的緊繃，試試哈達瑜伽（Hatha Yoga；呼吸與溫和的動作）。
- 如果你的生活很靜態，想要參加較動態的瑜伽課程，可以嘗試阿斯坦加瑜伽（Ashtanga Yoga；強力的呼吸、伸展與動作系列，因為這些動作可能非常激烈，所以只能在指導下嘗試）。

旁若無人地跳舞

- 用耳機播放一些好音樂，然後隨意地跳舞，不斷改變你的動法，確保不會變成重複性動作。
- 放開來享受動作，這麼做能釋放創造力。

有策略地運用加強彈性的動作，對身體、心理及情緒的整體運作會有好處。動一動能深深影響我們，改變思考與感覺的方式，在覺得疲倦時，釋放能量給我們；當覺得喘不過氣來時，使我們冷靜。你可能對自己想要如何在生活中「多動一動」有些想法，何不起來動一動？

覺察情緒

辨別和管理我們的情緒

> 少了訓練有素的情緒輔助，智力也抵不過動物本能。
> ——作家C. S.路易斯（Clive Staples Lewis）

　　面對艱難的處境，我們很容易只順著情緒衝動行事，而非管理那些情緒，進行周詳的溝通。比方說，如果有人對你提出的論點，挑戰你的想法；或是你發現3歲的孩子打開指甲油，在五斗櫃上大肆創作，很容易便做出不假思索的反應。本章將會介紹一種技巧，幫助你對每時每刻的行為培養出更敏銳的覺察。

　　「Bemotion」是覺察情緒（being aware of emotion）的簡略寫法，而情緒則有「運動中能量」（energy in motion）的意思，是哪一種能量，端看時時刻刻驅動行為的化學物質而定。情緒智商的領域已經告訴我們，驅動行為的是情緒，而非理由，想要自律，涉及情緒觸發因子的衝動控制是重要的。這話說得對極了，可堪欣慰的是，如今英國、美國及世界上許多地方的教育體制，很早就會教導情緒素養（emotional literacy）[9]，年紀很小的孩子現在就能指出自己的情緒，並且加以掌控。然而，不管你的年齡是大是小，想要擁有身體智能與情緒智能，還需要

9　譯注：意指解讀情緒的能力。

更嫺熟許多技巧。

編舞家麥奎格就曾提到這件事的重要性，如果他「靈肉分離」，像是不再意識到來自身體的資料，剩下的部分（也就是他的情緒連結與心理連結）會無法作用。他說：「我們往往先感受到情緒，然後試著了解情緒，只有這樣才會意識到生理機制在作用，不過我們知道它是反過來的，事實上，生理機制是讓我們覺察到自己如何思考與感受的化學反應。」

情緒是帶電化學物質神經肽（neuropeptide）的作用，在我們的體內四處滲透瀰漫。不同情緒帶有不同的電荷，各以不同方式對身體施加不同壓力。美國神經學家坎達絲・珀特（Candace Pert）從1980年到2013年間致力於這項工作，發現情緒訊息是被稱為肽（peptide）的神經傳導物質所傳遞。她以情緒化學作用的劃時代研究聞名於世，研究發現都寫在著作《情緒分子的奇幻世界》（*Molecules of Emotion*）和《感覺良好不可不知的事》（*Everything You Need to Know to Feel Good*）裡。

神經肽帶有正電或負電，當我們感受到某種情緒或經歷情緒的轉變，正是這些周遊全身和大腦的神經肽，在實際改變體內每個細胞的化學作用。

你可以把身體想成是用各種情緒來彈奏的樂器，一波催產素湧現會有自豪感，多巴胺流失帶來的是失望，洶湧襲來的高皮質醇和高睪固酮表示盛怒，而腎上腺素與多巴胺攀升到顛峰則是興奮。如果我們沒有順著一波又一波的情緒而行事，體內的帶電分子會像鑰匙插錯孔那樣真的卡住，動彈不得。覺察情緒，表達情緒，採取行動，就能排解情緒。不管是正面或負面的情緒，都需要被表達出來。

我們的客戶保羅是一名年輕顧問，他在對客戶簡報時，會習慣性緊握拳頭，雙腳上下抖動。藉由「覺察情緒」，他發現這是被壓抑的興奮感，於是學會更聰明並妥善地以聲音與演講傳達出來，因而讓他的可信度有所改觀。

負面情緒狀態久久不散，有害化學物質會滯留在細胞裡，阻礙體內恆定性地恢復。身體裡的細胞因為有害化學物質累積而無法運作，讓我們更容易受到疾病的影響。又由於過去發生時沒有被好好處理，使我們落入負面情緒引發的思考模式，會失去學習新事物的能力。化學物質累積創造有毒系統。

循環思考

當帶有負電荷（負面情緒）的神經肽堵塞在大腦與身體的受體細胞時，會導致循環思考的想法和感覺模式一直延續。從珀特博士在1985年發表的開創性研究「神經肽及其受體：身心網絡」（Neuropeptides and their receptors: a psychosomatic network），我們知道，當同一套想法和感覺不停運轉，整個身體與大腦會充滿負電荷。當我們分心，這種情況就會暫時停止，可是只要分心的因素一消失，同樣的思考與感覺又會捲土重來，除非我們懂得「覺察情緒」。

我們的另一位客戶東尼是大公司的法務主管，就算他碰到的問題並不是當務之急，也會陷入「循環思考」，造成壓力。「覺察情緒」幫助他避免落入當時的情緒中，他說：「當你覺得可能會過度分析一個惱人的情況時，有可用的方法是有幫助的。當你具體想像、透徹思考時，會發現這其實也不

是世上最糟的情況或最惡劣的人，退一步想就好了。」

> **生活絕招**：如果你注意到心裡一直反覆重現某個情境，停下來！在當天稍後的行程中，如回家途中撥出 5 分鐘，做做「覺察情緒」的練習。這樣一來，你就能揮別過去，更專注眼前的事。

充分體驗人生是很重要的，我們要發揮情緒的力量，而非只是寄望痛苦消失，美好永存。

美國哥倫比亞大學（Columbia University）和史丹佛大學在2011年的研究顯示，與負面事件保持心理距離，能降低威脅的化學物質皮質醇，而確實想像自己靠近某個你能更正面應對的情境，則會誘發皮質醇下降和多巴胺增加，有助於學習新的行為。在這項練習中，將回顧某個你希望自己當時能洞徹情勢，並且善加控制反應的重大時刻，也會運用意念形象法探索其他的可能性，以「近景特寫」設想正面情境。

在現實世界中，產生衝動與採取行動只有0.2秒的落差，想要以謹言慎行阻斷衝動行為，機會只在電光石火間。喊卡暫停，用慢動作和特寫鏡頭重新經歷關鍵時刻，這樣一來，一旦遇到心理上演練過的情境，我們便能更純熟地應對進退。

練習：覺察情緒

找到過去發生的某個事件，是你想要更明白前因後果，也希望未來遇到類似情境時，能有所準備、做出不同反應的。比方說，你以諷刺的口吻回應某位上司；你沒有和團隊商量，就

獨斷地回信炮轟某個重要利害關係人；或是你目睹不公不義，應該挺身而出卻保持沉默。

- 回想你的**身體**有什麼感覺，出現什麼生理變化。你是否心跳加速？你的姿勢或呼吸是否改變？你變得更激動、緊繃、冷漠嗎？你是否做出臉部表情？感受到胸口／腸胃的異樣？在一張紙上，緊鄰著「身體」這個詞彙旁，以小字記下來。

- 指出你**感覺到**的情緒。你是否覺得後悔、興奮、失望、沮喪、可惜、驕傲、拘束、勇敢、憤怒、恐懼、魯莽、無力、樂觀、無望？在「情緒」這個詞彙旁，以小字記下來。

- 辨別出情緒後，就你記憶所及，充分描述這些情緒在體內的特徵。每種情緒的方向、步調、感受和特點是什麼，帶電的神經肽如何在你體內移動？在你註記的每種情緒旁，以小字記下來。

- 這些感覺讓你**聯想到**什麼念頭？你的內心對這個情況，形成什麼看法？在「念頭」這個詞彙旁，以小字記下來。

- 你說了什麼？做了什麼？採取了什麼**行動**？對於發生的事，請確切、誠實、坦承地面對。在「行動」這個詞彙旁，以小字記下來。

- 閉上眼睛，觀想著一切，把那一刻發生的事像電影般播放出來。

- 現在後退一步，縮小畫面，想像自己從播放的情境中走開。

- 從遠景檢視整個情況,有什麼較積極有益的做法嗎?
- 再次重訪關鍵時刻發生前的那一剎那。
- 想像你的體內出現不同的生理反應,那會是什麼?也許你注意到身體反應並沒有那麼激烈;也許你注意到自己的呼吸穩定,你是理智而收攝的。也許你的眼神焦點不同了,或是你的肩膀和下巴沒有那麼緊繃,說不定你注意到身體語言變得更開放了。
- 你現在感覺到的可能是哪一類情緒反應?
- 你會如何更柔軟地面對這一刻?
- 你如何以不同的角度思考?
- 你現在可能想要採取什麼行動?
- 用意念想像自己會選擇怎麼回應。把新的情境以全景特寫至少播放三次。
- 用大字放膽寫下你的新選擇。

做得好!你已經完成「覺察情緒」的練習了。有時候,我們會因為百感交集,而難以釐清自己的感覺。遇到這類情況,我們可以用習慣堆疊法「覺察情緒」,一週至少一次(如果是一再發生的情況,就要增加頻率),以便培養我們在區分情緒、指出情緒方面的信心、覺察力及技巧。這能幫助我們減少衝動反應,增加選擇性,讓行為舉止變得更靈敏、更柔軟。

情緒讓我們完整,也對我們有用,令我們警覺到必須注意的情況。最有可能觸發情緒,且管理情緒最重要的情境就是人際關係。所以我們接下來要探討,在人際關係裡保持彈性,以便創造信任的化學作用為何如此重要。

10 轉換關係與信任的化學作用

建立良好人際關係的行為

> 當某人對你表示信任時，你的大腦便會湧起少量讓人感覺
> 良好的催產素，促使你禮尚往來。
>
> ——神經經濟學家保羅·扎克（Paul Zak）

　　我的丈夫不喜歡燉飯，也不愛吃蘿蔔，但是我喜歡。沒關係，這件事對我影響不大。可是如果碰到覺得**真的**很在乎的事呢？如果別人的看法或舉動讓我們覺得受到冒犯，而在工作上又必須和對方密切合作，或是必須同住在一個屋簷下呢？我們如何既尊重他人，又堅守立場？如何與相差甚遠的人溝通？

　　想要建立融洽的人際關係，就要在自己與他人的理念之間求取平衡，採取能屈能伸的作風，創造信任的化學作用，而這有賴於化學物質催產素（社會連結和信任的核心）、多巴胺（目標導向／追求獲取獎賞的必需品），以及睪固酮（獨立競爭行為的重要因子）之間的平衡，加上威脅性荷爾蒙皮質醇的管控。

　　在這個多元世界裡，我們能共生共榮的其中一個最強大的人類行為，就是尊重他人意見。不過，我們的神經科學編碼，卻使得這件事比乍看之下更困難。我們的大腦被設定成注意到差別，並且會和想法一樣、外觀一樣的同類優先建立連結。

　　身為父母，看到子女帶女友或男友回家，便會忍不住打量

對方是否非我族類。我們的初步評估瞬間定案，甚至在想法尚未形成前，一切就塵埃落定。顯然在這個森羅萬象的全球化世界裡，很多時候我們必須（也很想）無視於自己的基本設定，停止判斷，尊重差異。

「轉換關係」（Relationshift）技巧讓我們能赤裸裸地檢視這類情況——公司、全球或切身利害，才能得到務實公平的結果，並且有效地進行協商。有時，這涉及如何在嚴峻的情勢下平等分擔壓力與困難；有時，則是為雙方尋求有利的結果。

在企業裡，部門之間會因為任務優先性不同，而產生緊張關係。例如，為重要業務開發新產品的創新單位需要與市場接軌，一旦遇到需要管控風險的法務部門，便不免讓彼此的日子難過。兩邊的部門主管如何攜手合作，而非落入意氣之爭？我一再目睹這類場景上演，儘管人們立意良善，但表現水準卻受到斲傷，對工作與家庭生活都有不好的影響。一方看似在威脅或阻撓另一方，致使皮質醇的濃度升高。然而，創新者與法律專家都是對的，從大局來看，也都扮演至關重要的角色。

處理受威脅的感覺——降低皮質醇，平衡催產素、多巴胺及睪固酮是重要的，而藉由「轉換關係」便能做到。這個名詞是我在奧地利的山巔和一名12歲男孩聊天時創造出來的，當時我正在開發身體智能課程，告訴他有一種技巧可以把人際關係從對立轉換成理解對方的角度，而我正在為這個技巧命名，他只說了一句：「啊！轉換關係！」

練習：轉換關係

找個時間，找個地方，思考某個你想要改善的人際關係，

例如，你在工作上遭遇的阻力，或是正在討論的某件私事。光是反省的部分便需要大約10分鐘，接著你可以選擇安排一場真正的對話。

- 閉上眼睛，想想你和某個相處融洽的人之間的關係（這能幫助你帶著高濃度的催產素開始這場練習，處在富有同情心的狀態下）。
- 指出你的情緒，注意體內有什麼感覺。它們從哪裡開始？又是怎麼移動的？
- 想想你和某個覺得很難理解，而且對方是會引發你負面情緒的人之間的關係。
- 指出你的情緒，注意體內有什麼感覺。當皮質醇上升時，是從哪裡開始的？又是怎麼移動的？這些感覺是挫折、不耐、討厭、憤怒或憎恨？
- 停止。體會落入僵局的感覺，注意高皮質醇在身體裡的具體特徵，例如，緊繃、激動、變熱、面紅耳赤、退卻、胃部緊縮、惱怒，或是棄守的感覺。
- 忍住不要採取行動；收攝、呼吸，並卸除武裝──降低皮質醇的濃度。
- 捫心自問：這個人威脅到你的什麼價值或動力？是控制權、所有權、成就、和諧、安全感、確定性、自由、創意或身分地位？
- 從僵局中離開，隱喻式的「轉換位置」，和對方站在一起，切換心理視角。改變想法，設身處地想想對方的處境和感受。想像與他們肩並肩，從他們的角度看世界，你看

到什麼？（當你轉換位置到另一邊，會釋放出催產素。）

- 想想你可以怎麼讓這段關係前進。徹底思考幾個可能解方，使雙方的某些需要都能獲得滿足。

- 安排一場對話，目標放在：
  —— 發現與尊重
  —— 提出問題
  —— 分享看法
  —— 必要時堅守立場（使雙方的多巴胺、睪固酮及催產素都能取得平衡）
  —— 商定前進的方向（提振雙方的多巴胺和催產素）

善用「轉換關係」尋求共識

蘇珊是單親媽媽，也是成功大藥廠的業務主管。她知道業務流程必須改善，可是卻遇到一位高階主管反對。她試著和上司力爭到底，但卻行不通。於是她應用「轉換關係」的技巧，幫助做好自我管理，從一場正面衝突中脫身，按兵不動，取得對話的掌控權，就可能之處達成共識，即使不行，也能冷靜地討論歧見。她描述這種情況好比「希斯洛機場的飛航管制」：「這麼多訊息與飛機湧入，躁動不安和皮質醇飆高會妨礙建立互信。關鍵在於保持冷靜與坦誠溝通，持續重視對方的訊息，尤其是如果你想要改變對方著陸的跑道時。我曾在會議上感覺那個舊有的『我』快要跑出來了，於是馬上

> 應用『轉換關係』技巧,告訴自己:『回到妳的籠子裡,
> 小寶貝。』因為我知道如果她跑出籠子,我就會和人爭
> 鬥,這樣會適得其反。」

信任的化學作用

心臟的獨立神經元和大腦的神經元,把信任與社會連結的化學物質催產素釋放到血液裡,以建立和諧並增進了解。這種化學物質能凝聚家庭、團隊及文化,讓人感覺快樂並信賴他人。它就是被設計來建立持久的人際關係,使人們因為在一起而感到更安全,俾以集體降低皮質醇的濃度。

多巴胺令我們因為期待獲得報償,而想要趨近某個情境並實現目標。如果我們相信某人能幫助自己實現目標,就會受到對方吸引,這是因為他們看來由衷關心我們的最佳利益,或是因為他們能帶來興奮、危險、安全保障、智性啟發、舒適,任何能讓我們感到愉悅的事。

初見某人的當下,我們便會下意識地權衡自己是否信任對方,靠的就是評估我們是否「信任他們的身體」。我們期待沉穩的眼神接觸、開放的身體語言、可靠的嗓音及有反應的表情。我們也會藉由他們的呼吸方式與舉手投足,解讀對方更深層的情緒狀態。比方說,如果某人呼吸的又快又淺,或是屏住呼吸,臉部表情緊繃,與呼吸正常平順又沉穩,而且臉部表情會適當變化的人相比,我們較不容易信任前者。

大腦裡的鏡像神經元(mirror neuron)網絡〔1980年代

由義大利帕瑪大學（University of Parma）的神經學家賈科莫・里佐拉蒂（Giacomo Rizzolatti）發現〕，能詮釋身體狀態與情緒狀態。它們會從其他人的身體語言與面部表情偵測威脅，把手藏在口袋或背後、打開雙腳的站姿、眼神飄忽不定等，會觸發他人的低度威脅反應，如果你經常演講或簡報，就要特別留意。我們對於別人是否勉強自己，或是看似有所保留會特別敏感，這兩種行為都不能產生信任感。

鏡像神經元也是我們理解更廣泛意圖與情緒的機制，而且據信影響我們如何同理他人。當我們看到一個人的姿勢、表情、動作和處境時，鏡像神經元會活化，會把眼中看到的，拿來比對自己的體現記憶（embodied memories），就能曉得對方可能會有什麼感覺。如果我們無法認同，便會有受威脅之感；可是如果認同的話，就較可能懷有慈悲心，分泌出催產素。

> **生活絕招**：玩「猜心境」的遊戲，看著某個路過的人，很快指出你看到的心境。情緒在片刻間產生，心境則是遍行一輩子的態度，需要假以時日方能成形。你看到了什麼？

如果我們想要了解某人，和他們站在同一陣線，就可能下意識或有時是有意識地鏡射（mirror）他們的身體姿勢、呼吸及說話模式。對方的鏡射神經元感知到這件事，在認可與回敬的禮尚往來中，社會和諧於是展開。因此有誠信的人影響他人跟著行事端正，憤世嫉俗的人會帶給別人不良影響。

信任，除了像《從A到A+》（*Good to Great*）與《高效信任力》（*The Speed of Trust*）這類書籍強調的，可以豐富個人生活以外，對我們的工作關係和專業成功也能有明確重大的正面作用。隨著我們愈來愈了解、深深喜歡或甚至愛著彼此，藉由始終如一與堅守承諾的相互對待，才能經年累月地建立信任感。互動往來讓我們感到快樂，我們想要一起工作、一起生活、相互扶持、一起加倍努力。然而，當同樣一個人舉止惡劣，讓我們覺得不舒服時，信任就會受損。催產素和多巴胺應聲下降，我們感到極度失望。

我們是社會性動物，也有獲得滿足的必要。一旦出現變化和不確定性，皮質醇會增加，催產素、多巴胺及睪固酮則會失去平衡。有些人會變得比較自外於群體，不信任人（睪固酮提高）；有些人則會和群體綁得更緊（催產素提高），也可能變得過度依賴或過度順從，即使不舒服也會面帶微笑，以免危及人際關係，或是變得更加防衛、抗拒外力。

若是遠距工作或生活，尤其遇到來自不同文化的團隊成員各有不同作風，或是家人住得很遠時，建立信任的挑戰就會更大。少了有形的存在，便很難知道我們是否「信任對方的身體」，或是感覺到我們真的認識某人。面對面能建立更好的連結，使遠距溝通的信任感延續。當人們真的相聚在一起，分享個人故事時，會釋放出催產素，幫助團隊更加了解並關心彼此。

魯莽的判斷、驟下結論或急就章的解決方法，會侷限信任的進展和想要培養信任感的人之間所能激發的創意品質。無論私下、社交場合、視訊會議或是實體會議，以深思熟慮的方式與人相會，能爭取到時間，使信任的化學作用發揮強大威力。

反應快不盡然表示反應好

編舞家麥奎格曾和橫跨許多不同學門的人合作，他表示，根據自己的經驗和對神經科學的研究，發現反應快不盡然表示反應好。為了做到傾聽，他會氣沉丹田、說話速度慢一點，也更沉默一些，以便有意識地「進入自己的身體」，好用更多時間打開「傾聽的空間」。他說這叫做「感受時間」（felt time），有意識地營造你準備好深入傾聽與思考的環境，以建立信任感。

生活絕招：現在就讓自己進入「感受時間」；把氣吸到身體底部，提高你的覺察力，想想某個朋友，想想他們現在可能正在經歷什麼事。打電話給他們，看看這段談話帶給你什麼感覺。

能屈能伸的舉止

建立人際關係有一個重要的面向，是要有能力靠近他人，進行良好的溝通，尤其遇到對方偏好不同的互動模式，靠近他們會引起摩擦時，更是格外重要。

學習彈性應對別人的行為與溝通模式，是協同合作的關鍵技能。舉例來說，如果你觀察到某人喜歡把事情想清楚，在討

建立信任的行為

非口語	口語
• 沉穩的身體姿勢 • 腹式呼吸 • 微笑 • 開放的身體語言——「露出雙手」 • 保持安定的眼神接觸（或在亞洲某些地區，做出與階級制度符合的眼神接觸） • 使用適合場合與對象的語氣 • 解讀他人的身體語言與臉部表情 • 以同理心做出反應與調整 • 不疾不徐地做出回應 • 不要插嘴或打斷別人 • 用心當下，製造出「感受時間」	• 知道並叫出別人的名字 • 對別人的經驗感到好奇 • 提出開放式問題 • 仔細聆聽別人的回答 • 確認了解程度 • 自我揭露 • 誠實可靠 • 不要覺得受威脅或有戒心 • 始終如一 • 管理期望 • 犯錯時要道歉 • 別人道歉時要原諒對方 • 讓人知道你如何關心他們的最佳利益

論前先寄信談談你的想法，你們的對話會進行得更順利；如果某人講話輕聲細語，你又是大聲公，降低你的音量，能讓對方感覺舒服。這件事說來容易做來難，因為想要離開我們的舒適圈，做出不同的反應，需要具備高度覺察力，也要有能力遏制深層的神經編碼設定與衝動。

我們的威脅感愈低，身體智能愈高，便愈能覺察到來自鏡像神經元的資料，更能在「當下」隨順適應他人。在人際關係上付出體貼和持續的承諾，才能懂得如何與時俱進地對待他人。所有的人際關係，都會經歷到感覺不如以往那麼值得，因

此未能釋放出等量多巴胺的階段，需要付出相當大的努力，才能重新建立共同點。

> **生活絕招：** 下一次當你認識新的人，把目標訂定在從聊天中找到你們的三個共同點，並且在對話結束前，想辦法指出這些共同點。

我們分析行為偏好的身體組成，發現動作和說話方式快速、直接又突然的人，優先重視行動與結果；而活力源源不絕，舉止敏捷的人，則側重協同合作與創造力。也有人的動作較慢，非常支持別人，這些人在乎和諧與共識；有的人則需要保持沉著謹慎，有時間進行架構性透徹思考，才能感到安心自在。

透過這些大原則認識彼此，培養人際關係，使我們能相互適應，客觀地找出差異，並且調整各自的作風，消弭歧見。

練習：彈性調整你的行為

- 想一個舉止與溝通方式和你迥然不同的人。
- 回想你和對方的互動，因為你們的差異，讓雙方很難欣然地一起工作／生活／往來。
- 想像一下你和對方互換角色，採取他們的手勢、站姿、呼吸方式，感覺實際身為這個人會有什麼感覺。
- 你如何調整自己的行為／溝通方式，讓對方覺得舒服一點？
- 為你對別人產生的反應負起責任；他們並非你的感覺的**起因**，而是**觸發點**。你有責任弄清楚自己為什麼會這樣

反應，並且想想要如何彼此適應。

- 搭起橋梁時，要開放、謙遜，並且不設防。
- 儘管出於最大的善意，但也許當時各自的立場根深柢固，很難改變。萬不得已之下，你也許必須說：「這樣行不通，我們可以有什麼不同做法嗎？」或是「我們改天再談吧！」注意不要過度包容也很重要，有時候客氣地堅守立場（運用力量）才是正道。

在處理人際關係與進行口語和非口語溝通時，保持彈性是有必要的。如此一來，我們才能與更大範圍的人交往，對周遭的世界發揮影響力。這對一個員工遍布世界的全球化領導者而言很重要，對有四個孩子又性格迥異的父母來說也同樣重要。

在人際關係中培養那樣的彈性是不可或缺的，現在讓我們來看看，有彈性的口語和非口語溝通，如何幫助我們消弭歧異，更有力地連結彼此。

11 交往的藝術

建立連結的噪音和儀態

> 言語的意涵遠遠超越紙上文字所能表達的，需要透過人聲，才能注入更深刻而有層次的意義。
>
> ——作家瑪雅・安傑羅（Maya Angelou）

意義大多存在於我們說話的**語氣**，而非說出的**字眼**。被問候時，我可以用樂觀的口氣，讓你知道我是真心快樂，或是用悲觀或短促的口氣，告訴你我其實並不好。以不同的語氣說出同樣的字眼，會產生截然不同的意義。

如果我們想以這種方式刻意表達意義，就必須全然地與自己的身體、呼吸及嗓音同在，準備好我們的聲線「裝備」，隨時對著想要表達的各種念頭做出反應。

在 Part I 中，你知道集中嗓音能傳達權威感、信心及安定。站在這個基礎上，我們還需要有彈性的嗓音與性格，改變音高和口氣，以便吸引別人注意我們說的話，激發他們的信任，也鼓舞他們採取行動。

靈活的臉部表情是很好的起點，因為它有助於塑造喉嚨和嘴巴的形狀，製造更多元的聲音。試著面無表情地說：「歡迎光臨。」留意你的聲音聽起來有多麼乏味。現在以明亮的眼神，嘴角帶著一抹微笑，再說一次試試看。注意到差別嗎？微

笑會牽動連結到軟顎（上顎後方有肉的部位）的眼睛與臉部肌肉，從而抬高、緊實，讓聲音流動並成形。你的嗓音自然變得響亮，聽起來更有活力，也更能自然呈現。

> **生活絕招**：下一次如果你發現一個有趣的新故事，大聲朗讀給伴侶或朋友聽，連結你說出來的話語意義，並且更全面地運用你的聲調與音高。

　　畢爾是好萊塢的獨唱家和錄音室配唱歌手，以無與倫比的聲音彈性而聞名。她可以發出的聲音範圍，從天使般的英國唱詩班少年、歌劇女主角，到民謠歌手或俄國、中東的歌手，無所不包。這是獨特的天分，我們請教她如何增進自己的聲音彈性。畢爾表示，我們擁有的聲音往往比自己會用到的範圍更廣，如同肌肉一樣，如果不用就會喪失，因此她**每天**以全音域來練習唱歌，確保自己能應導演要求，如對方所需地操縱喉頭，以便喚起不同的情感。我們全都可以經由日常練習，使喉頭變得更有彈性。例如，在沖澡或在車上，試著以不一樣的八度音唱歌，或是用不同的音高說話，而唸床邊故事給小孩聽，更是絕佳的練習機會。

　　就是因為聲音缺乏可動性，含糊單調的言談才會四處可見。演講者往往只顧及傳達想法，卻疏於演說風格，說話因而變得死板。想法之錯綜複雜，念頭數量之多，加上身體、呼吸及喉頭周圍的緊繃，使得有些人很難與聽眾建立連結。

轉化噪音為人生帶來新氣象

　　儘管傑瑞有豐富的天然共鳴腔，但是他在會議上的講話風格卻很單調嚴肅，面無表情，讓人無法和他說的話產生連結。他運用下述的彈性聲音技巧，經過三週的練習，便能透過聲音確實帶出訊息的意義，展現天生的個性。不僅他的研究領域突然成為成功案例，在公司裡廣為流傳，他也很快晉升為資深成員，參與更具策略性的討論。現在大家都想聽他的意見。

　　我們已經學過如何以嘴型和妥善的呼吸，發出並拉長在英語，甚至大多數語言裡的母音，傳達情感。如果我們省略母音，也縮短字詞發音，帶給人的印象會是有距離、不關心人的。當你要傳達嚴肅的訊息，事關人們感受強烈的課題時，長而渾厚的母音、運用字句間的停頓，這些做法會變得非常重要。喪禮上、宣布裁員或緩解一場危機時，受影響的人需要時間，才能和言語的意義與情緒的強度有所連結，這非常重要，因為它能在講者和聽者之間建立信任感，讓人有時間感受。

　　加強聯繫講者與聽眾的其他非口語因素，還有眼神接觸與開放的姿勢。眼神接觸讓人覺得「被看到」，表明他們受重視的程度，此舉能增加血清素的濃度；開放的身體語言則顯示，對方是在和我們說實話，這能提振催產素。

用配合內容的語調真誠連結觀眾

晨間電視新聞的主播暨記者梅根・米契爾（Megan Mitchell）和我們分享，在她扮演的角色裡，真誠不偽是非常重要的。尤其在晨間電視新聞，大家是看著妳的新聞開始新的一天，因此讓他們對妳覺得舒服自在也就特別重要了。保持真誠的必要性，影響米契爾播報新聞的語調。

一節新聞通常會從最嚴肅的話題開始，然後播報較不嚴肅的新聞，接著是有趣一點的消息。米契爾為了轉換語氣，做出必要區隔，會吸一口比應有感覺更長的氣。其他人則會看向不同鏡頭，在兩則新聞之間，眼睛往下看，或是說一些轉換詞，像是「另外，看到……」。米契爾也會變換身體位置，用來幫助自己改變語氣。播報較有趣的新聞時，她往往會向後靠，也變得比較活潑。向後靠能讓她更放鬆，也更「專注當下」。播報嚴肅一點的新聞時，則會向前挪，而且一定不能太活潑。發出配合內容的語調，讓米契爾能真誠地連結觀眾，在閱聽人之間創造出貨真價實的化學反應。和周圍的人溝通時，我們全都可以運用類似技巧來改變語氣，吸引聽你說話的人。

幽默能使他人分泌多巴胺；滿懷熱情地談論未來，能釋放腎上腺素與多巴胺；指出某種集體困境會分泌催產素；而一場激

勵喊話則能釋放睪固酮和多巴胺。好的演講者懂得點出群眾真正在意的事，顯示他們了解大家的難題，藉以建立信任感。表示感激和說故事，則能吸引群眾，讓他們覺得自己參與其中，從而釋放出催產素與多巴胺。即便一個簡單的微笑，也能一次釋放出血清素、催產素與多巴胺這三種感覺良好的化學物質。

> **生活絕招**：對著自己微笑，感覺血清素升高；對別人微笑，感覺催產素升高；當對方也報以微笑時，感覺多巴胺升高。你是否開始能分辨每一種化學物質產生的感覺？

　　在工作上，認可貢獻、部門及個人，讓大家知道自己在大局中的位置，能提高他們的地位。哈蘭德（Harland）、哈里森（Harrison）、瓊斯（Jones）及萊特－鮑曼（Reiter-Palmon）在2004年發表的研究顯示，企業領導者大幅展現信心、闡明有說服力的願景、個別表揚員工價值，能明顯提升員工的韌性，而這是血清素維持在健康水準的特徵。在家庭裡，對信任、感謝及尊重程度的展現與討論方式，顯示出這個家庭的功能良窳和緊密程度。

　　我們和人說話時，需要校準自己的儀態，以及能量和聲音的發送距離。透過把能量向外發送，觸及廣大的觀眾，然後很快調整到能和某人進行私下對話，是彈性裡很重要的一環。

　　佩頓在6歲時學到這件事，當時她極度害羞，說話又輕聲細語。學校老師為她訂定一項每日功課：站在樓梯頂端朗讀一則故事，給站在樓梯下的家人聽。這個方法奏效了！我們必須有能力變換自己與人交談的方式，如此一來，才能敏銳察知變

遷的局勢，並接觸到其他人。

處於**當下**也與傾聽對方的回饋大有關係。事實上，我們天生就會這樣做。有沒有注意到自己如何配合別人的速度和語氣，有時甚至是腔調，特別是如果你有一雙靈敏的耳朵時？

我們全都有能力成為更懂得靈活變通的溝通者，開始訓練有彈性的嗓音吧！

訓練開始：有彈性的嗓音

除非你是訓練有素的演員、歌手或聲樂教練，否則可能會覺得發聲訓練很奇怪。大多數人會上健身房鍛鍊身體，卻不會想要鍛鍊嗓音。以下的訓練和你會做的任何運動一樣，是為了融入日常生活而設計的。第一項練習是有關呼吸的提醒；第二項與第三項練習則包含幾個發聲訓練；第四項練習教你如何和人建立連結，你每次進辦公室就可以練習；而第五項練習則給你一個說故事的架構，提供用來規劃在簡報或晚宴致詞上。還記得科學家傑瑞嗎？他挑選其中三個發聲訓練每天練習，真的讓他和公司受益匪淺。我曾指導的知名人物，還包括CNN主播李察・奎斯特（Richard Quest）與馬丁・唐納利（Martin Donnelly）爵士，都非常相信發聲訓練讓他們做好和觀眾溝通的準備。

這些更能應用在講電話與電話會議上。少了視覺提示，所有的意義只能靠聲音掌握。我們的耳朵很快就會對死板的聲音失去興趣，因此鼓勵你試著每天至少做其中三項以下的練習，一週後，你就會聽到自己的聲音變得多麼有彈性。

練習：記得呼吸與「激勵」

呼吸是一股把你的想法帶給其他人的「氣息」，想法背後總是由意圖所驅動 —— 為了鼓勵、挑戰、質疑、撫慰。只要氣不足，就會喪失話語和意圖之間的連結，導致嗓音缺乏多樣性、起伏及聲調的抑揚頓挫。這樣的多樣性能在我們說話時**創造**話語的意義，一旦欠缺，我們的意圖會變得較模糊不清。

- 隨意拿起一本書，讀一段文字，在遇到標點符號時暫停，為下一個想法／句子而呼吸。
- 現在為每個想法／句子挑選一個意圖，你企圖對聽者造成什麼影響？你希望他們有何感覺？被挑戰、興奮或冷靜清醒？
- 以你的呼吸做為每個想法加諸意圖的意會時刻與「燃料」。
- 注意自己如何自然地以更靈活、彈性的方式運用嗓音。

連結想法、意圖、情緒及言語，如此一來，就能用自己的嗓音，以獨有的方式說出你的話語。

練習：擴展你的音域，引起興趣

很多人在日常言談中，並不會運用嗓音的音樂性來表達意義，而只會侷限在3到4種音調；然而，大多數人擁有範圍多達16到24種可能的音高。藉由增加音域、音高和語調，我們無疑能了解你的意思。

- 發出「嗯」的音，以中音舒服地唱出一個音符，然後盡可能用最高音唱出來（男生可能需要用到假音），接著盡可能地用最低音，然後回到中音。

- 現在把聲音組合起來，從中音滑到最高音，接著到最低音，然後再回到中音。有需要時就呼吸，看看你用到的嗓音可以多出多少。

- 用盡可能多的音高從星期一唸到星期日，同時保持「正常」說話方式。注意到當你和「星期一」的概念完全**連結**時，聲音的音高與語調可能會如何變化。在這個字**裡**，有些音會更有力量，從而形成語氣或聲調上的變化，以傳達意義。

- 啟動臉部肌肉。試著說一聲響亮的「哈囉」，不過讓眼神毫無變化。當你的眼神呆滯時，嗓音也很難動起來。試著反過來做做看，留意聲音變得多麼明亮。

練習：拉長你的母音——培養情緒的時間

如先前提到的，英語裡的母音含有情感與動機的成分。長母音聽起來能促進參與，短母音則會侷限參與感。當你在說「我」（I）、「你」（you）和「我們」（we）時，把母音拉長。長母音能建立他人的信任；當你聽起來自信又開放時，會提振聽者的催產素。

- 發出「啊」的音，打一個又大又吵的呵欠，把嘴巴拉大、張開。

- 動一動你的嘴巴、嘴脣、舌頭及下巴，把它們向四面八

方伸展到極限，同時發出母音 ayyy……eee……iiii……
oooh……yuuu。

- 從星期一唸到星期日，再次過度誇張地拉長母音。現在以正常唸法複述一次。以「星期四」（Thursday）為例，注意到 ur 這個音發長音和發短音的差別。
- 現在拿起一份報紙或一本書，以正常方式朗讀，不過注意要稍微拉長母音，看看聽起來如何，請朋友或家人給你一些回饋。

練習：連結聽眾

溝通者的角色就是要和人在一起。不要把溝通想成是「以你為中心」，而是關係到你與他人之間，這樣一來會很有幫助。

- 挑選一個你想要練習的典型社交活動。
- 注意大家都在做什麼、說什麼。例如，在家庭餐桌上、會議上或你正在演講的觀眾群裡。
- 對注意到的事發表意見，讓大家知道你看到、聽到他們。
- 和人對話，例如，「我聽到你相信什麼，現在讓我來說說自己的想法」。
- 以聲音和身體進行溝通，與人們建立連結，讓人容易和你在一起。

練習：說故事

- 人們喜愛故事遠勝過一連串的事實，所以帶著他們與你一同踏上他們可以想像的旅程，你會發現他們更有參與

的意願。

- 故事裡有主要的**角色、有挑戰性情境、某個關鍵時刻，以及一種改變或轉化**。描述他們能認同的處境，讓他們彷彿身歷其境，有助於具體想像這個故事的意象，能使他們更投入。SEES是架構一則故事的好方法：

——**情境（Situation）**——我們在哪裡？描述場景。
——**事件（Event）**——發生什麼事？
——**情感（Emotion）**——你和其他人有什麼感覺？這種感覺如何演變或改變？
——**意義（Significance）**——為什麼要告訴我們這件事？想要帶給我們什麼訊息？

故事是一種資訊交換、文化學習與價值養成的古老形式。人類是唯一有能力透過故事來學習的物種，其他動物則必須實際**擁有**體驗才能從中學習。所以，讓我們運用這種天生的才能，試著說故事吧！

有形的儀態

身體必須成為說故事的一環，否則你的聲音會顯得平淡，聽眾也不會相信你。運用第8章培養彈性的動作，確保自己做好暖身，為互動預做準備。順著你的天性，以身體和聲音來表達話語。姿勢相當於視覺化的語言，再加上你說出的言語，能讓你的訊息完整無缺，也能支撐各種發聲變化，讓講

者的嗓音變得鮮活。姿勢是想要傳達的概念與情感的視覺表現，舉例來說，強調的手勢，如手掌向下，能幫助講者信心十足地結束一段陳述，增加莊重感與權威感，這樣的肢體動作也有助於講者避免音調上揚，使聲音帶著不確定感。

你帶進環境裡的，通常是什麼樣的聲音與肢體儀態？整理廚房時，是否砰砰作響，經常打破杯子，還是你的動作精準、到位又謹慎？你是否一進入屋內就成為關注的焦點，熱切地想要與人交流想法？還是你會悄悄溜進去，走到一旁，文靜地和人打招呼，希望不被注意？

2002年，我在司芬克斯劇團（Sphynx Theatre Company）由蘇·派瑞許（Sue Parrish）執導的一齣威廉·莎士比亞（William Shakespeare）劇作《皆大歡喜》（*As You Like It*）裡擔任動作總監。每個男性角色都由女演員扮演，反之亦然。我指派給演員的其中一個調查練習，是要他們在回家的路上，探索相反性別的走路方式，想像自己各方面的構造都和對方一樣，從頭到腳！隔天，我請一名女演員做經驗分享。「很奇怪。」她說：「大家都會讓路給我，我比平常早10分鐘到家。」

> **生活絕招**：記住行為風格的典型身體組成，然後在上班的路上，運用相反的身體動能。如果你看起來總是動作很快、向前衝，就試著把動作放慢；如果你是極有分寸又嚴謹的人，每天總是在同樣的地方過馬路，打亂你的步調，抬頭看看周圍，晃動四肢，打破常規。

練習：擴大你的「泡泡」，「張開你的網」

- 想像有一個泡泡圍繞著你，不斷地膨脹，直到屋內所有的人都進入泡泡中為止。這樣一來，能幫助你校準與人往來時所需的身體能量水準。

- 想像你的呼吸正好抵達泡泡邊緣。馬丁·路德·金恩（Martin Luther King）博士發表「我有一個夢」演講時，需要一個巨大的「泡泡」連結站在林肯紀念堂階梯上的25萬人。你看過多少「泡泡洩氣」的演說家，帶給觀眾太少的能量？

- 當你開始演說前，眼神很快掃視在場每個人，像是每日出海的漁夫那樣，張開你的網。

無論任何情境，你選擇的聲音與肢體儀態，顯示是在散發能量或耗盡能量，刺激想法或扼殺靈感，創造正面情緒或負面感受。把握你擁有的每個連結與溝通時刻，珍惜你豐富無比的身體與聲音表情，它們是你創造獨特影響力的唯一工具。

引人入勝的儀態與溝通風格，對於激發創造力所需的協同合作來說非常重要。接下來，讓我們探索身體與嗓音如何引發彈性思考，如何發揮最大的創造力與創新力。

12 締造創意與創新

洞燭先機，開創未來

> 左想右想，東想西想，噢！只有多方去想，才能想出名堂！
>
> ——作家蘇斯博士（Dr. Seuss）

人類的創造力與創新力與生俱來，我們的存續都要靠它。如果水源有5哩遠，我們會建造一根管子輸送。養兒育女需要發揮創意，才能因應小孩瞬息萬變的需要，靠著吃緊的預算生活也是一樣，一旦面臨裁員這類嚴酷事實時，重新想像自己的能力更是不可或缺。

同時，我們也是習慣性的動物，會遵從與創造和創新背道而馳的傳統習俗，例如，開會往往先從一輪進度報告開始，既冗長又傷元氣。缺乏創意的結果，是沒有人會問：「我們為什麼要這樣做？沒有別的做法嗎？」

既然創新是我們的天性，有許多組織也變得愈來愈懂得創新，為什麼我們的工作和生活還是有些地方缺乏創意？有一個理論表示，教育很有本事地趕跑我們之中許多人的創造力。肯·羅賓森（Ken Robinson）爵士在2006年有名的TED演講「學校扼殺了創意嗎？」（Do Schools Kill Creativity?）（必看）中，談到編舞家吉莉安·琳恩（Gillian Lynne）的故事。琳恩在學校的表現很差，直到有一個醫生發現，她之所以一直無法

突破困境，並不是像某些教育者為她貼上的標籤，說她有「學習落後」（educationally subnormal）的問題，而是因為她是一個舞者。琳恩後來成為百老匯音樂劇《貓》（*Cats*）及《歌劇魅影》（*Phantom of the Opera*）的編舞家。

另外一種理論是說，我們之所以得到社會的獎勵，大多是因為**聚斂性**（convergent）思考，而非**擴散性**（divergent）思考，所以我們已經養成習慣，還沒有探索所有創意可能性之前，就先做出決定。

創意有賴於擴散性思考，進行廣泛而深入的分析、實驗，並建立新的連結。創新則是較長的過程，聚斂性思考與擴散性思考都會用到，創意是其中的一部分。你在創新時，會發明某種東西或找到某件事的新做法，為社會、文化及產業採用，並且改變人們的行事方式。典型的創新循環，第一個階段是**沉浸**（immersion）；第二個階段是**靈感**（inspiration），兩者都要憑藉擴散性思考；第三和第四個階段是**實施**（implementation）與**影響**（influence），則需要在聚斂性和擴散性思考之間切換。如果你有了一個創新的想法，一開始就要為擴散性階段留下充足時間，然後努力勤奮地贏得足夠的影響力或支持，確保最後階段的成功。

1990年代和2000年代初期，我為舞團創作舞蹈作品，就完全遵照這樣的創新循環。我花費一年讓自己沉浸在主題中，閱讀、蒐集影像、觀看影片、研究相關歷史、科學或當代事務，也吸收其他表演者的作品。靈感或視覺意象在那一年年底出現，受舞者和其他合作者的啟發，我的腦海裡開始出現這齣舞作的片段。實施階段包含排練期、首演及巡演的規劃與執

行，影響力的顯現，則是透過評論、與社會大眾和利害關係人對話探討作品效應、作品對藝術與整體文化的貢獻，以及帶來的機會。這麼多年來，我發現在沉浸時期做的深刻思考與連結，結合和合作者及舞者對話的威力，才能成就一齣成功的舞作。我揣想著，各行各業、政府單位與企業在落實改變前，先進行深刻而擴散的思考，說不定也能創造更好的成果。

要怎麼提升擴散性創意思考的能耐呢？這在今日特別重要，因為多數大型企業莫不聚焦於創新，甚至當成企業文化的核心。例如，佩頓和臉書（Facebook）合作好幾年，她發現，「研究改造」（hacking）內外部其他人提出的想法，是臉書期待也鼓勵的，這是持續改善與反覆的方法，臉書稱為「駭客之道」（The Hacker Way）。駭客相信，沒有什麼東西有完成之日，總是可以做得更好。這就是這家公司成功背後的方法論：打造、交出、反覆、永不停歇、不斷改善、瓦解萬物，他們會有好多個日子在做精雕細琢的研究改造，辦公室裡也會有專門用來玩遊戲的空間，這些設計都是為了培養創造力與創新力。

今天的「零工文化」（gig culture）正在驅使並激發許多專業人士，從多種管道開發創新的收入來源。佩頓最近在為美國共享辦公空間供應商WeWork進行的一次訓練課程中，遇到一大群千禧世代（全都是很滿意自己工作的正職員工），其中有許多人聊到自己的「斜槓工作」（side hustle）──也就是主要工作外，可以帶來額外收入的某件事。我們也看到創業精神的提升，很多人正在選擇朝向開發與發表自己的創新產品或創業方向前進，而這個世界面臨重大的人道、健康及生態問題，也必須靠著創新維繫我們的生存與發展。

投入零工文化，為創造力注入活水

　　儘管劇團教師卡蜜拉·羅絲（Camilla Ross）學的是戲劇，但是她做了很多年會計工作，忍受著「長工時的無止盡壓力、毫無準備的客戶和聽命行事」。她終於承認自己並不快樂，也放棄那種工作的安全感。她成立劇團，實現長久以來的夢想。儘管成立劇團也會帶來不同的壓力，但是對羅絲來說較容易應付，因為她知道那是自己的天職——然而，她仍若有所失。羅絲發現，她懷念會計工作。如今她在從事戲劇工作的同時，也在教授會計。即使排練到深夜，隔天早上8點有課，她仍樂在其中。她發覺，與只取一瓢飲相比，挖掘自己各式各樣的才華與興趣，能創造更多的能量、創意及滿足感。誠如羅絲所說的：「重點在於它們都是我衷心享受的工作，能幫我再充電，對我來說是兩全其美。」追求迥然不同的興趣，熱愛你所做的事，能豐富我們的正向心境，並培養創造力。

　　信任、新奇、活力與正面心境，全都能提高想出創意想法的機會。形成創造性連結前的那一刻，大腦的視覺皮質會放鬆，進入片刻寧靜的 α 波狀態。想要更有機會得到洞見，閉上眼睛、放鬆，並清空思緒會有幫助。當人們在相互提防時，眼神會比較聚焦，從而阻礙視覺皮質放鬆，也減損創造力。佛羅里達大學（University of Florida）在2003年的研究顯示，高濃

度的威脅性化學物質皮質醇與腎上腺素，會降低整個腦部網絡的共同活化性，所以如果過度警醒、在社交上感到不安或受威脅，就會變得較沒有創造力。團體中有人情緒不好是會傳染的，整群人的血清素都會下降；相反地，如果你對著進來房間做創意測試的人微笑，他們的血清素濃度會上升，分數也會進步。

> **生活絕招：**想要激發創意，放鬆大腦的視覺皮質，去散散步，改變你的視角，或是看看藝術或大自然裡的美麗事物。

　　多巴胺是最重要的創造力化學物質，促成腦部多個區域之間的連結，包括視覺與想像力。當我們碰到新奇好玩的事，或是用不同的角度看世界時，多巴胺就會被釋放。你看到能激發靈感或鼓舞人心的景象時（如藝術品），也會分泌多巴胺，它對我們想要實現目標的渴望來說是重要的。保持沉靜的心靈與對內聚焦會有幫助，如此一來，才能捕捉到想法，而不會被太多外在訊息所淹沒。不過也不要用力**過度**，因為太過努力反而會妨礙創意，我們需要放鬆、放手，讓創意自然湧現。稍後你將會讀到，透過睡眠為腦部排毒也很重要。你是否曾一早醒來，腦袋裡就有解決某個問題的方法，一清二楚？根據德國盧貝克大學（University of Lubeck）在2004年的研究指出，睡眠能啟迪洞見；另一份研究則證明，快速動眼期睡眠（Rapid Eye Movement, REM）對問題解決特別有助益。佩頓和我都會在床邊放記事本和筆，因為我們的工作經常需要發揮創意，常常一早醒來，腦袋裡就會突然冒出解方。

創新涉及風險與決心，也需要清楚的頭腦來組織工作，這表示創新雞尾酒配方的其他重要成分，還包括DHEA、睪固酮及乙醯膽鹼。創新令人害怕、令人振奮，也很累人，我們需要能量和活力，支持走過創新專案的高峰與低谷。

建立培養創造力的文化

佩頓的丈夫約翰過去是金融服務業的高階主管，職涯早期曾領導一個區域業務團隊。當時他們需要一個新策略，於是約翰想出所知的最佳方法。團隊成員彼此信任，身上的催產素都很豐富，所以敢放心大膽地指正約翰。約翰為人寬容大度、氣定神閒，又有旺盛的好奇心，顯示他有很高的DHEA；他還請團隊提出構想，這能釋放多巴胺。結果有三個新想法出爐，再加上約翰原先提出的構想，後者遭遇到很大的阻力，除了少數支持者外，其他人都覺得「瘋狂」。他們對於要採取哪一種做法無法達成共識，因此約翰鋌而走險，建議成員分成四個小組，每個小組各採用一個提議試行一整季。這個解決方法讓人人都獲得尊重，恢復平衡，釋放血清素。大家都同意當季結束，由得到最佳成果的那個方法出線，落實到整個團隊。結果是「瘋狂」的想法最成功，後來也推行到全公司，大幅改善績效。約翰採取的做法和那個被採用的想法，都是發揮創新力的典範。

習慣、行為模式和動作模式會影響我們的聚斂性與擴散性思考。史丹佛大學在2014年的一份研究顯示，坐著時，有一半受測者能擁有高品質的新點子；相較之下，走路時，有95%的受測者擁有高品質的新點子，這表示我們在走路時擁有好點子的機會多出45%。在跑步機上走或到室外走都無關宏旨，單純就是因為走路這個動作讓人更有創意。

英國赫特福德大學（University of Hertfordshire）的彼得‧洛瓦特（Peter Lovatt）博士又以「舞蹈博士」聞名，他在2013年發表的研究顯示，有架構、重複性的動作能增進聚斂性思考，而靈活可變的即興動作則對擴散性思考有益。我們選擇的運動類型、舞蹈類型，或參加的健身課程、練習的瑜伽流派，或是度假的型態，全都對自己的思考造成影響。選擇較形式不拘的活動，能幫助我們進行創意思考；選擇較重複性的內容，則能讓我們以較有結構的方式思考。

天生擴散性思考的人，可能很費力才能專注在實施上，射箭、芭蕾、劍擊、攀岩、油畫及每天結束前整理一下桌面，這些活動會有幫助。建立秩序、把你的身體與環境整理得井井有條，能不時打斷擴散性思考，讓你掌握所探索事物的精髓，隔天頭腦清醒地繼續努力。

天生聚斂性思考的人，想要強化自己的創造力，則可以試試合氣道、騷莎舞（Salsa）、懸崖跳水、參加抽象表現主義畫家社團、練習接受沒那麼有條不紊的桌面。製造一點小混亂，以靈活變通的方式移動，能刺激多個大腦區域——記憶、情緒、經驗之間的連結，不會只照顧到負責最終決定的前額葉皮質。

　　作家、演員、舞者、音樂家及編舞家會謹慎考慮發揮創意所需的環境條件。就寫作來說，我個人需要絕對的安靜，而且喜歡在早上寫作，尤其是一天中的前2個小時，大腦功率全開時。接著我會去遛狗、做一點瑜伽，然後練習定速呼吸或自然呼吸，視自己需要的是穩定或放鬆而定。晚上我總會拿起不同類型的書籍閱讀幾個段落，從不同的角度刺激心智；也會把問題解決的心智暫時拋到一邊，躲到歷史小說或電視劇裡。在談話時把想法丟出來聊一聊和提出問題，對我來說真的很重要。無論是什麼話題，我的18歲兒子安格斯常常可以給我嶄新有用的觀點。

　　編舞家麥奎格利用幾個方法維持自己的創造力。第一個是多樣性，他不想把未來十年的行程塞滿，反而在日誌簿裡規劃時間時，讓自己有空間把握機會做一些有趣的事。例如，我們和他談話時，他正在參與《怪獸與牠們的產地》（*Fantastic Beasts and Where to Find Them*）電影工作，剛剛才完成一個無人機／舞蹈裝置作品，而且正要為舞團開始一齣新的舞作。

　　第二，他會刺激感官。他和雕塑家暨合作者艾德蒙・德瓦爾（Edmund de Waal）初次碰面時，是到對方的工作室拜訪。德瓦爾使用的材料是平滑的瓷，未燒製前就像細黏土。他們一邊洽談合作，手中一邊捏著瓷土原料，感覺好像在玩凝固的牛乳或絲綢。平滑的觸感和塑模的動作是愉悅的，因此釋放出更多的多巴胺，提高他們的創造力。因為這樣的做法，也因為這類觸覺活動會讓大腦中職司決策的部位分心，從而促成創意相關的腦部區域之間更深層的連結，所以有了全然不同的對話，比起在某個辦公室碰面，內容更有創意，也更發散。

　　第三，麥奎格會營造其他人也能更有創意的環境，而這

需要稍微做一些混搭。以舞蹈排練來說，他在舞者抵達排練室前，先讓室內充滿音樂，他會讓舞者在室內變換各種方向，並且詢問他們很多問題。

我們也會使用類似的手法，將音樂和多樣性融入訓練設計與指導中。有很多受訓者一開始就說，他們平時根本沒有留下思考的時間。佩頓有一個客戶最近觀察到，業務團隊裡的佼佼者會規律地撥出時間進行創意思考，這是他們提高業務機會的策略。主宰你的時間與環境是非常重要的，而改變周圍的事物，用不同的方法做事，對所有人來說也一樣重要。一般說來，久坐不動會妨礙創意性思考，可以考慮站著開會或邊走邊開會。與人共事、合作，以及我們已經知道的經常動一動身體，能刺激創造力，並且釋放多巴胺。使用音樂、改變房間的陳設或會議的環境，這些做法都會有助每個人的彈性表現。

生活絕招：卡住了？無聊了？改變你的空間，開始做一些新鮮事。把某個事物帶到會議上引發討論，或是提出一些新問題。

轉變心態，正面因應組織再造

位於英格蘭西南部一個政府資助的地方當局休閒部門，負責管理游泳池、議會健康設施及青年與社區專案。該機構必須快速回應資金刪減並組織重整，以便在

幾個月內成為財務自足的企業。轉變心態，以創新又積極進取的方式來思考是有必要的。然而，這一大群管理團隊卻灰心喪志。

我們運用身體智能，幫助他們探索需要什麼樣的行為舉止才能達成任務，賦予每種行為一個動作流程與思考流程。藉由各個行為舉止的具體展現，他們迎向眼前挑戰的能量如泉湧般回來，這是很重要的第一步。

我們也幫助他們運用人物靜止畫面（human tableaus），描繪某些面對的真實困境，並且找到解決方法。這種做法有助於從情感情境中抽取出關鍵主題，而他們也能決定如何因應未來。人力資源部門主管告訴我們：「活動結束一週後，有二十個業務改善被記錄在案，而熱情與專注力也達到前所未有的水準。三個月後，藉助生動的圖案記憶提醒，每位經理都為他們負責的業務擬出改善計畫，並且呈報給執行長。如今，我們真的滿足文化變革與組織再造的需要。正面態度是有傳染性的。」執行長也寫信給我們，表示我們的方法是「我所見過導入領導技能最具啟發性也最創新的做法。」我們也很開心能幫上忙。

生活絕招：想要刺激創造力，下載艾德里茲‧派許塔（Edrease Peshtaz）開發的一個名為「迂迴策略」（Oblique Strategies）應用程式。每天查閱，你會收到鼓勵做離題思考的一個字或詞語。

　　截止期限是創意與創新的助力，也是阻力。有些人表示，朝著某個截止期限努力會覺得創意無限。腎上腺素與皮質醇的濃度升高，引發使我們加速抵達終點線的急迫感。如果在過程初期有足夠的時間留給沉浸與靈感階段，這種加速狀態是讓人享受、興奮的；否則，當人們在專案中有脆弱感，祈求自己能有更多的時間，皮質醇的濃度會高得令人難受。有時候，想法很棒卻來得太晚，或是我們沒有勇氣在最後一刻揚棄舊作，換上更好的東西。規劃一套創意或創新的流程是重要的，每個階段都要預留時間，遇到關鍵點時還要能保有彈性。

> **生活絕招**：想出一個你現在生活中的不順利，接著站起來，動動身體——扭轉、搖擺、晃動，然後想出盡量多可能的不同做法。

　　如果某個專案的時程非常緊迫，流暢而快速地在兩種思考模式間游移會對你有益。想要有效率的轉換，你可以改變身體狀態與所處環境，讓自己清楚地把時間分配給兩造。這麼做能增加靈光一閃的勝算，想到有創意的點子。佩頓除了家裡的辦公室外，屋子四處還有其他幾個「工作站」，她發現在趕截止期限或做特別有挑戰性的任務時，最常用到其他的據點。光是轉移陣地到新的環境，就能提振她的精力與創造力。

> **生活絕招**：如果你需要在不同會議之間，從聚斂模式轉換成擴散模式，讓身體重開機，自然呼吸，放開腳步，選擇一條迂迴的風景路線，一邊擺動雙臂，一邊走到你需要擴散性思考的會議地點。

訓練開始：創意與創新

現在試著把身體繃緊、肌肉僵硬，然後大聲說：「我覺得有創意又有適應力。」你是這樣的嗎？有沒有感受到思想、感覺與身體的不和諧？什麼樣的身體狀態能讓你覺得最有創意？身體緊繃、固定焦距無濟於事，放鬆而警醒的狀態會較有幫助。

練習：創意創新檢核表（專屬於你）

你的身體、心理及情緒狀態，相當於孕育種子發芽生長的沃土。想要激發新的點子與洞見，你要：

- 放鬆肌肉的緊繃——讓身體保持柔軟。
- 練習自然呼吸。
- 培養自然的社交態度——去除衝突的源頭。
- 微笑。
- 試著換個場景，找個新街景或是看看藝術品。
- 廣泛閱讀與學習，激發新的思維。
- 讓心靜下來，運用內在焦點。
- 不要過度用力嘗試。
- 睡眠。
- 走路。
- 選定你需要的其他條件。

練習：創意與創新檢核表（你和其他人）

我們經常在專案上與人合作，獲得集思廣益的效果。一個有益的環境，能確保創新的構想獲得充分理解。我們需要：

- **信任**——若想培養團體內的信任感，就要讓大家有交際往來的機會，也讓每個人都能訴說自己的故事。

- **新奇**——變化你的環境，換一個不同做法，製造新奇／好玩。例如，玩遊戲、說故事、拿一點黏土來玩、看看電影裡某個鼓舞人心的場景，以及邀請某個來自不同學門的專家參與，讓大家和你展開對話。

- **感官**——動手做東西，這樣能刺激感官，讓前額葉皮質保持忙碌。如此一來，大腦的其他部位才能建立創意連結。

- **活力**——帶來能量與信心，使用開放無畏的語言。

- **擴散性思考**——運用不拘形式和有條理的動作及環境，促進即興創作。拿走桌子與直背椅，一邊站著、走路、伸展、放鬆四肢、窩在沙發或懶骨頭裡，一邊討論事情。

- **正向心境**——提醒大家各自的價值，以及他們會如何受益。

- **承擔風險**——要有破壞性（去除拘束），不要打安全牌，因循舊習。就算覺得不自在，也要故意顛覆你和其他人的思考與感覺。大膽逼近截止期限，不要太快收斂或試圖做到完美。就算在最後 1 分鐘，也要勇敢做出改變。

- **沉浸**——閱讀、體驗、研究、和其他人閒聊。請團隊成員帶一些和專案有關的資料來分享，如書籍、圖畫、文

章。繪出版圖，鼓勵各式各樣的方法，沒有主意就是蠢主意。

- **靈感**——透過不同的鏡頭看問題，以促進創意的生成。運用「自創問答」（Creat-if；詳如下述）和「開放空間」（Open Space）的技巧，理解創意是如何群聚的。（「開放空間」是營造出時間與空間，讓大家深入又有創意的投入切身相關課題，以促成人們參與集體決策的方式。議題並非事先訂好，而是讓有力量也有意願貫徹到底的人設定，讓團體有完全的自主權，更多資訊參見www.openspace.dk。）

- **實施**——擬定專案計畫，測試原型，專注在按部就班的流程上，鍛鍊耐性。準備一有需要就轉換成擴散性思考，接納意料之外的事。

- **影響**——為正在做的事尋求外部支援，對你的專案保持鼓舞、務實、合理的心態。花時間準備資料，事前演練怎麼訴說你的故事，讓別人想要支持你。

練習：「自創問答」

「自創問答」是我們自創的名詞，是一種遇到需要創意思考的情境時，幫助你問「如果這樣，會怎樣？」的技巧。它延伸你的視野，透過不同的「透鏡」，以不同的角度看事情，測試它們對你的感覺，發掘它們能提供什麼解決方法。遇到困難或阻礙時，這是一項很好的練習，因為它能讓你進入探索式心態，想出好幾個關係到某個問題或難題的點子。你可以一個人使用或在團體裡使用，就看哪一種最適合你的

情況。

　　首先，決定一個問題。你可以把「自創問答」的技巧應用在任何個人或團體問題上，例如：

- 今年我們如何運用有限的資源舉辦一場校園音樂會？
- 我要怎樣找到新工作？
- 我應該怎麼溫習考試最好？
- 我想要做什麼事，有什麼選項？
- 利潤下降了，我們應該怎麼辦？

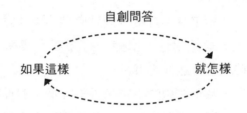

　　這項練習的原則是在處理你的問題時，從一句「如果這樣」（if）的陳述開始，以一句「就怎樣」（then）的陳述作結。你可以馬上開始，把所有浮現腦海的「如果這樣」都記下來，然後可用諸如下述的提詞刺激各種想法、反應及解方。

　　把你用到的「如果這樣」寫在這張圖的左邊，然後把這些選項誘發的新想法——這些「就怎樣」寫在右邊。

- 如果你在5歲時遇到這個問題，會怎麼說／做？
- 如果你在95歲時遇到這個問題，會怎麼說／做？
- 如果你什麼都沒有改變，會發生什麼事？

- 如果你很極端，願意冒最大的風險會怎麼樣？
- 如果你選擇最安全的做法會怎麼樣？又會發生什麼事？
- 如果你不在乎別人的想法，會怎麼做？
- 如果你把這個問題整個顛倒過來看，會是什麼樣子？
- 如果要你挑選一首有幫助的音樂，會是什麼音樂？
- 如果你是太空人／老師／小丑，會建議什麼解決方法？
- 如果要尋求幫助，你會找誰或是你會怎麼做？

「自創問答」可以讓你用來探索如何因應各式各樣的難題或問題。舉例來說，我35歲，不滿意自己的工作，想要創業，但是要養家。

運用「自創問答」，可能的回答是：

- 如果我是5歲，就會說：「離職吧，你做得到！」
- 如果我是95歲，就會說：「人生苦短，朝著你的熱愛踏出第一步。」
- 如果我什麼都沒有改變，就會留在原來的工作上，試著往好處想，但是我會一天天地凋零。
- 如果我冒險一試，明天就會遞辭呈，開始建立自己的事業（有壓力的選項）。
- 如果我選擇最安全的做法，就會給自己一年的時間，一邊工作，一邊做這個新創事業的市場調查。
- 如果我不在乎別人的想法，就會把夢想告訴家人、老闆及同事，和他們討論可能選項。
- 如果我把這個問題顛倒過來看，就會是我成為至少身兼兩

職的人，這只是時間問題，而且需要做好詳實規劃。

- 如果要我挑選一首有幫助的音樂，會是滾石合唱團（Rolling Stones）的〈開始向上〉（Start Me Up）。
- 如果我是太空人，會擬定一份紮實的商業計畫書，讓我既能驚奇地看世界，又能確保自己內在健康與安全的檢查機制。
- 如果我是老師，會說讀一讀別人都是怎麼做的資訊，然後問問自己從中學到什麼。
- 如果我是小丑，會學習如何變戲法（做為下一個生命階段的象徵），而且確保自己知道怎麼自嘲。
- 如果能尋求幫助，只要卡關了，就會去找我的私人顧問／導師團。

經過「自創問答」的練習後，我現在有了幾個選項，知道自己想怎麼做了。我感覺解脫，也明白可以兩全其美。這是一個很有用的技巧，幫助我們找到有創意的解方。

我們比自己以為的擁有更多選擇，也更有創意。沒有什麼情況必須永遠靜止不變，我們總是可以換一個做法，不管改變的是我們對這件事的態度，或是外在的參數。本章有很多實用的點子，最後這個「自創問答」的練習可以應用的情境非常廣泛，你再也不會覺得不知所措。

靈敏創意的思維與彈性的各個面向，都和飲食及運動密切相關。為了保有彈性，讓我們來探索營養與健身的基本要素，發現胡蘿蔔和蘋果如何為史蒂夫・賈伯斯（Steve Jobs）帶來創新的優勢……

13 塑造彈性的營養與健身計畫

用飲食和運動支撐創造力與心流

> 要知道最硬挺的樹也是最容易折斷的樹，竹子或柳樹反而
> 因為懂得隨風折腰，而能倖免於難。
>
> ——武術家與演員李小龍

我們已經體會到身體、心理及情緒的彈性，如何維繫有適應力、有創造力和積極正向的潛能。站在這個基礎上，我們的飲食和運動，就扮演重要的角色。攝取過多碳水化合物，從各方面來看，都會造成我們太重的負荷；吃得清淡一點，則能讓我們保持靈活，在動作上擁有更大的活動度。在營養學家伊凡斯和個人教練戴文波特的幫助下，我將分享一些基本原則，讓讀者能利用食物與健身達到並維繫彈性。

帶來彈性的飲食

- 一起吃飯是常見而美妙的活動，分享食物和飲料能讓人釋放出催產素，凝聚彼此。
- 食物是生活中的愉悅來源之一，我們在準備或採買滋味無窮的健康食物時，通常也會想吃，而不會受到那些超級好吃洋芋片或外帶漢堡裡的化學物質誘惑。我們每次

吃到可口美味的東西，就會釋放出多巴胺。

- 吃清淡、好消化的食物，能使我們感覺較有活動力。比方說，午餐後想要感覺比較輕盈／不會想睡覺，就選擇米食（最好是全穀類），小麥類的麩質甚至會讓那些耐得住麩質的人也感到遲鈍、笨重。

- 新鮮水果和蔬菜是很好的纖維來源，保持腸道健康，也能讓消化系統動起來。

- 地中海飲食非常有利於彈性，因為陽光普照的氣候，帶來供應充沛的新鮮蔬菜，加上富含抗氧化物的番茄，有助於排毒，而且經常使用魚類或白肉，而非紅肉。橄欖油是「好」脂肪，能促進心臟健康，並且降低膽固醇。

- 富含脂肪的魚（如鮭魚、鯖魚、鯡魚、鮪魚、沙丁魚）給你能舒緩關節，並使大腦愉悅的脂肪酸omega。

- 愛吃壽司的人會有很好的彈性，除了受惠於富含脂肪的生魚片和上述提及的米飯以外，海苔裡的碘對腦部發展很重要，對甲狀腺功能也有關鍵作用。

- 諸如鉀或鎂這種礦物質，對體內的許多生化反應，包括透過神經傳導物質導電、神經脈衝、肌肉作用和心血管健康，是不可或缺的。在豆製品、堅果、穀物，以及許多蔬菜水果，如綠葉蔬菜、菠菜、蘆筍、葉用甜菜（Chard）、羽衣甘藍、番茄、馬鈴薯與番薯（帶皮）、香蕉和柑橘類水果裡，都可以找到礦物質。

- 香蕉是出名的創造力食物，因為含有職司快樂的血清素。腸道裡的獨立神經元會對香蕉產生反應，而釋放出更多血清素。雖然人們認為血液／腸道血清素和大腦血

清素是分開的，腸道血清素無法影響大腦血清素的濃度，但是研究顯示〔如來自阿爾斯特大學（University of Ulster）於2004年的研究〕，血液血清素的濃度與正面情緒也有關，而後者已經確定有助創造力。

- 高品質黑巧克力（至少含有70%可可）含有胺基酸色胺酸（tryptophan），也能引發腸道神經元分泌血清素，提振心情與創造力。優質巧克力還能釋放神經傳導物質苯乙胺（phenylethylamine）和多巴胺，這與振奮的心情及愉悅感有關。而加州大學（University of California）在2004年的研究顯示，因為黑巧克力裡有含量很高的類黃酮（flavonoids；強大的抗氧化物和免疫系統滋養物，幾乎所有的植物性食物裡都可以找到），能促進動脈裡的血流量，進而改善心血管功能。

- 我們已經知道，多巴胺是重要的獎勵與愉悅化學物質，對創造力來說很重要。利用糖、酒精或垃圾食物快速衝高多巴胺的癮頭，是可以被克服的，只要找到其他對你有好處的美味食物，能富含胺基酸酪胺酸（tyrosine）和它的近親苯丙胺酸（phenylalanine）。酪胺酸會釋放多巴胺，許多食物群都有充足的供應——乳製品、蛋、水果、有機肉品、堅果、蔬菜，而若是結合能釋放腦內啡（endorphin；讓人感覺良好的天然化學物質）的辛香料，將能完全達到歡愉與獎勵的化學作用。

- 我聽說賈伯斯喜歡吃胡蘿蔔和蘋果，這些食物富含酪胺酸這種多巴胺的前驅物。荷蘭萊登大學（Leiden University）於2014年的研究顯示，酪胺酸能大幅改善

對創新而言極為重要的深層思考。酪胺酸的其他豐富來源還有帕馬森起司、毛豆、瘦牛肉、羔羊肉、豬肉、雞肉、鮭魚、種子和堅果。

帶來彈性的運動

- 伸展身體以便伸展我們的心智，對整體彈性來說是重要的。有愈來愈多的研究顯示，瑜伽和皮拉提斯有助於開發心智靈敏度，而第8章介紹的彈性伸展運動也可以。
- 在游泳池裡做伸展，利用水的浮力支撐關節，促使緊繃的肌肉纖維放鬆，並且放開肌肉纖維和關節裡的空間，能幫助緻密肌肉做更好的伸展。

生活絕招：現在就開始做你選擇的身體伸展運動，在伸展時也要鍛鍊精神上的彈性，留意你的想法和感覺。提醒自己，有些地方會疼痛，有些地方不會，沒有好壞對錯之分，只要觀察、接受它就好。

- 游泳和彈性的主題息息相關。水能舒緩、清新、排毒，讓我們的感覺、動作及舉止都變得更加流暢。
- 在Part I中的第7章已經談過補充水分，我想重申它對健身與彈性的重要性，肌肉需要水分來維持伸縮彈性。第8章的連續彈性動作能使體內的液體移動、刷洗並更新身體和大腦，這在身體水分充足時的效果會更好。
- 沒有做力量訓練時，把走路當成你的主要運動方式或是

白天工作時的活動。如果按照現在的趨勢，到了2020年，一般英國市民的活動量會非常少，每天耗費的能量比起整天睡覺只多出25%。活動力差會讓你的壽命減少三到五年。19歲到64歲的成年人最低活動量，每週應該要有2.5小時的中度活動，比如走路，每次至少10分鐘。以下是利用走路來強健身體和彈性的方法：

—— 一天走路30分鐘。

—— 邁開大步走，比你覺得舒服的速度再快一點，往一個方向走15分鐘。

—— 留意自己第一天走了多遠（記下門牌號碼或是某個地標）。

—— 往回走15分鐘（目標放在30分鐘一到就能走回起點）。

—— 第二天和第三天照著同樣的目標再做一次。

—— 第四天，以15分鐘為目標，多走兩棟房子或抵達一個新的地標。

—— 第五天和第六天照著重複一次。

—— 第七天再走遠一點，以此類推。

走路也與創造力有關，我們已經從史丹佛大學的實驗得知，研究人員發現，受試者經過走路的活動後，擁有好創意點子的機會多出45%。

• 如同前面提到的，打高爾夫球是理想的彈性運動，因為從解放的角度來看，高爾夫揮桿動作能提振血清素、催產素及多巴胺。

• 多多跳舞！聽到喜愛的歌曲，就在廚房跳舞，釋放壓抑

已久的緊繃。

- 球拍類運動，尤其是壁球和羽球，是用來培養彈性的絕佳運動，因為你需要在場上敏捷地四處移動，保持高度反應性與適應性，也會用到「揮桿」動作。

- 諸如有氧運動、尊巴舞（Zumba）、瑜伽、皮拉提斯、踏板、飛輪這類體適能課程，既有社交性，又很享受，一週上一次課，在鍛鍊體能的同時，也能提振催產素。確保你參加的是適合自己程度的課程，否則多巴胺將會下降，動機消散，就再也不想去了。

- 養狗對主人的體能有好處，因為你要遛狗，經常外出走進自然，也能提高多巴胺的濃度。我後來才變成愛狗一族，我們聊過的大多數佼佼者也是這樣。

- 不同類型的運動，對心智和情緒表現產生的作用也不同：
  ——複雜思考、問題解決與多工：試試舉重。
  ——增強記憶力：試試有氧運動，尤其是高強度間歇訓練（High-Intensity Interval Training, HIIT）。
  ——融合想法與情緒，處理恐懼和焦慮：試試全身伸展，如上犬式、下犬式或前彎動作。
  ——注意力、視覺處理及任務轉換：試試循環訓練（Circuit Training）。
  ——控制慾望與調節食慾：試試HIIT（參見第18章）；飢餓素（ghrelin）這種荷爾蒙的分泌會因為做有氧運動而降低。

足夠的日晒與彈性

　　陽光普照時，拿下太陽眼鏡，讓光線進入你的眼睛。在斯堪地那維亞這種黑夜時間很長的地區，首創光療咖啡館，現在也已經引進英國。光線能使人釋放出血清素，這種幸福安適的化學物質能讓我們**感覺**較光明、較有彈性。佩頓在費城長大，到波士頓唸書，20歲出頭時曾在布魯塞爾度過四個月的冬日。她從來不曾住在經常陰鬱多雲的地方，所以當陽光難得露臉時，她會出於本能地跑向窗戶，然後推開窗，沉浸在陽光中。日晒不足會衝擊到系統，降低活動的意願，增加沉重感，也會讓人想睡覺（「參考資料」裡有好用的日晒裝置，可供你在冬日活動時使用）。

　　養成新的飲食與健身習慣是可以很享受的，請記得，自動自發也很重要。如果你不喜歡自己的飲食或運動，用第9章介紹的「覺察情緒」技巧，詢問自己原因，看看你能否轉化對飲食與活動的感覺，從中找到樂趣，確保極其重要的彈性化學物質多巴胺能源源不絕地供應。

　　現在，讓我們決定如何有效演練並實行新的彈性習慣，挑出幾個項目納入日常練習中。

全方位彈性增強計畫

現在，是你採取行動的時候了。希望讀者花費一週的時間實驗目前為止談到的技巧，這樣就準備好上場表現，每天身體力行彈性的技巧。

以下是演練和實行你的彈性技巧的做法：

- 維持五個正在成為習慣的重要力量技巧。
- 挑選五個你特別喜歡的彈性技巧。
- 演練一週，發掘它們如何融入日常生活會最好，以及有哪些適當的觸發點（看看下述所列習慣堆疊的點子和建議，拿來當作觸發點）。
- 接著，那個月剩下來的三週，每天實行這些技巧，直到變成習慣為止。

（你可以隨時回頭選擇更多技巧來演練。）

以下列出在本篇學到的所有技巧，記得它是一份清單，只要挑選你覺得想要先應用的技巧就好。瀏覽這份清單，勾選覺得對你最有益的項目，然後納入實施計畫。

- **自然呼吸**──努力做完某件事後，放鬆緊繃，自然地吸

氣，然後把氣吐掉（如釋重負的感覺）。

- **緊繃地圖**——記得掃描身體找到你的緊繃熱點，還有你用來處理緊繃的自創動作？身體在告訴你什麼？

- **坐在辦公桌前的彈性鍛鍊**——「肩膀伸展與放下」、「軀幹扭轉」。

- **離開辦公桌的彈性鍛鍊**——用「高爾夫揮桿」來放鬆緊繃，用「抖動」釋放累積的負面情緒，解放思維。

- **連續彈性動作**——運動前的暖身動作，「任意扭轉」、「蝴蝶式」、「八字式」、「流動」、「放鬆髖關節」、「放鬆脖子」。

- **彈性伸展運動**——在健身鍛鍊以後，做「弓箭步／髖屈肌群伸展」、「前彎」、「路邊石／階梯伸展」、「軀幹扭轉」、「肩膀伸展與放下」、「轉動頸部／頭部及側邊伸展」。

- **旁若無人地跳舞**——當你喜愛的歌曲響起，把握當下動起來，放開一切，隨興舞動。

- **覺察情緒**——處理循環思考，有意識地監看情緒、思考及行動。在情緒高漲時，放慢腳步，慎選你的反應。

- **轉換關係**——設想一個和你非常不一樣的人，留意皮質醇上升時，陷入僵局的感覺；反過來「轉換位置」，花些時間設身處地想想對方的立場。

- **建立信任的行為**——記得那份行為表嗎？用非口語和口語的行為建立信任。想想你已經做了哪些建立信任的行為，哪些是你想要努力的，例如，保持眼神接觸、叫出別人的名字等。

- **能屈能伸的合宜舉止**——計畫如何在和人互動時保持彈性，調整你的作風適應他人。
- **有彈性的嗓音**

  發聲訓練——變換你的音域（口語吸引度），拉長你的母音（情緒與信任），讓你說出的字句活起來——連結話語的意義。

  連結聽眾——透過你的說話，讓大家知道你看到也聽到他們——提出問題，邀請對話。

  說故事——內容要包含情境、事件、你和其他人感受到的情緒、對聽眾的意義是什麼（SEES）。

  能屈能伸的有形儀態——運用你的「泡泡」，記得擴張泡泡，校準你的能量水準，讓它觸及屋內的每個人；「張開你的網」，以眼神接觸與肢體的有形儀態包含所有人。

- **創意與創新檢核表**

  專屬於你——創造你保持心胸開放需要的條件，包括放鬆肌肉緊繃、自由呼吸，以及刺激心智與感官。

  你和其他人——用心經營培養創造力的環境，培養信任、製造新奇，同時也鼓勵冒險和破壞式的擴散性思考。保持正向心境，重視其他人的貢獻，這樣大家才能繼續一起進行深度思考。運用「開放空間」，也鼓勵大家為構想的實施擬定明確計畫。

  自創問答——透過開發「如果這樣，會怎樣？」的諸多選項，掃除障礙並改變你的做法。

  飲食——以吃來促進彈性。新鮮最好，選擇米食（不要

老是吃麵包），吃有油脂的魚、可可含量70%的黑巧克力，還有香蕉，以提升創造力。嘗試異國風味與食譜，讓自己釋放出更多的多巴胺。

運動——走路有利於身強體健，變化你的訓練計畫，記得在健身前後做伸展運動很重要。

現在，讓我們來養成習慣：

一早醒來

- 監測緊繃。有意識地掃描身體，做一次你自選的MOT動作。

  觸發點：擺動四肢離開床鋪，雙腳碰到地板時。

- 檢查自己在晚上時可能經歷的任何循環思考；有必要時，運用「覺察情緒」的技巧。

  觸發點：完成你的MOT時。

在浴室時

- 做發聲訓練、滑音，並且用有變化的口氣從星期一唸到星期日，幫嗓音暖身。

  觸發點：打開水龍頭時。

離開家門時

- 走路上班，或中間有一段路是用走的，藉此鍛鍊身體（買一個後背包，讓身體在走路時保持平衡）。

  觸發點：關上前門，打開計時器時（你也可以把關上前

門當成那天培養姿勢技巧的觸發點，如果是這樣，只要把這兩個觸發點以對你有效的順序加上即可）。

上班途中

- 運用「轉換關係」為當天的人際互動做準備。詢問自己，你需要了解哪些人的觀點，他們可能會有什麼想法和感覺？確定其中哪些部分需要你彈性調整自己的行為模式。檢視或仔細想想當天的行程；想像這些人的臉——何時／和誰相處較可能讓皮質醇升高？
  觸發點：抵達途中某個特定地標或地點時。

上班時

- 在辦公桌前坐下來前，先練習一個彈性動作。
  觸發點：把包包放在椅子上時。
- 坐下來後，馬上做一個「軀幹扭轉」，左右各一次。
  觸發點：坐下時。
- 開會時，運用彈性的嗓音與儀態。
  觸發點：你的手碰觸到會議室的門把時。
- 擴張你的「泡泡」，涵蓋整個會議室，並且在走進去坐下來時，「張開你的網」，和每個人都有眼神接觸。
  觸發點：打開門進入會議室時。
- 一整天都要用MOT檢查你的熱點，用自選的動作當療法，每小時活動一次。
  觸發點：當你的手機、手錶或活動追蹤器預設的提醒發出通知時。

- 做簡報時,與聽眾建立連結。私下練習你要說的前面幾件事,拉長母音,與你要說的話語建立情感連結。加入一些故事,提振催產素和多巴胺,讓你的簡報更引人注目。

  觸發點:簡報開始前30分鐘的鬧鈴響起時。

午餐時

- 午休前收工時,練習「自然呼吸」,「吐」出一口氣,製造如釋重負的感覺。

  觸發點:登出電腦時。

- 如果你是在午餐時間健身,要做鍛鍊前的彈性動作,以及鍛鍊後的伸展動作。

  觸發點:打開訓練器材並起身鍛鍊時,以及完成鍛鍊關閉訓練器材前。

- 選擇米食為主的午餐,不要老是吃三明治,最後吃一根可以提振血清素的香蕉。

  觸發點:排隊買午餐或在家煮飯時。

下午

- 將「自創問答」應用在某個需要擴散性思考的狀況,發展出一系列選項和點子,把這個技巧用來解決下午遇到的其中一個問題。

  觸發點:午餐後,坐回辦公桌前,到某個非正式的區域待5分鐘。

- 針對會議,問問自己能有什麼不同做法。運用你的創意與創新檢核表,想想如何營造有利於創意的條件。

觸發點：檢視你的日誌簿，並規劃未來一週的行程時。

- 練習「轉換關係」技巧。找到一個你今天想要認識更深的人，寄給對方一則支持的訊息，或是提出對談的請求。

  觸發點：午餐後，再次登入電腦時。

- 離開座位，彎彎身體（下午過了一半時會很有幫助）──「高爾夫揮桿」、「抖動」、「任意扭轉」、「蝴蝶式」、「八字式」、「流動」、「放鬆髖關節」、「放鬆脖子」。

  觸發點：設定下午3點或通常你的能量掉到最低點，鬧鈴響起時。

起身走走時

- 設想幾條你經常走的路線（就算只是走到休閒室也算），並且做好打算，無拘無束地走路，隨意地搖擺手臂、擴張，並且放鬆。可能的話，站起來接電話，一邊走，一邊說話。盡可能地走路，因為這樣有助於問題解決和創意思考。

  觸發點：起身時。

- 坐地鐵、搭乘計程車或兩場會議中間，做做扭轉及「肩膀伸展與放下」。

  觸發點：上公車、計程車或地鐵車廂，當車門關上時。

回家路上

- 練習自然呼吸，釋放一天的緊繃。

  觸發點：走出大樓或在火車／公車上坐下來時。

- 檢視建立信任的行為，例如，叫出對方的名字、管理你

那一天設定的期望，想想明天有哪些人際關係需要多做努力。

觸發點：坐在火車／公車上，做完十次自然呼吸後。

- 運用「覺察情緒」來處理當天的情緒，有所理解，並且在心理上演練新的行為。

觸發點：完成人際關係的檢視後。

晚上

- 如果你是在晚上進行例行健身訓練或遛狗，在健身前或在公園時，加上某個連續彈性動作，之後則做「彈性伸展運動」。

觸發點：走進公園／遛狗時；做完運動／走路結束時。

在家裡

- 換掉上班服，做做「抖動」釋放當天的情緒，當作從工作轉換到居家的標記。

觸發點：關上衣櫥時。

- 享用會使人釋放多巴胺的食物，如蛋、魚、水果、有機肉類、堅果、蔬菜，加上也能釋放腦內啡的辛香料和香草。想像它嚐起來有多美味，那週都優先吃新鮮食物。

觸發點：買菜／決定要吃什麼時。

煮飯或用餐時

- 「旁若無人的跳舞」──播放一些音樂，隨興地舞動，享受這個節奏，感覺你的血清素和多巴胺提振。

觸發點：關上櫥櫃門／把切好的蔬菜丟進鍋裡時，諸如
此類。

- 運用「轉換關係」給予並獲得家人、朋友的支持，聊聊
那天各自有什麼事發生。
觸發點：坐下來吃飯時。

- 飯後犒賞自己幾塊可可含量70%的黑巧克力，用來提振
血清素。
觸發點：飯後坐在沙發上時。

加分題：

- 只要你注意到防衛或落敗心理出現，就把「轉換關係」
技巧應用在棘手的對話上，打開你的鏡像神經元，設法
了解對方。
觸發點：感覺到皮質醇升高，被情緒帶著走時。

- 練習「自然呼吸」——轉換到下一個任務之前或在轉換
當中，吐出如釋重負的一口氣。
觸發點：注意到自己極度專注且僵固時。

- 用故事來激勵他人，拿出你的個性與創造力，吸引眾人
目光。
觸發點：如講到第十五張投影片，看到大家眼神呆滯時。

- 當你改變想法時，運用MOT拋開不重要的小細節。
觸發點：注意到身體裡的緊繃開始出現時。

挑選五個你認為對自己最重要的彈性技巧，不過務必納入
「自然呼吸」技巧和MOT／彈性動作，因為它們是基本功。

一旦選定五個技巧，就要找到清楚明瞭的觸發點，也就是一天當中，你能刻意加入這些習慣的時刻。謹記在心，不管觸發點是什麼，都必須簡單又容易落實。

記下你的彈性實施計畫和**觸發點**。

演練七天

用第一個星期來實驗對你有效的技巧。記得，在幾個地方做出小改變，加起來即可成就更大的整體改變。第七天結束，你就能很好掌握這些技巧的應用知識，並且探究出融入生活之道。這套例行常規也要配合你在週末的作息做調整。

實踐彈性

一旦經過練習，也設定對你最有效的技巧，這個月剩下來的時間就輕鬆了，因為你已經有了一套萬全的計畫養成新的彈性習慣。你選擇的這些技巧，應該能容易地和你正在用的力量技巧並行不悖。享受將彈性技巧融入生活的樂趣，以便自己能釋放緊繃、多動一動、積極地處理情緒，並且善用你的聲音、儀態及自我覺察，建立高超的人際關係，同時在過程中發揮創意與創新。你會一天比一天變得愈來愈有身體智能。

現在，是時候來談一談復原力了。在下一篇中，要探索如何在身體、心理及情緒上培養更健全的生活態度，讓我們能從挫敗中快速反彈回升，並在過程中學習成長。在下一篇最後，你可以將復原力技巧與力量技巧、彈性技巧融合在一起，如果覺得持久力對你來說優先性更高，也可以跳過這一篇。

Part III

讓自我更強韌的
復原力

做你做不到的事。失敗了，再試一次，然後做得更好。從來沒有挫折過的人，也是從來不敢冒險的人。這是屬於你的時刻，放手去做吧。

——歐普拉·溫芙蕾（Oprah Winfrey）

2013年時，律動企業針對100名來自各行各業的受訪者進行調查，想知道身體智能如何幫助他們更快從打擊裡復原。其中有77%的人不知道如何面對額外的壓力；換句話說，他們缺乏復原力。復原力是我們在身心靈面對逆境時盡量適應、成長，並從中學習的能力。

技術供應商運用身體智能鹹魚翻身

除了個人外，企業也有復原力低落的問題，特別是長時間績效不彰時。某家技術供應商的會計部門就遇到瓶頸，科技進步帶來的新競爭，意味著該部門必須揚棄舊觀念，擁抱新潮流，但是人人意興闌珊。於是，公司採取身體智能的技巧在部門內創造團結、互信、樂觀的氛圍，充分實踐如何在團隊與組織內營造正向的動能。

後來出乎大家意料的是，該部門成為公司年度最佳績效部門，成長率高達兩位數。身體智能讓人與個人目標產生連結，進而擁有責任感。自從運用身體智能的技巧後，員工的業績紛紛表現出眾，與客戶之間

> 的關係也有大幅改善。正如公司總經理事後所說的：
> 「感謝身體智能，我們才能在激烈的競爭中交出亮眼
> 的成績單。」

復原力低落是長期感到威脅的結果，威脅感通常來自改變、失去、傷痛、創傷、失望，或是經年累月面對高壓挑戰，卻缺乏他人支持。

透過身體智能，我們能主導自己對壓力的反應，並從中成長。如果能從中學習，長時間的高壓和挑戰反而能提升我們的復原力。本章將分享幫助你放鬆、保持樂觀、放下過去，以及給予與接受支持的各種技巧。

遺傳基因也對復原力有影響，我們都知道血清素會改變人的心情和行為。好幾份研究血清素轉運子基因（serotonin transporter genes）的報告都顯示，該基因是兩個長短不定的基因，如果兩條都短，陷入焦慮和缺乏信心的機率偏高；一長一短的人情況較好，但是也有心理脆弱的傾向；兩條都長，無論環境如何，你大概都能勇往直前。

然而，人的表現不只是取決於基因。亞利桑那大學（University of Arizona）的布魯斯・艾利士（Bruce Ellis）和英屬哥倫比亞大學（University of British Columbia）的湯瑪斯・波伊斯（Thomas Boyce）在2008年時提出「蘭花／蒲公英」（Dandelion/Orchid）兒童理論，目前已經看出這和孩子的血清素轉運子基因，以及生長環境之間的關聯。「蒲公英」兒童具備兩個長的血清素轉運子基因，較能樂觀面對環境並適應變

217

化。兩個血清素轉運子基因都短的通常是「蘭花」兒童，如果疏於照顧或被粗暴對待，長大後較容易憂鬱，產生藥物依賴或入監服刑；但是如果得到適當的關懷與支持，蘭花兒童通常能成為最快樂也最成功的人，重視他人的鼓勵和建議，成就也勝過蒲公英兒童。現在有愈來愈多人相信，成人的復原力也可以改變。那些運用復原力技巧克服低潮的人，最後不僅復原力較高也較成功。

當我們缺乏復原力，腎上腺就無法對壓力做出正確反應。腎上腺的任務是保持行動力，但是在缺乏休息的情況下，毒素會開始在身體和大腦中累積。像是開車時把油門踩到底，於是引擎不斷加速，如果你突然改踩煞車，卻不留給引擎充分的反應時間，又很快再踩下油門，車子很快就會出狀況，腎上腺也是這樣。

想擁有最高的復原力，皮質醇含量必須恰到好處，不多也不少。壓力來臨時，需要腎上腺分泌較多的皮質醇，提升面對挑戰的能力；壓力過後，則希望腎上腺能透過放鬆，恢復到正常狀態。皮質醇長時間的過度分泌，可能會導致腎上腺疲勞（adrenal fatigue）或身心枯竭（burnout），重度身心枯竭甚至會有生命危險，需要馬上就醫。幸好雖然常常聽到「過勞」一詞，但大多數人只有輕度身心枯竭。不過，現代人的生活步調緊湊，輕度腎上腺疲勞比我們以為的普遍許多；如果你經常有精神狀態低落的情況，請尋求專業醫護協助。

想要避免輕度身心枯竭，能否察覺自己「超載」是非常重要的。超載是指你無法停止自己加速往前衝。即使不間斷地工作，缺乏休息，但是你的情緒反而始終處於亢奮狀態，很快身

體就會對你發出警告。你可能會心跳加快，臉色慘白，消化系統出毛病，經常感冒，而且開始犯下一些微小的錯誤。

有一些人超載時會經常覺得低度焦慮，這是因為高皮質醇讓身體充滿腎上腺素，隨時處於緊繃的狀態。

對自我懷疑說不，成功克服演出焦慮

知名的芭雷舞者費麗在舞台上總是從容不迫，但她告訴我，年輕時曾有嚴重的舞台恐懼，每到演出的前一、兩個晚上，總是無法入睡。在應該好好休息時，大量的腎上腺素讓她心跳加快又極度焦慮。直到有一天，紐約的友人問她，是否曾試著對腦海裡的焦慮聲音大聲說：「不。」於是，某次她又因為產生各種焦慮念頭，心跳加快時，就大聲而堅定地說：「閉嘴，這些想法都不是真的。」從此以後，費麗奪回身體的主導權，不再對荷爾蒙束手無策。

「對焦慮和懷疑說不，其實也表示我了解自己並不完美。」費麗說：「但是我有天分，能透過舞蹈傳達給他人，這才是我真正在做的事，奉獻自己的心靈，這是一件美麗的事。人們透過各種方式奉獻心靈，我的方式剛好就是跳舞。」

從此以後，費麗的演出焦慮大幅減輕，她的演出也提升到更高的境界。

血清素、催產素、DHEA、睪固酮、多巴胺、乙醯膽鹼全都對復原力有影響，這些化學物質各自用不同的方式，和皮質醇與腎上腺素交互作用，並且協助雙方的平衡。

對復原力而言，血清素就像一層能夠吸震，然後恢復原狀的護墊，降低外界對我們內在的衝擊。血清素高時，我們會肯定自己對世界的價值，並且盡快走出低潮。當皮質醇上升，血清素就會下降，於是自我價值感也隨之消失；我們容易退縮逃避，因為身體正處於受到威脅的狀態。血清素與褪黑激素（睡眠所需的化學物質）是近親，這也就是為何高皮質醇且低血清素時，通常會導致精神緊繃或睡眠品質差。

催產素的分泌則會隨著個人對自己社會連結品質的評估而變化。當皮質醇上升，內心較容易感到孤立，因為全部心力都集中在自己的問題上，不是過度依賴他人，就是完全不開口求助。高皮質醇也會影響我們的溝通方式，復原力低落時容易對人發怒。提升催產素分泌的方法，包括幫助他人、坦誠以對、進行建設性溝通，良好的社會連結也能降低皮質醇分泌。

DHEA是長期心理穩定度的基礎。如果皮質醇的分泌長時間過高，DHEA會緩緩下降。DHEA高的話，皮質醇的分泌就會自動調節到適當程度，腎上腺也會正常運作。請記住，定速呼吸練習能促進DHEA分泌，對我們的復原力和心理素質有重大幫助，前面所提的各種呼吸技巧都有效果。

睪固酮是力量來源，有過度反應傾向的人，每當皮質醇上升時，睪固酮也會跟著水漲船高。復原力低的人可能就會開始到處找人發洩，變得蠻橫專制。反過來說，傾向壓抑反應的

人，每當皮質醇分泌時，睪固酮反而會下降，於是他們安靜地自我隔離，內在出現崩潰，同時迫切希望從問題中解脫。

多巴胺能帶來我們尋求的慰藉。與懲罰相比，每個人都喜歡獎勵。復原力就是能夠改變自己的心態與情緒，從感覺被懲罰到覺得受到獎勵。當多巴胺下降，而我們所處的環境缺乏任何獎勵時，皮質醇便會開始分泌，造成我們對現況悶悶不樂。如果不想一輩子都在逃避，就必須面對自己不喜歡的事並從中學習，以培養我們的復原力。

乙醯膽鹼對人體的療癒和放鬆非常關鍵。療癒式呼吸（第14章）、按摩、擁抱與撫摸寵物，或只是暫時閉上眼睛安靜片刻，都能促進乙醯膽鹼分泌。有意識地規劃休養時間，是打造復原力的重要步驟。舞蹈家、運動員、護士、機長、準備考試的學生等，對許多人來說，在努力和休養間取得平衡是維持優異表現的重點。從事休閒活動是人類基本需求，也有益於負責分泌乙醯膽鹼的副交感神經系統。

最近你做了任何培養復原力的事嗎？佩頓的工作已經讓她過了好幾年空中飛人的生活，出差的時間幾乎和在家一樣長。早先時候，如果她在飛機上沒有做任何工作，心裡總會覺得自己缺乏效率，甚至懷有罪惡感。然而最後她發現，在陸地上屬於自己的時間實在太少了，在空中必須做自己想做的事：看書、聽音樂或看電影。過去她總是覺得精疲力竭，自從改變做法後，覺得自己更有活力了。

對工作和生活中的難題保持正面心態，也能加強復原力，對未來懷抱希望很重要。在這部分會談到如何重拾樂觀精神，從失敗中學習，然後放手，重新打起精神面對未來。

　　我們和他人的社交互動與支持，也會影響復原力。孤立感或孤獨感都會削弱復原力。有健全人際網絡的個人或是持續和外界分享資訊的社會與組織，在遇到瓶頸時通常會表現得比缺乏上述條件的個人或團體好上許多。

　　因此，平日就練習和復原力有關的技巧很重要，當壓力出現時才不會措手不及。復原力主要來自以下三方面。

情緒健康

　　情緒能在不同的狀況下，提醒我們應該採取行動，但是緊張、焦慮、懷疑會消耗能量，而自我覺察、認清情緒、尋求建議、掌握情勢則會讓人充滿活力。如果有健康的情緒，身體就會分泌適度的皮質醇來面對挑戰，卻又不會過度分泌而導致超載的情況發生。我們要學會對失敗放手，從錯誤中學習，並發展能滋養你的互信互助人際關係。

心理健康

　　如果內心充滿各式各樣的雜念、想法，很多精力都會花費在無意義的思緒上。剛剛分享了費麗如何克服舞台恐懼的故事。其實在日常生活中，大量的資訊很容易讓人分心或無法應付，我們必須學會專注。大腦是消耗很多能量的器官，需要充足的氧氣，因此有效地呼吸練習能幫助打造健康的心理，本章之後會介紹的冥想和正念也會有所助益。

生理健康

運動絕對是支持心理健康和情緒健康的大補帖。副交感神經系統能自生理疲勞中恢復，也能讓人從心理與情緒壓力裡復原，如果這套修復系統失靈，生命中的困頓所造成的打擊將會嚴重許多。規律運動可以培養復原力，平衡皮質醇分泌，提升血清素含量，並促進腦內啡釋放。要打造復原力，一天內應該運動至少三次，讓心跳加快後平復下來，強迫副交感神經系統運作。我們會在營養與健身章節中說明該怎麼做。即使像爬樓梯上班、快步走到車站，或是跑步遛狗，這些小小的改變都能在忙碌生活中維持你的復原力。

運用復原力戰勝壓力

身為金融服務公司的部門主管，菲力浦早已習慣忙碌的生活，負責處理因為金融危機而日益繁雜的金融法規。身為公司最有經驗的資深主管之一，除了管理自己的部門外，他還接手一些其他的業務。忙碌的生活大量消耗菲力浦的時間和腦力，壓力也愈來愈大，最後菲力浦靠著自身的身體智能改善問題。

他說：「戴爾教我的特殊呼吸練習能減輕壓力，也告訴我其他管理壓力和心態的技巧，像是伸展、放鬆、監控心跳等，身體智能將許多日常生活的行為提升到另一個層次。戴爾還提供幾個振作精神的實用辦法。現

223

在我每天出門前，一定會把肩膀往後，頭抬高，整理思緒，並集中精神。」

面對自己的弱點也是培養復原力的一部分，我的姊姊吉莉安出生時罹患脊柱裂，脊椎有一部分閉合不全，於是外露。脊柱裂通常會造成下肢癱瘓或一些學習障礙，幸運的是吉莉安的認知能力完全不受影響，但是她在孩提時代為了改善健康和行動力，曾做過多次脊椎手術，有時候手術後，她必須躺在床上六週，胸部以下都包覆著石膏。

我的家庭非常幸福美滿，但也夾雜著許多擔憂。幼兒有時會產生不合邏輯的想法，像當時 5 歲的我就認為吉莉安生病是自己的錯，而我應該想辦法解決。因為我熱愛跳舞，看著姊姊臥病在床讓我懷有罪惡感。成年以後，拋開這股焦慮並從中成長學習，就是我復原力培養之旅的一部分。

每個人的過去都會影響自己的復原力，隨著加深自我認識，然後更有技巧地面對，就能提升復原力，也能活得更好、更快樂，展現最好的自己。

現在，我們先了解為什麼放鬆和恢復能增加復原力，然後學習一些能轉化忙碌生活的技巧。

14 放鬆和恢復

如何在快轉高壓的生活裡放鬆

> 當你沒時間休息時，就是你真正需要休息的時候。
> ——新聞工作者西德尼·哈里斯（Sydney J. Harris）

雖然休息對復原力很重要，但是許多人的生活卻忙到抽不出時間放鬆。通常我們好不容易終於放假時，身體就會出現感冒症狀，或是把整個假期都花在平復壓力上。進步的科技讓人難以暫停與外界的溝通，因此我們必須想辦法在日常生活中加入一些幫助放鬆和恢復健康的活動。

放鬆能刺激人體的副交感神經系統，並且促進乙醯膽鹼分泌，進而抵擋腎上腺素與皮質醇的副作用。前面曾提到，有強健的副交感神經系統和迷走神經系統，才能確保乙醯膽鹼穩定分泌。乙醯膽鹼能讓身體回到平衡狀態，改善學習能力與記憶力，以及擁有在壓力下保持冷靜的能力。我們該做的就是創造規律的微放鬆時間，從幾個呼吸到泡澡的時間都行。

放鬆不該只在假日，而是每天都應該聰明運用時間和精力，讓自己從壓力中回復。呼吸練習很重要，特別是在高壓活動之間的空檔，就算只是停下腳步好好呼吸都有幫助；否則缺乏乙醯膽鹼的制衡，腎上腺就會持續不斷地分泌腎上腺素。

下班回家的路上其實是很好的放鬆時間，通常我們到了這

個時間已經是滿腹牢騷了，當車廂擁擠又塞車時更是如此。如果能把這段通勤時間的低落心情轉化為愉悅，就會有很好的成效。追劇或是看紀錄片都好，只要看一些輕鬆有趣的讀物或是聽聽喜歡的音樂，體內的多巴胺就會上升。

低復原力的人常犯的最大錯誤是，不安排休息和恢復的時間。在他們的行事曆上通常看不到放鬆的行程，也沒有放假這回事。然而，看看高復原力的人的行程表，就會發現他們通常把休息時間與放鬆活動排入計畫裡：每週一次的按摩、和老友相聚、社交聚會等。別當那種永遠不肯放假，堅持燃燒自己的苦情犧牲者。做一個有意識能察覺超載，然後進行調整的人，也做一個知道怎麼休息的人。

對我來說，工作和生活都是同一系統的一部分，無論做什麼工作，都會認真以對，竭盡所能，這種態度也是復原力的基礎。我會休假，但是現在已經不再把放假當成唯一的解方，因為懂得運用身體智能的技巧，在工作時抽空放鬆。有時候，換一個不同的環境也能帶來放鬆的效果。只要有心撥空讓自己喘一口氣，就算是每天例行的遛狗也能帶來療癒的力量。

生活絕招：當你發現生活非常緊湊時，想辦法在行事曆上找出空檔，然後寫下「REST」。在這段 REST 的時間裡，要確實放下手上的工作，好好吃，好好睡，寵愛自己。先在行事曆上標記，也可以提醒自己不要在這段空檔安排其他的事。

　　當我們處於非常忙碌、高壓的狀況下，晚上的時間似乎永遠不夠用，如果你的工作範圍橫跨各個時區，24小時都有人找你時更是如此。這時候小酌一杯，放鬆自己，顯得非常誘人，因為效果快速。其實療癒式呼吸和循序放鬆（稍後將會介紹）的效果一樣好，而且培養自己運用身體智能來自我放鬆的能力，絕對會讓你受用無窮。

　　當父母的人更要認真安排充足的休息時間，因為父母的週末通常是花費在孩子身上，或是陪伴年邁的雙親。然而，照顧家人或和家人社交相處，並不是你的復原時間，就算是最喜歡社交互動的人也需要獨處。所以，請從親友團裡找人，在你休憩時暫時代打，下一次再換你幫其他人代打做為回報。我們建議每個週末給自己2小時獨處的時間：散步、按摩、睡午覺、冥想、讀一本好書。你必須花些心思，才能規律地安排獨處時間，而這對復原力非常重要。

　　我的諮商客戶萊恩長期以來缺乏放鬆和回復的時間，他在星期一到星期五的行程沒有喘息的空間，週末則是用來滿足家庭成員的需求。經過深入討論後，他下定決心每個月為自己安排一次土耳其式理髮，搭配肩頸按摩。萊恩說：「現在這已經成為我的固定行程，整個過程讓我放鬆，並且感覺平靜。」

　　想要一直維持在最佳狀態，就必須不斷地鍛鍊復原力，面對困境才能站起來。擁有活力和樂觀態度的其中一個辦法，就是努力保持清明的心智。

如何保持心智清明？

赫伯‧班森（Herbert Benson）醫師於1975年出版《哈佛權威教你放鬆自療》（*The Relaxation Response*），這是西方世界第一本認可冥想有醫療效果的書籍之一。近幾年來，個人與企業紛紛關注冥想這件事，大家也愈來愈接納班森的建議。正念訓練協助美國海軍陸戰在極度高壓的情況下做出較好的判斷，而且士兵也運用超覺靜坐來治療創傷後壓力症候群（PTSD）；英格蘭銀行（Bank of England）提供行員正念訓練；而Google也安排「探索自我」（Search Inside Yourself, SIY）的公司課程。冥想是一個能讓我們從壓力中恢復的簡單技巧。

提升免疫系統

每種冥想技巧對人體的免疫系統都有很大的幫助。日本東京大學和岡山大學在2015年的研究顯示，冥想對口鼻與肝膽黏液中的分泌型免疫球蛋白（Secretory Immunoglobulin Antibody, SIgA）數量有正面影響。分泌型免疫球蛋白能增加這些黏液的濃稠度，增加病毒侵入人體細胞和血管的難度。在實驗中做冥想的實驗組與沒有冥想的對照組相比，黏液組織較濃稠，分泌型免疫球蛋白也較多，代表免疫系統較好。想要進一步了解各種不同冥想的科學原理，可以看看班森醫師的《哈佛權威教你放鬆自療》、史蒂芬尼‧珊蒂（Stephanie Shanti）的《心靈的囚徒》（*Prisoners of Our Own Mind*），也可以試試MUSE這個偵測腦波的頭帶與應用程式，能幫助自己找出冥想

時的生理變化。

　　除了冥想外，我們也需要反思才能在生活中有意識地做出選擇。當佩頓和美式足球員巴恩斯聊到這件事時，她發現原來巴恩斯有一套放鬆和恢復的策略。巴恩斯會**安排**自己反思的時間，他相信這是看清未來的好辦法，他說：「你需要時間好好想清楚自己在做什麼，過去幾天做了什麼，如何運用自己的時間，對某些事有什麼感覺。同時也要思考這幾點加總起來，對你的心靈和情緒有什麼影響。社會的步調太快，於是大家只在乎眼前的回報，反思這項傳統已經失傳了。」

訓練開始：放鬆和恢復

練習：循序放鬆

　　即使覺得自己處於放鬆狀態，通常肌肉還是有殘留的緊繃，而且呼吸短促。「漸進式」或「循序放鬆」技巧是美國醫師艾德蒙・傑克森（Edmund Jacobson）在1930年代提出的，他是第一位證實這項技巧能有效改善失眠與高血壓的人。先緊繃再放鬆肌群，能徹底放鬆肌肉，這項簡單的練習不管是在通勤的車廂上或睡前都可以做。

　　依照身體肌群的順序，呼氣時繃緊，吸氣時放鬆。大多數人喜歡在吐氣後用5秒繃緊肌肉，維持緊繃狀態一會兒，最後吸氣，然後再用5秒放鬆肌肉，按照以下身體肌群的順序：

- 腳趾、腳掌、腳跟、腳踝。
- 小腿、膝蓋、大腿。

- 臀部、後背、下腹肌肉。
- 背部中段與腹部中段肌肉。
- 上背、胸部、肩膀。
- 手臂、手掌、手指。
- 頭、頸、臉、下巴。
- 全身。
- 最後，靜靜地坐、站或躺，想像你的肌肉裡有很多小細砂從毛孔中流出，排光所有的緊張。

放鬆反應

冥想練習能改變與壓力相關的腦波，我們不想要紊亂的 β 波，但是想要 α 波、θ 波、δ 波，因為它們能讓人放鬆冷靜。根據班森醫師和許多學者對冥想的研究，經常冥想者的腦波明顯與鮮少冥想者不同。

練習：放鬆反應（班森醫師的建議）

- 放鬆，特別是眼部肌肉和下巴。
- 選擇一個詞彙，像是「一」或「流動」。
- 無聲地吸氣，一邊吐氣，一邊重複默唸所選的詞彙。

你可以在感覺壓力太大時做這項練習，也可以固定在行事曆中安排10分鐘放鬆反應。重點是讓自己逐漸習慣放鬆反應，最後內化為你的一部分。

練習：另類冥想呼吸練習

細數每次吸氣和吐氣，從一到十。

- 吸氣，心中默數一。
- 吐氣，心中默數二。
- 吸氣，心中默數三，以此類推，數到十。
- 然後，從一開始（重複此練習共10分鐘）。

療癒式呼吸練習

當你發現自己已經被事情淹沒，或是心跳加快、感到身心枯竭時，請**馬上**進行療癒式呼吸練習，而且要**持之以恆**，否則你將無法做出最佳判斷。

包括英國哈利街上心理醫師在內的很多醫師，都已經採納這項練習來幫助那些日理萬機、位高權重的客戶走出身心枯竭的狀態，重新振作精神。一般來說，從過勞中走出來的人變得更堅強也更靈活，在工作上的表現也有10%的進步。延長吐氣時間可以幫助肺部排出更多有毒的二氧化碳，也挪出更多的空間納入氧氣，在心中默數則能強化你的控制。

練習：療癒式呼吸

- 把兩根手指放在手腕或頸部的脈搏處，計算1分鐘的脈搏數，寫下結果。
- 找地方斜躺或平躺，雙臂放鬆，手掌放在大腿上。
- 盡全力長吐一口氣。

- 深呼吸。
- 暫停一下。
- 吐氣並默數一到十（數的時候，在大腿上的手指同時一根一根地輕按）。
- 吐出所有殘餘的氣。
- 重複十次。
- 重新測量脈搏，這時候脈搏應該已經下降了，呼吸練習能改變你的生理狀態，並且指揮身體恢復冷靜。

療癒式呼吸應該經常練習，因為身心枯竭是嚴重又有生命威脅的狀態。一旦陷入身心枯竭，除了執行全套身體智能練習外，請找醫生尋求醫療建議。身心枯竭的症狀包括經常性恐慌、時常覺得不知所措、感到孤立、焦慮、不快樂、心跳經常不受控的加速、哭泣、異常疲勞、突然大冒冷汗。

REST

R——放假（Retreat）
E——飲食（Eat）
S——睡眠（Sleep）
T——犒賞（Treat）

放假：每個人都需要在忙碌的生活中撥出時間放假。假日和週末很重要，因為這是腎上腺能充分養精蓄銳的時間。挪出時間進行以下建議的活動，挑出你喜歡的幾項，然後在看完本

章前就排進行事曆裡。

- 午睡。
- 郊外踏青。
- 練習療癒式呼吸。
- 游泳。
- 瑜伽。
- 伸展肢體。
- 參加放鬆課程。
- 晒太陽。
- 和親朋好友相聚。

飲食：沙拉和陽光是最佳拍檔，不管是出國度假或在家休息，甚至是任何一天，試著挑戰以下幾件事：

- 花時間料理新鮮的食物、肉類、魚類、蔬菜等，嘗試新的健康食譜。這麼做不僅能讓人心情愉悅，促進多巴胺的分泌，還可以幫助平日辛苦的肝臟恢復健康。
- 喝大量的水。
- 吃甜菜根，能幫助清除肝臟毒素。
- 和你的營養師一起找出能夠活化副交感神經系統的非酒精養生飲料，鎂和洋甘菊的綜合飲品效果一流。

睡眠：很多人知道人體最佳睡眠時數是7至9小時，但許多人仍睡得遠遠不足。

- 每天都早早被鬧鐘叫醒，對腎上腺是一種負擔，所以一週中請挑選幾天允許自己睡到自然醒。從睡眠時數來看，可能只增加0.5小時到1小時，但是其實很有幫助。因為自然清醒時，皮質醇（早上叫我們起床的化學物質）和褪黑激素（幫助睡眠的化學物質，也是快樂分泌物血清素的近親）會重新平衡，而且睡眠時大腦中進行的清掃恢復也能完成，不會被打斷。如果能持續一陣子都睡到自然醒，你的大腦與身體都會覺得神清氣爽，身體發炎現象降低且逐漸修復。
- 安排完全不需要鬧鐘叫你起床的假期。

犒賞：「犒賞」有兩種：一種剛開始感覺不錯，但是過一陣子後身體會有點上癮（如糖和酒精）；另一種則是真正能涵養身體健康。盡量減少上癮型獎勵，多多選擇後者。好的犒賞能促進多巴胺（帶來愉悅和鼓勵的化學物質），以及血清素（令人快樂的化學物質），例如：

- 讀一本精彩小說。
- 吃一頓健康的大餐。
- 按摩。
- 溫暖有交流的對話。
- 泡個舒服的熱水澡。
- 逛逛畫廊。
- 出門跳舞。

• 來一場運動競賽。

　　徹底遵守REST並樂在其中或許並不容易，畢竟我們還是踩在油門上，要如何輕踩煞車但保持車子平衡，需要一點時間和技巧。不過，你現在已經知道REST方法，無論是在緊急情況下或有計畫安排的時間裡都可以好好利用。

　　截至目前為止，我們已經徹底檢視放鬆和恢復的習慣，接下來要更進一步探討個人態度與復原力的關係。我們該如何培養既實際又樂觀的心態，並且明白負面事件的處理其實對自己有很大的影響呢？下一章將會有答案。

練習樂觀的機制

如何養成強健的心態？

（我試著尋找關於樂觀的名言警句，但卻一無所獲，於是詢問兒子安格斯，覺得什麼是樂觀，以下是他的看法。）

樂觀不應該是逃避問題的藉口，而是幫助你解決問題的工具，然後告訴自己「我做得到」。

——安格斯

現在要深入探討一些較困難卻很有效果的技巧，能幫助我們在面對挑戰時重拾樂觀態度。生活順心如意時，很容易保持樂觀，但是受到打擊時，樂觀通常會率先消失無蹤。有時候身邊的所有事情似乎都不受控制，因此需要運用技巧拿回生活的主導權。心裡感到懷疑或悲觀時，我們的自我防衛心就會跳出來說：「別浪費氣力了……多一事不如少一事……你以為這種好事會發生在自己身上嗎？……別引人注目……搞不好我這一次會搞砸一切？」然後又有典型的「冒牌者症候群」（imposter syndrome）火上加油地補充道：「大家是不是會看出來其實我不夠格？」這些都是自我定位低落時，容易產生的念頭。相反地，如果覺得自己做得很好，就會以自己為榮，感覺自己值得存在這個世界裡。

血清素、催產素、多巴胺是樂觀的關鍵成分。當挫折發生時，我們的自尊降低、夢想幻滅，也害怕社會地位改變。在這種心情下，要採取行動繼續向前走其實很不容易。有人害怕失去升遷的機會、有人害怕無法就讀理想的大學、有人害怕無法達成父母的期望；演員害怕再也沒有演出機會來敲門；運動員害怕體能衰退，被後起之秀打敗。在 Part I 中，我們分析正確判斷和從錯誤中學習，如何深深影響競爭結果與自信的化學作用。樂觀的化學作用必須提升對自己情緒的體認，鼓起勇氣面對負面情緒，加強身體的覺察能力，並且轉換心態。

學習心態

心理學家卡蘿・杜維克（Carol S. Dweck）針對成長心態和定型心態的研究，改變了世人對樂觀的看法。成長心態的人將失敗視為成長的契機，並不會因此喪失自信，他們樂於接受建議，認為這能指引學習方向，比單純好或壞的批評有用許多。

生活絕招：找一個你曾犯下的錯誤，假裝手裡有一台相機，放大後定格在犯錯的你身上，記住當下心中的強烈感受。現在焦距調遠，從遠處來看，包括所有過去與眼前的事件，找出所有讓你犯下錯誤的原因。認清你並不是唯一一個，其他人也曾經或正在經歷類似的情況，然後下定決心保持好奇心，持續學習。

　　培養學習心態的技巧，我們稱為「正面反彈」（Bounce Positive）。練習重點在於能夠視所有事件為學習的機會，然後發展堅定卻又實際的樂觀想法。就像哲學家哥特佛萊德・威廉・萊布尼茲（Gottfried Wilhelm Leibniz）的主張，所謂樂觀就是相信這個世界已經是「最好的世界」。

　　在本章中，會說明如何提升體內的血清素、催產素、多巴胺含量，如何有效處理負面事件，還有如何在生活裡充分運用學習心態。

　　對於事件的詮釋直接影響我們對世界的看法，我們可以學習如何抱持務實的樂觀，這是能帶來最佳情緒健康的態度。研究顯示，樂觀的人平均薪資所得較高，也較有毅力完成任務，甚至免疫系統也較為健康。然而也要注意的是，極度樂觀的人較容易中風，也有不準備緊急預備金和退休金的傾向。

　　人的記憶有很大的程度會受詮釋角度影響。杏仁核這個大腦的情緒中樞，是腦中最快產生反應卻也最不精確的器官。杏仁核很靠近儲存記憶的海馬迴，會把當下發生的每件事拿來和過去的事做比較，自行判斷是否受到生存威脅。我們必須學會如何辨別這些不理性的受威脅反應，然後加以克制，改用務實樂觀的態度來回應事件。

　　在事情發生前就先接收到他人預示，也會產生影響。腦神經學家莎拉・班特森（Sara Bengtsson）在2011年的研究顯示，當學生在進行實驗任務前，被告知他們「不聰明」時，較不願意從錯誤中反省學習；如果學生在進行實驗任務前，被告知「聰明」，則會表現較好且反省時間拉長。要培養復原力和樂觀，我們必須控制這種預示效應。

　　每個人的腦海裡也會出現數個來自過去的聲音訴說著不同的故事，造成內心的衝突。我們必須知道這些聲音來自誰、從何而來、該聽哪一個，還有要怎麼整合好幾個版本，唯有如此，才能獲得內在平靜。

訓練開始：樂觀的養成

　　你將學到五種激發樂觀的技巧，分別是「跳躍」（Jump）、「正面反彈」、「我不能／我能」（I Won't/I Will）、「好奇寶寶」（Curiosity Generator）、「落葉」（Falling Leaf），這些技巧需要運用你的想像力，平復身體產生的激烈受威脅反應。

練習：跳躍

　　跳這個動作能改變我們的感受。如果開心地跳，身體也會因為跳躍而**產生**更多快樂的感覺。跳躍的肢體形式能打消挫敗感，因為跳就是一種反彈，向上前進，到達更高的地方，然後回到原點。你可以在地毯、木地板或草地上進行（不能在水泥地上，因為太硬了），有的人甚至會用彈簧墊。隨著年紀愈大，我們愈不會想到跳這件事，所以改變心態是很重要的。這是每天都要做的練習，而且每次練習的時間應該逐漸拉長。（如果你曾受傷或是有其他病史，請在練習前先諮詢醫師。若有任何安全疑慮，請勿做此練習。）

- 找一塊表面有彈性的地板。
- 雙腳站穩。

- 屈膝下彎。
- 使力踩地板，然後跳起來！
- 落到原來站的位置，膝蓋保持彎曲。
- 練習的第一天到第三天持續跳10秒，第四天到第六天跳15秒，然後休息一天。以此類推，直到你每天的跳躍時間到1分鐘為止。練習過後記得伸展小腿。
- 用心感受跳躍如何提升你的樂觀程度。

練習：「正面反彈」

　　我在1993年經常使用這個技巧，那年我的舞蹈事業達到新顛峰，如果沒有做這項練習，我想絕對無法達到當時的成就。當時我正在編排一齣新舞碼「葛蕾絲不優雅」（Grace Not Grace），將於倫敦普萊斯劇院（Place Theatre）的春之舞祭（Spring Loaded）中演出。這次演出象徵我舞蹈事業五年來的成果，所以至關重要。我非常興奮，也十分害怕，思緒經常嚴重影響到創作力，尤其是出發排練或排練結束的回家途中。於是，我每天早晚都會做一次「正面反彈」，重拾對自己與這場演出的信心。倫敦表演結束後，我們的舞被選中代表英國參加一連串在歐洲的藝術季演出。正因為我一路走來保持樂觀的態度，才能徹底享受成功的喜悅。我們的成功實至名歸，我也能抱著愉悅興奮的心情展望未來，不再害怕。

- **狀況**。回憶一個最近讓你覺得對未來不太樂觀的狀況，找出心情受到影響而低落的確切時點，然後讓身心重溫當時的感覺。敘述你所有的生理感受，並且辨

別所有的情緒，把雙手放在你覺得身體的情緒反應最激烈的部位。

- **內心想法**。寫下腦海裡所有的負面想法、指責、假設，像是我永遠做不完這麼多工作、我孤立無援、我不夠格做這件事、我的能力很差、大家會發現我其實不夠好、我應該更堅強、老闆覺得我快要不行了、我是一個差勁的爸爸／媽媽、某人是笨蛋、事情永遠不會有好結果等。仔細看看這些假設和評論有多麼偏激苛刻。（這個步驟可能會讓人不悅，你也可能會出現強烈的情緒感受，但這是必要的。）

- **克服負面想法**。現在把注意力從杏仁核主導的大腦活動，轉移到前額葉皮質的活動，用較客觀的角度來看寫下的每句話。深呼吸，好好處理心中湧現的情緒。

- 用紮實的邏輯**驗證、否定**或**質疑**每個論點。例如，如果你自認「我永遠做不完這麼多工作」，請檢視「永遠」是否恰當，因為這個詞彙表示你已經知道未來才會發生的事。較有幫助的說法是，「手上的工作確實很多，所以必須評估進度，並做好期望管理，我應該安排時間檢視手上所有可能的方案。」這個步驟不是要美化所有的問題，而是正面迎擊，用客觀事實與自我肯定來面對。

- 你也可能會驗證其中一些陳述，像是「預算被刪減」、「我覺得某事很難處理」，這些確實是正確的事實陳述。

- 像「我不夠好」就是能被推翻的論點。首先，這句話過於絕對，難道你真的一無是處嗎？再者，這句話太廣

泛。你到底「哪裡」不夠好？請留心這類不正確的偏激言語，還有它對自尊的影響。

- 有些論點值得質疑，像是「我的老闆後悔把任務交給我」，這句話其實是假設，而且是過度的偏激說法；「丹對我很失望」也有質疑的空間，丹或許心情不好，不過可能是為了其他的事；「這件事不會成功」和「我會把事情搞砸」則是可以質疑也能推翻的，因為不但過於消極，說的更是未來的事，你怎麼可能會知道呢？

- **認清現實**。當你驗證、否定、質疑所有的內在論點後，請正確描述整件事的實際狀況，還有自己真正的處境。通常我們會在腦海中充滿雜音時，貿然做出錯誤的結論；紊亂的思緒就像是會消耗電腦運算能力的惡意病毒。留意自己內心的抗拒，但是堅定地維持立場；公正平衡地看待身處的環境。最後你得出的結論可能會是，「丹今天對我咆哮，我不太清楚到底是怎麼一回事，所以會向他問清楚。另外，我知道自己是有能力的，會在嚴苛的環境裡竭盡所能。」

- **選擇你的行動**。根據最後做出的實際判斷，想一想你會怎麼選擇、採取什麼行動，以及如何更有創意地面對整件事。例如，(1) 在適當的時機和丹談一談；(2) 花 1 小時冷靜地確認所有事情的輕重緩急；(3) 找前輩諮詢該如何管理期望和爭取更多時間。當你一邊這麼做時，可能會注意到心頭重擔慢慢減輕，因為體內的血清素和催產素上升，樂觀度也跟著提高。

- **從中學習**。最後，詢問自己「從這一次的經驗中學到什

麼？以後如何運用？過去的哪件事影響我對這件事的詮釋？以後我該注意什麼才能避免出現類似的反應？」

思考模式會隨著時間改變，而且帶給我們不同的情緒反應與長期態度。我們可以「駭入」自己的詮釋，讓自己做出不同的選擇。隨著練習次數增加，你將能快速地「正面反彈」，在1分鐘內檢視所有的念頭。有時候，新的情況出現讓你產生強烈情緒反應，務必花費20分鐘好好做練習，才能深入了解自己的反應從何而來。

練習：「我不能／我能」

當生命丟給我們無法逃避的功課，例如，疾病、至親死亡、裁員，或是孩子陷入麻煩，拒絕接受是很自然的反應。皮質醇快速上升，整個人變得激動。傾向過度反應的人會覺得怒火中燒，傾向壓抑反應的人則會覺得茫然無助。該怎麼辦？說到底，我們必須咬牙撐過眼前的難關，從心裡接受，變得堅強，然後從中學習。即使困難重重，我們一定要試著找到內心平和，找到採取正面行動的動力。

用我不能／我能面對生命中的無可奈何

很多人都有失去至親的經驗，明白這是多麼難以接受的事。佩頓的母親在82歲時被診斷出罹患膽囊癌末期，只剩下幾個月的生命。所有的醫生都束手無策。

　　起初，總是想要解決問題的佩頓完全無法接受，她寫信給所有可能的聯絡人，上山下海地找解方。一天天，她狠狠地對著現代醫學的極限、她去世的父親，以及死亡這件事咆哮。在這個過程中，佩頓徹底宣洩所有拒絕承認的事，「我不能」。

　　佩頓咆哮時，在空中揮舞雙拳、對天空尖叫、把所有情緒宣洩出來等肢體動作，讓她處理並經歷各種不同的情緒。正因如此，最後她才能放下想控制母親療程的欲望，不再抵抗，接受必然。當佩頓轉念後，心情也變得平和，於是重新把注意力放在「能夠」控制的事情上：在母親家裡為這最後一段路打造寧靜舒適的空間。雖然非常悲傷，但是佩頓終於有能力照顧病痛中的母親。「我能」帶來內在的平和。

　　「我不能／我能」是很有效的個人技巧，能釋放極端的負面情緒，填補上樂觀的態度。

- 找一個能大聲嚷嚷的安全私密地點。
- 把雙手放在身體上情緒反應最激烈的部位。
- 深呼吸，感受你的抗拒有多強烈。
- 把這股強烈的抗拒大聲說出來，或在心裡默唸也可以，「我不要這樣，我不想要如此。」一次又一次重複著類似的語句，充分宣洩抗拒的念頭，直到你無力為止。有的人喜歡推著牆或在空中揮舞拳頭，也有人痛哭。

- 當你覺得無力時就停下來，然後深呼吸。
- 等你準備好後，試著說出「我會面對這件事」或「我會處理這件事」，這不表示你屈服於其他人的要求，或是去做對自己有害的事。你只是在說，接受了事情的發生，也因此會認真面對，冷靜地採取積極行動。有些人在說出口時喜歡站直，挺胸，張開手掌，然後向上看。
- 如果你已經認真執行上述的步驟，應該會確切感覺到原先充斥內心的負面情緒有了變化，你又能好好決定自己該怎麼做。你會採許什麼行動呢？

當你釋放內心的震驚和抗拒後，其實也開發更多自己不知道的潛能，這時候出現在眼前的選項通常會出乎你的意料。

練習：「好奇寶寶」

當你了解如何在各種情況下變得更樂觀後，下一個技巧則是讓好奇心升級成為樂觀和成長心態的基礎。好奇是學習或求知的強烈欲望，有發問的精神通常意味你不會妄下評論或先入為主。敞開心胸讓我們理解各種不同的觀點，也會在衝突的環境下更有復原力。和立場不同的人對話或大家都情緒激動時，好奇心很重要，因為這樣才能找出其他人的想法，然後進一步找出解方。

- 選擇一個你曾經歷的很難理解情況。
- 寫下關於該情況的三個敘述、假設或判斷。
- 注意自己身體的反應，寫下來。
- 注意你感受到的情緒，寫下來。

- 「把鏡頭拉遠」，用更寬廣的角度來看這件事。
- 放輕鬆呼吸，將身心調整到開放接納的狀態，像是釋放緊繃，坐好或站好，身體端正。
- 「呼喚藏在心裡5歲的你」，詢問自己和其他人：「為什麼？如何？哪裡？什麼？再多告訴我一點……」
- 使用「我很好奇，請你告訴我……」的句型。
- 寫下你的見解。
- 保持耐心，有時答案不會馬上出現。
- 寫下這項練習帶給你的所有關於下一步的想法。

練習：「落葉」

這個技巧能幫助你處理突如其來的負面情緒，把情緒對你的影響降低到至少可以繼續處理眼前事情的程度。我們已知刺激大腦的視覺皮質會釋放多巴胺，利用「落葉」的觀想技巧，可以暫時把負面情緒轉換成較能掌握的樂觀態度。

- 做三次「療癒式」呼吸（長吐一口氣超過10秒，用手指計算。細節參照療癒式呼吸的技巧介紹。）
- 找出負面情緒在身體上的主要反應部位。
- 詢問自己：你的感受是什麼？你的情緒想說什麼？
- 在腦海中想像一片葉子緩緩飄落，覆蓋在這個部位上。
- 用你的想像力將落葉化成一層保護膜，融化負面情緒帶來的衝擊。
- 記得在近日內安排一段時間找出負面情緒的根本，進行「正面反彈」練習。

用「落葉」觀想安撫嚴重的受威脅反應

　　我昨天才在電話中用「落葉」練習快速輔導護士珍妮特。珍妮特的工作地點最近出現裁員的流言，她很擔心自己會在這一波英國健保制度重整中失業。珍妮特在講電話時已經出現極端的受威脅反應，憤怒得哭到全身發抖，堅信自己會被裁員。她直覺自己會被取代，並且形容在胃裡有一團糟糕的陰暗感覺。

　　當下沒有時間進行「正面反彈」或「我不能／我能」練習，因為她很快就要回到手術室。於是，我詢問她胃部的那團陰暗在說什麼。她說：「它希望事情趕快過去，它想感覺受到保障。」於是我請她觀想一片葉子慢慢飄落在胃部，然後張開一層保護膜。過了5秒後，她說：「我覺得保護膜發揮作用了。」觀想一個簡單的自然現象，葉子落下，能快速有效地把她的注意力從生存威脅轉移開來，於是能在危急時刻振作。後來珍妮特又做了兩次的落葉練習，以較冷靜安定的心情回去輪值。

　　有些人喜歡用嘲諷或悲觀的態度壓抑自己的期待，因為這樣就不會受傷。經常處於這種心態讓人情緒低落，復原力也會下降。人生總是會有不如意的事情發生，不過我們的復原力正是取決於自己怎麼面對。現在你已經學到好幾個重拾樂觀態度的技巧。遭受打擊時，請盡情使用這些技巧，讓自己盡快振

作，找回務實樂觀的心情。

復原力方程式的下一個成分是放手，有些過去的記憶和經驗值得記取，因為能激勵我們繼續往前走；有些則必須捨棄，因為它們困住我們，不但會影響健康和情緒，也會消耗我們的生活能量。放手並不容易，但是我們都應該學習。

16 拋開過去

如何放下過去的負面經驗？

> 如果身上一直背負著過去的包袱，你很難認清自己是誰。
> 我學會放下包袱，盡快踏入下一個階段。
>
> ——演員安潔莉娜‧裘莉（Angelina Jolie）

賽門是兩名青少女的父親，也是一家大企業的資深主管。他熱愛自己的家庭與工作。兩年前妻子過世，之後賽門始終掙扎在父親和賺錢養家之間取得平衡。某個星期三，他接到學校的留言，原來大女兒不僅經常逃學，甚至對學校說不用聯絡爸爸，反正他總是在開會，而且很晚才回家。

聽完留言，賽門覺得自己很失敗。最後，他不得不請假回家，直到問題解決後才回來工作。表面上，賽門似乎很堅強也很能幹，但是其實他已經失衡好一陣子了：承擔太多責任，沒有足夠的外援，一切只能自求多福。他不希望自己連累其他人，因此到我們這裡進行諮商，在我們的協助下，他開始放下過去，邁開步伐前進。

女兒逃學顯然是嚴重的問題，而且賽門覺得是自己造成的。通常當事情一團混亂時，最好有一套步驟能確保你的下一步不會受到過去的影響。當然，這做起來一點也不容易。

人有時候會太過專注於困擾自己的事，不但消耗能量，

而且導致皮質醇分泌增加。就算我們做了很多努力要走出下一步，心裡過去的想法和感覺還是會拖著不放，之前強烈的生理、心理、情緒經驗會在身上留下痕跡，特別是環境有變化，而我們還在摸索學習時更是如此。重複在腦海中思考這些事，雖然能幫助我們學習，但是如果不停地想了又想，還讓思緒影響睡眠與日常生活，其實反而有害。你知道要怎麼放下嗎？

接受未竟的遺憾，重新再出發

美式足球員巴恩斯還是能清楚記得在那場全國電視轉播，一共兩千萬人觀賞的俄亥俄州足球賽裡，他放棄一個觸地得分的機會。因為對自己非常失望，巴恩斯甚至有退出足球界的念頭，但是當時賽季才進行一半，他一定要撐到球季結束。對抱持著完美主義的巴恩斯來說，很困難的是他覺得不只是自己，更重要的是辜負了整個球隊。當時的畫面不斷在腦海中播放，他只求時間倒流，重來一次。最後，他反覆煎熬幾個月後，才重新在心理上接受自己。

他說：「這件事幾乎擊垮我，因為我的自我認同一直來自於在球賽裡的表現。我必須認清楚，足球是我做的事，但不是我。」巴恩斯花費很多時間自我省思，尤其認真在自我倡導上下功夫。另外，他也和非足球界的一些導師溝通，這很重要，因為運動員在場上永遠只展現堅強的一面，所以更需要學會如何卸下盔甲，接受自

己脆弱的一面。現在巴恩斯覺得這段經歷是一份禮物，讓他有能力幫助別人。

生活絕招：不斷重複在你腦海內出現的想法不是自我省思，只是反芻，你需要找人好好談談。

事件不只在我們的身體留下痕跡，心理也是。受傷的舞者會猛然想起自己受傷的剎那；急診室裡來不及幫病人插管，導致死亡的醫師也忘不了當下的感受。在事件當下產生的化學物質分泌，讓我們清楚烙印當時在情緒與心理上的具體感受，腦神經學家安東尼歐‧達馬吉歐（Antonio Damasio）稱為「軀體標記」（somatic marker）。對那名**舞者**和**醫師**而言，事件發生時非常痛苦，所以他們一方面要設法找回自信，另一方面**生為人**的本能會驅使他們避免同樣情況再次發生。他們不能忘記或天真地以為不會再發生，而是應該好好面對，轉化這些經驗為自己成長的養分。

「放下」讓我們能積極正面地向前走，你放下的可以是最近發生的煩人小事、嚴重的失望打擊、關於不快樂關係的回憶，或是放下自己固有的習慣，然後做新的嘗試。練習放下時，我們也要訓練自己設定不同的放下時限，例如：

• 你沒有買到喜愛樂團的演唱會門票，因為電腦在重要時刻當機，等你再度上線時，門票已經銷售一空了。
 「放下」時限：不超過1分鐘。

- 一場你已經忙了好幾個月的協商或交易計畫，突然收到被終止的消息。等一下你還有另一個案子的重要會議，而現在另一個案子必須成功的壓力也增加了。你該如何有效地往前看，放下前一個案子的失敗？你需要清晰的思路和冷靜的態度，可是現在的狀態卻完全相反。

  「放下」時限：不超過 1 小時。

- 為了照顧重病的家人，你請了一段長假，也因此錯過本來應該非你莫屬的重要升遷機會。接手你工作的同事把握這個機會，在接下來十年間，他的事業肯定會一路扶搖直上。這個機會也意味著，他會有足夠的收入提供孩子出國深造、繳清房貸，以及寬裕的退休生活。如果你無法徹底放下這件事，這些念頭會日日夜夜啃食著你，消耗你的能量。這件事可以困擾你好幾年，但是你絕不希望深陷其中。

  「放下」時限：像這樣的重大事件，從一週到一個月都有可能，而且要認真執行。

有時候我們訴說這些壞事的方式或是怨懟其他人的表現，已經說明其實內心並沒有真正放下或接受事實，所以要小心留意別助長這種情緒，而是表達、面對，然後放手。

現在的你都怎麼放下負面經驗呢？走出剛剛被罵得狗血淋頭的會議，對著天花板無聲吼叫？手插著腰，一邊搖頭，一邊深呼吸？和你的另一半一次又一次地討論，直到情緒平復為止？或是遠離人群，直到你覺得心情好一些？可是你大概也明白，這些都不是很有效的辦法。

> **生活絕招**：東尼・羅賓斯（Tony Robbins）提倡90秒原則，給自己90秒盡情抱怨討厭的人、事、物，然後向前看。

復原力高的人會有高復原力心態，這是一種適應壓力和改變的思考方法；他們不僅會恢復冷靜，還會成長、學習。一套結構完整的放下練習，可以培養這方面的能力，減少被消耗的能量，提高你的復原力。

練習：「放下」

- **療癒式呼吸**：一開始先做三次療癒式呼吸。呼吸永遠是很棒的開始，能降低體內的有毒二氧化碳，提高含氧量和乙醯膽鹼，並且降低皮質醇的分泌。
- **小憩**：讓自己喘一口氣。網球選手在賽局中間會坐下休息，甚至把毛巾蓋在臉上，隔絕觀眾的眼神。在隱密的地方找到屬於你的休息姿勢。比方說，兩臂交叉，然後把頭靠在手臂上，閉上眼睛，好好呼吸。
- 注意負面事件如何影響你，在身體的哪一個部分。

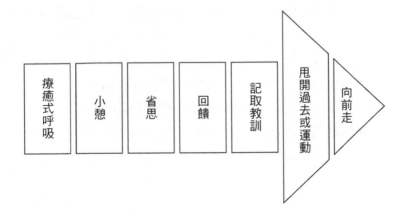

療癒式呼吸　→　小憩　→　省思　→　回饋　→　記取教訓　→　甩開過去或運動　→　向前走

- **省思**：保持你的休息姿勢，不慌不忙地好好思考，然後慢慢伸展肢體進入贏家姿態。你必須正面迎擊這個事件，所以需要提高睪固酮的分泌，也可以在省思步驟採用「正面反彈」技巧。

- **回饋**：「可以和你談談嗎？」「如果是你，會怎麼做？」「在你看來，我現在該怎麼做？」這些都是很適合詢問良師益友的問題，也是我們需要社交支持網絡的理由。當你向他人求助時，催產素提高，不僅可以降低皮質醇分泌，也能馬上舒緩你的心情。康乃爾大學心理學教授湯瑪斯・吉洛維奇（Thomas Gilovich）做過一份研究，發現曾受到負面經驗傷害的人一旦有機會訴說自己的故事，對於這段經驗的價值判斷也會提升；一個曾經感到高壓或恐怖的事件，可能會被認定為珍貴的人生歷練。

- **記取教訓**：一旦用學習的心態來面對眼前的事件，我們會重新取得自我價值和地位感，心裡會重新建立自己的社會地位。當有困擾的人向你求助時，「你可以從中學習到什麼？」對他們是一個絕佳的問題（當然是在他們結束90秒的抱怨後）。

- 我會把每個要放下的事件想成是放在信封裡的信，在想像場景裡，我打開信封，拿出的信紙上會寫著我學到的東西，接著把信封丟進火爐，象徵自己放下這件事。我讀完信紙上所寫的教訓，然後把信紙夾在晒衣繩上，旁邊是其他事件的信紙。你可以自由想像適合自己的場景。

- **甩開過去或運動**：排除體內殘留的情緒化學物質，並且重新振奮身體裡的副交感神經系統。你可以擺動身體、

揮拳、跑步、玩壁球，或是任何需要激烈肢體動作的運動。別坐著空想，站起來動一動。

- **向前走**：當我們對未來有積極正面的期待，並且設立新的人生目標時，多巴胺分泌就會自然增加。

- 把過去想成是你穿在身上一陣子的外套：向前方邁進時，想像自己脫下外套，留在地板上，然後揚長而去。在想像裡，請轉身看著它落在你的身後，然後滿心歡喜地轉頭邁開步伐。

- 有時候我們要放下的是，一些已經結束關係，不再有來往，卻還是常常跳出來干擾我們的人。在心裡打造可以容納所有你當天／當週想放下的人的場景。我的設定是舞台，舞台上有一排很長的紅沙發背對著我。我心裡想的人一個接著一個走到沙發上坐下，彼此交談著。在我的觀想裡，這些人已經不再需要我了，於是我放手。第二天，換下一組我想放下的人坐上沙發，然後第一組人離去。我把這項練習當作每天回家路上的習慣，在心裡打造出讓自己能快速放下的空間。

- 有時候我們需要和對方談談，才能放下過去，踏出下一步。談話內容可能是要找出新的界線，或是做出新的協議。安排好談話對象後，以下是你可參考使用的談話方向：

  ——詢問他們對於過去的看法，以及他們覺得該如何向前走。

  ——解釋你的看法與期待。

  ——尊重對方的觀點，即使和你大相逕庭。

　　——針對雙方的下一步與如何進入人生的下一階段達成
　　共識。

　　練習「放下」的過程中，你可能會在上述幾個步驟中來回
移動。這項練習沒有必須遵守完美的順序，如果是小規模的事
件，也許你只需要做到其中兩、三個步驟就夠了；而像是失去
至親好友、結束一段關係、工作劇烈變化等重大的人生世界則
需要花費較多的時間。

　　賽門的女兒逃學，其實是對這家人的當頭棒喝。當賽門在
我們的協助下逐漸放下過去後，家庭生活開始有了新面貌。他
們搬到坪數較小、位於繁華市中心的時髦公寓，距離賽門的公
司很近。他的女兒都很喜歡舞蹈和音樂，而新的住家附近有很
多藝術活動表演場所，同時兩人也轉學到市區的學校，過得很
開心。賽門認識新的異性朋友，不過兩個人都決定慢慢來。放
下過去讓這家人重新調整到真正適合現況的生活模式。

　　現在輪到你了，找到你想要放下的事件，開始練習。

　　記住：我們無法獨自完成這項練習，我們的人際關係和社
交網絡是復原力的重要組成部分，這也是下一章要討論的內容。

找到支持系統

如何在施與受中茁壯？

> 我們不需要獨自承擔一切，從來不該如此。
> ——心理學家與作家布芮尼·布朗（Brené Brown）

人是群居動物，社交活動就像食物和水一樣是人的基本需求。缺乏肢體與言語交流，嬰兒無法存活，兒童無法學習，成人無法適當發展。當失去至愛的人，我們會感受到生理上的痛楚，而和信任也支持我們的人相處則會帶來愉快的感覺。

找出這些關鍵的社交連結對個人的復原力很重要，因為當困境來襲時，我們才能仰賴他們的支持。正面社交關係和健康長壽的正向關聯已經有了很多可信的研究。馬修·利伯曼（Matthew Lieberman）在著作《社交天性》（*Social*）和其他的社交認知腦神經學家的研究中，已經證明人類之所以能成為地球主宰，最關鍵的原因並不是因為抽象思考的能力，而是因為我們群居、一同工作的特性。

錢是推動世界前進的力量嗎？不，是神奇的化學物質催產素。我們已經知道，催產素是讓人類彼此間產生社會連結與信任的腦神經傳導物質。它指揮著社交行為，讓我們能向外尋求支持並願意支持他人。每個人早在和父母進行肢體與眼神接觸時，就奠定日後能建立正向社會連結關係的基礎。運氣好的

人，嬰兒時期的催產素分泌會是整個人生的顛峰。然而，如果有壓力或經歷照護者離去，而導致催產素缺乏、皮質醇分泌增加，年幼的我們會不自覺地受到孤立感威脅，本能上知道自己需要「團體」或「家庭」才能存活。

如果我們在兒童時期與人互動的需求沒有獲得滿足，或是沒有人解釋周遭環境的社會意涵，在成年後通常較難以找到自己需要的支持。我們較無法接受並給予支持、尋求幫忙、積極解決問題，反而傾向獨來獨往、與人爭執、對社交狀況不滿。每個人都有自己的社交怪癖，認清自己的社交特質正是成長的一部分。遇到看不順眼或不想共事的人，如果能主動解決問題，才有機會創造強而有力的支持關係。

在壓力過大或長期超時工作的情形下，人通常也會排斥向外求援，選擇孤立自己。所以，社交圈裡需要有朋友關心我們，陪伴度過難關。舉一個簡單的例子，如果佩頓和我長時間關在家裡的辦公間忙於工作，我們的丈夫就會從家裡打電話或傳簡訊，詢問要不要到廚房吃午飯，提醒我們該休息一下。這樣的社交關係建立在接受**並**給予支持，還有維持穩定的連結。每個人的支持團體都不同，要主動找出自己需要的支持，串連起屬於自己的支持團體。

協商各自需要的人際支持，讓關係更親密

羅絲創辦自己的劇團九年後被診斷出罹患乳癌，一開始低調的她覺得可以獨自處理這件事，她說：「我不

希望任何人知道，比起不斷收到大家的慰問、關心，我
需要安靜地復原。」

　　然而，羅絲很快發現自己還是需要其他人幫忙，於
是她有計畫地創造一個支持團隊。除了告訴親密家人和
安排好工作上的承諾外，羅絲謹慎選擇幾個朋友，包括
一名戰勝乳癌的密友，雖然住得遠卻能提供許多關於乳
癌的資訊；另一位朋友則住得很近，能經常來幫忙，並
且在手術時陪伴在羅絲的丈夫傑克身邊。

　　羅絲對這樣的安排很滿意，但是傑克需要更多的支
持。傑克面對這件事的方法與羅絲不同，對他來說，和
其他人分享是必要的。兩人最後折衷出一套雙方都能獲
得必要支持的辦法：傑克可以告訴任何人這件事，只要
他好好向對方解釋羅絲不希望受到打擾。這段經歷提高
兩人體內的催產素分泌，也讓他們比之前更親密。

　　催產素像是社交裡的「暗物質」：它的出現會隱約拉近人
與人的距離，我們感覺受到支持，與他人之間有連結；缺乏催
產素則會造成很大的疏離感和孤獨感。催產素讓人在困境和災
厄時團結，暫時擺棄社會文化的隔閡，驅動我們的同理心，一
起以人類生存為前提；缺乏催產素則會讓人步入戰爭，人與人
之間漸漸疏離，於是無法同理他人的感受。

　　對個人來說，理解催產素的作用讓我們更懂得利用身體智
能。只要多加注意體內的催產素升降，就可以影響自己的社交
互動。如果能在關鍵時刻增加催產素的分泌，我們對家庭、團

體、社會、文化會有更多的貢獻，也能找到自己需要的支持。

你的個人支持團隊

每個希望能在人生旅途上做到最好的人，都需要自己的支持團隊；家人、朋友、同事、導師，以及所有關心你，所以想要支持你的人。許多沒有親密家人的人會說，培養親密的友誼關係是復原力的重要部分。

我剛開始成立律動企業時，家裡有一名幼兒，每個月的預算捉襟見肘，而且幾乎沒有任何商業經驗。我透過交換方式得到兩大重要支持：一是和一位朋友輪流幫對方托兒，於是我享有一整天的免費托兒服務；另外，我和另一位自行經營花園設計的鄰居媽媽合作，互相指導對方；我們會聆聽彼此的想法，然後提供建議，也會在事情不順遂時互相打氣支持。向他人提議彼此交換是獲得支持的絕佳辦法，而且沒有財務負擔。

> **生活絕招**：你需要什麼，還有你能提供什麼？有什麼提案能讓你貢獻自己，並且得到需要的支持？

此外，視個人需求與收入水準，建議定期安排專業的身心保養，像是復健、整骨、按摩等，不需要等到身體不舒服才去。心理醫師或指導教練的情緒和心理層面支持更是不能忽略，在某些情況下，英國國民保健署也提供這方面的服務。

找到支持團隊，提升工作表現

　　身為晨間主播的米契爾每天必須在清晨2點起床，
3點30分到達電視台，然後5點準時開始播報。有著喜
歡被人環繞的外向性格，米契爾發現這5、6個小時非
常難熬，因為她還是很想睡。於是，她的第一個支持團
成員就是住家大廈的警衛，為了增加自己的活力與開
嗓，每天清晨離開大廈時，米契爾一定會和對方聊天。
然後在通勤路上，大約3點時會打電話給好友聊半小
時，因為對方住在時差3小時的地區，而且是夜貓子。

　　播報結束後，米契爾也經常接到母親的來電。她的
母親住在另一個時區，但總是準時收看米契爾的播報，
然後告訴米契爾相關建議（包括脣膏的選擇），還有鼓
勵。電視台方面也提供專業上的支持，做法是安排專家
觀看米契爾的播報影片，然後詳細分析。此外，每隔幾
週，米契爾會聯繫一位對演說很有研究的導師，告訴對
方關於自己的狀況，聽取對方的建設性意見。每週一和
週二早上，她會參加團體健身課程。米契爾仔細建立一
整套支持系統，確保自己能在工作上保持顛峰表現，這
套系統降低她的皮質醇分泌，同時提升體內的催產素。

　　向其他人求助，其實也代表我們尊敬他們，認可他們的
社會地位。被求助的人不僅催產素提升，多巴胺和血清素也
會增多；所以向他人求助，其實也幫助了對方。成年人向同

儕或導師諮詢意見，能降低焦慮感，維持自身的健康快樂。例如，當羅絲生活圈裡的其他朋友得知她患病後，有幾名朋友抗議羅絲竟然沒有早點告訴他們，也沒有向他們求助。這些朋友感覺不受重視，因為不被需要，似乎不是「這夥人」裡的一分子，於是體內的催產素與多巴胺下降，然後皮質醇上升。這樣的化學物質變化，通常展現在外的情緒就是生氣。

> **生活絕招：**工作壓力大時，如果你覺得自己完全沒有時間聯繫工作以外的人，花費 1 分鐘想想你的支持團隊會有誰。在腦海裡想像他們的臉龐和鼓勵的眼神，留心觀察你這麼做時，催產素是否會增加。

人脈的力量

　　不管是哪個行業的專業人士，人脈對發展事業都很重要，因為人脈能帶來支持和建議。有些經由我介紹而認識的朋友，不僅幫助對方找到新工作，還成為一輩子的好友，這帶給我莫大的滿足感，我知道這些朋友也會這麼盡心地幫忙自己。佩頓也認為她如今在事業與個人生活上的所有成就，都可以回溯到 21 歲時的一場人脈聯誼活動。

　　如果在人脈網絡中分享知識經驗，當我們有問題時，也能藉由網絡的力量更快地解決。團結合作能孕育出更多點子，品質也會更好。透過人際網絡給予和接收支持，能建立更靈活有彈性的文化、社會及組織。

> **生活絕招**：發揮創意，主動介紹你的朋友彼此認識。挑選你有興趣的藝文活動，像是舞台劇或藝文展覽，然後邀請你覺得應該會合得來的朋友參加。人類彼此接受和給予的行為習慣，自然會讓大家打成一片。

神經經濟學家扎克在《哈佛商業評論》（*Harvard Business Review*）和著作《信任因子》（*Trust Factor*）中提到，在充分分享資訊且領導者會尋求協助的企業組織裡，員工參與度提升76%、活力提升106%、生產力提升50%、生活滿意度提升29%、病假時數下降13%，以及過勞發生率下降40%。他檢驗各大不同產業中數千名員工體內的催產素含量，結果顯示信任和使命感相輔相成，長期下來能持續激發分泌催產素。由此可知，堅實的人脈網絡與獲得支持是快樂和復原力的基礎之一。

付出回饋

最後，找出你自己支持的一個重要部分就是付出回饋。有份哈佛商學院的研究計算出，捐款給慈善機構帶來的幸福感和家庭年收入加倍的幸福感一樣；另一份研究則顯示，定期擔任志工的幸福感和年收入增加55,000美元的幸福感相同。當學生被要求把一筆小錢花在其他人身上，也會比被要求花在自己身上時來得快樂。

佩頓曾管理名為「費城志工」（Philadelphia Volunteers）的慈善團體。費城志工的年度大型活動都安排在聖誕節。年輕志工和弱勢家庭的孩童一同購物，這些弱勢孩童會拿到一張禮

物券，可以挑選想要送給家人的禮物。這些孩子在物質上十分匱乏，很多人是第一次有能力買禮物送給家人，他們都對這個活動非常興奮，滿心感激。佩頓任職該團體的六年間，從來沒有一個小孩要求把禮物券用來購買自己想要的東西，孩子真正覺得給予禮物遠比收到禮物來得快樂。

北卡羅萊納大學（University of North Carolina）和加州大學洛杉磯分校（UCLA）的研究發現：以幫助他人為樂的人通常體內與嚴重疾病相關的生物標記會偏低，而以取悅自己為目標的人體內的這些生物標記則會偏高，顯見付出回饋對復原力有正面影響。

接下來是協助你列出擁有的支持，在你動手寫的同時，留心觀察體內的催產素和皮質醇變化。當你感到猶豫不決時，表示皮質醇上升；當你感到快樂又有依靠時，則表示催產素上升。觀察身體裡這些化學物質的變化，能讓你找出自己還有哪裡需要創造新的人際連結，或是哪些重要的現存關係需要改善。

首先，我們從你的個人支持團隊開始著手，再來是尋找你的專業和私人關係中還可以改善的部分，最後一步則是擬訂你的回饋行動。

練習：找到你的支持

利用下表列出目前支持你的人，和他們提供的支持項目，然後思考：我缺少哪一種支持？有哪些事情可以對外分擔，讓你有更多時間專注在自己的強項？請在表格右邊列出你希望獲得的新支持。

你擁有的支持	你想要的支持

你對於該如何找到新支持有什麼想法嗎？

練習：發展你的人脈網絡

在以下的白框中，畫出你目前的私人和專業網絡，用圓圈與姓名標記人，然後你和每個圓圈之間用線連起來，圓圈可以是個人或團體，大圓圈代表重要的人或團體，小圓圈則是關係較遠的人或團體；用粗實線代表能強烈激發催產素的連結，細實線則代表微弱的連結。

現在，在圖中加入你未來的人脈網絡中可能會有的人或元素，用虛線表達你想創造卻還沒有產生的連結。哪些人是：

- 培養值得信任的導師。
- 社交互動。
- 尋求協助。
- 提供支持。

練習：你的「付出回饋」清單

　　表格左邊寫下你已經在做的回饋行動，表格右邊則寫下你的新點子，以下是供你參考的方向：

- 向一名家人或朋友提供協助。
- 加入喜愛的非營利團體擔任志工。
- 在公司裡加入企業社會責任的專案計畫。
- 報名慈善健走或慢跑等活動。
- 捐款支持他人。
- 幫助你的鄰居。
- 在你相信自己能幫上忙時，當另一個人的導師。
- 加入孩子學校裡的活動。

你的「付出回饋」清單	
目前的回饋活動	可能的新回饋活動

　　擬定計畫，在行程表裡寫清楚你打算何時聯絡這些人，更深入了解需要幫忙的地方。

　　照著本章建議的方法建立人際連結，你的復原力將會比自己單打獨鬥來得高出許多。你會在需要時獲得適當的支持，也會有一套經營維護個人支持系統的計畫。人與人之間的支持是人類復原力的基石，也是我們貢獻給大我，進而創造豐富文化與社會的原因。現在我們已經檢視該如何找到自己需要的支持，接下來要談的是營養和健身對培養復原力的幫助。

18 塑造復原力的營養與健身計畫

用飲食和運動支持免疫系統

> 以食物為藥，藥應是食物。
>
> ——古希臘醫學之父希波克拉底（Hoppocrates）

　　復原力倚靠身體裡建立的內在環境，以及對身體的保養。我們需要清掃身體、強化免疫系統、照顧關節肌肉，還有相信我們的心智對健康和復原力有強大的影響。有些技巧能有效提升情緒與心理的復原力，知道一些基礎技巧後，你可以選擇要把哪些技巧納入身體智能計畫中。

有助復原力的飲食

抗氧化物（Antioxidant）

　　富含抗氧化物的食物可以統稱為「彩虹飲食」：顏色鮮豔，特別是紅色、橘色、紫色、黃色的蔬果，像是石榴、紅黃甜椒、藍莓、枸杞、覆盆子、櫻桃、胡蘿蔔、番薯。一般相信，抗氧化物能預防癌症、心臟病、中風、阿茲海默症、風濕、白內障等慢性病。

　　抗氧化物能清理體內的毒素，並且減緩身體細胞組織因為氧化受到的傷害。當身體出現過量的有害自由基時，就會帶

來氧化壓力。自由基是含有一個或多個不成對電子的原子或分子，因為電子不成對，因此非常不穩定。自由基會在體內搶奪附近的電子或釋放電子，對細胞、蛋白質、DNA造成破壞。自由基的來源是劣質的加工食品和環境因素，像是汙染、日晒過度、激烈運動、X光、抽菸、喝酒。

必需胺基酸（Essential amino acid）

飲食裡的蛋白質也與身體復原力息息相關，因為蛋白質含有的必需胺基酸無法在人體裡自行合成，一定要透過飲食攝取。必需胺基酸的好處有：

- **情緒**。色胺酸是血清素的前驅物，二十二種胺基酸中，它在食物裡的含量最少。色胺酸調節人體的胃口、睡眠、心情及疼痛。含有色胺酸的食物，包括綠茶、乳製品、肉類、糙米、魚類、黃豆及高品質黑巧克力。
- **排毒和免疫系統**。異白胺酸（isoleucine）掌管傷口的癒合、解毒、免疫功能、調節血糖。含有異白胺酸的食物，包括肉類、魚類、起司、雞蛋、種子、堅果。
- **預防病毒入侵**。離胺酸（lysine）能保護人體抵抗病毒的威脅。你可以從紅肉、起司（特別是茅屋起司、帕馬森起司、切達起司、莫扎瑞拉起司）、魚類、黃豆、貝類、藜麥、扁豆、黑豆、開心果中攝取。

修復關節與肌肉

薑黃富含薑黃素，後者已經被許多研究報告證實具有消

炎作用。料理中大量使用薑黃的國家，像是印度、斯里蘭卡、孟加拉、泰國，罹患關節炎或關節傷害的人口比例也偏低。2017年有兩位年輕的英國醫師泰德‧威爾曼（Ted Welman）和傑克‧傅柯納（Jack Faulkner）為了替慈善團體無國界醫生（Médecins Sans Frontières）募款，划船橫渡印度洋。兩人都有之前運動時造成的關節與肌肉傷害，因此在研究薑黃的功效後，在旅途中每天攝取薑黃補充品，加速肌肉和關節在大量划船後的修復過程。

預防傷風感冒

紫錐花（echinacea）是我親身驗證過的感冒祕方，如果在打第一個噴嚏時就服用，紫錐花絕對能讓你度過一個沒有感冒的冬天。營養學家伊凡斯也推薦輔酵素Q10（CoQ10），因為它有抗氧化物和強化免疫系統的雙重功效。輔酵素Q10會與體內的酵素產生作用，加速能量生成並提高身體抵抗力。

腸道保健

當我們壓力大時，腸壁的細胞會出現很多小孔，於是一些尚未消化的食物分子或細菌，就會從腸道跑到血管裡，造成身體發炎。膠原蛋白能重建腸道的腸壁，你可以透過雞湯或骨頭熬的高湯裡攝取（骨頭內有提供彈性的膠原蛋白與提供硬度的鈣質）。當腸道出現問題時，可以先做過敏測試和檢查腸道內的酵母數與好菌、壞菌。益生菌營養品和活性優酪乳，也有益腸道健康。

如果你有食道逆流的困擾，試試薑、燕麥、芹菜、沙拉

（但是別放番茄和洋蔥），然後少吃柑橘類與熱帶水果（橘子、檸檬、鳳梨、芒果）、高熱量醬料及起司。

止痛藥布洛芬（Ibuprofen）會傷害腸道，如果你經常服用，然後出現消化系統不適的問題，建議選擇其他的止痛藥。（更換止痛藥前，請先諮詢你的醫師。）

酒精

許多消化道毛病都與酒精有關，包括口腔癌、胃癌、胃潰瘍等。我喜愛葡萄酒，但是已經有很長一段時間不喝，或是淺嚐即止，除非遇到特殊的場合。佩頓現在也把飲酒量控制只在週五與週六喝一杯葡萄酒，喝過量時，最好一天攝取1,000毫克的維生素C，維生素C對肝臟解酒有益。

酒精會抑制腦神經傳導物質麩胺酸（glutamate），其作用是維持正常的大腦反應和人體的活力。酒精也會促進大腦分泌有鎮定作用的 γ-胺基丁酸（Gamma Amino Butyric Acid, GABA）。兩種作用相加，讓酒精變成鎮定劑。此外，酒精也能短暫提升多巴胺，令人感覺愉快，可是你需要攝取更多的酒精，才能維持多巴胺含量，這就是酒精會讓人上癮的原因。

有助復原力的運動

對身體復原力最重要的健身項目，就是心肺有氧運動，能夠規律地加速，然後平復心跳。有氧運動能強健身體的修復和代謝，也能讓人更快從心理情緒的壓力中恢復（副交感神經系統和上述三大功能都有關係）。已經有大量的研究證明，運動

能治療憂鬱、改善認知系統的功能與健康。舉例來說，2014年時有一項日本研究指出，每天30分鐘的輕度運動能顯著提升執行力、決策力及專注度。

重點祕訣：

- 讓你的心跳加速，然後平復下來，一日三次。
- 目的地不遠的話，請拿出你的腳踏車，騎短程腳踏車是絕佳的運動機會。
- 利用通勤到辦公室的時間快走、慢跑，或是騎腳踏車。置身戶外，別悶在車裡。
- 高強度的間歇性健身訓練，是培養身體恢復力最快也最好的方法。
- 整理花園、打掃、提購物袋和所有日常生活中需要動手的事，都是可以加速心率的機會，你可以趁機運用HIIT（後文將會介紹）。
- 運動後記得做伸展練習（參見第8章的彈性伸展運動。）
- 以舒緩按摩刺激副交感神經系統。

居家或健身房訓練課程

我一向推崇多樣性，所以除了固定的健身行程外，你也應該不時嘗試新活動。研究結果顯示，HIIT的健身很有效率，你可以把原則運用在自己喜歡做的運動上。如果你喜歡在健身房做長時間的重量訓練也很棒，只要記得和復原力訓練交替進行。每天都做1小時的重量訓練不見得是好事，因為身體也需

要時間修復。健身專家戴文波特推薦HIIT，因為效果好又不占時間（20到25分鐘），是趕時間時的健身好選擇。以下是一些建議選項：

- 我本身奉行的HIIT計畫是：高強度運動2分鐘，休息1分鐘，重複五次。先慢跑2分鐘熱身，然後火力全開。以85%至100%的力氣跑步或跳躍2分鐘，接著休息1分鐘。重複做20分鐘即可，運動結束後記得做2分鐘伸展操，讓身體降溫。

- 對資深健身者來說，Tabata間歇運動所需要的時間甚至更短。這個運動是由東京國家體育研究院的田畑泉教授提出的，他發現每次做4分鐘的20秒高強度運動組合，每週做四天，對身體心血管的影響會比每次做1小時中強度運動，每週做五天的影響還大。你可以選擇自己喜歡的運動：伏地挺身、深蹲、快跑、開合跳等，只要用盡全力做20秒運動，休息10秒，然後重複八次。例如：

  ——熱身（2分鐘走路／慢跑／伸展操）。

  ——伏地挺身（4分鐘＝運動20秒加休息10秒×8次）。

  ——深蹲（4分鐘＝運動20秒加休息10秒×8次）。

  ——快跑（4分鐘＝運動20秒加休息10秒×8次）。

  ——開合跳（4分鐘＝運動20秒加休息10秒×8次）。

  ——休息（每組運動中間各休息1分鐘）。

  ——降溫（2分鐘，伸展）。

  ——總運動時間：25分鐘。

　　還有陽光，我們曾提及陽光對血清素分泌的重要性，經由皮膚所吸收的陽光能幫助身體製造維生素D，後者是人體免疫系統的關鍵養分，也能預防某些人在季節變化時產生的季節性抑鬱症（Seasonal Affective Disorder, SAD）。想要在體內合成大量維生素D，一定要讓皮膚大面積地直接接觸充足陽光，所以晴天時，請把握機會到戶外曬曬幾分鐘的太陽。維生素D在食物中並不常見，但是工業革命以後，如牛奶和早餐穀片等都開始添加維生素D了（注意：維生素D的營養品名稱是維生素D3）。

　　接下來幾個月，甚至是幾年間，請好好培養你的復原力，迎接身體的變化。你的力量練習和彈性練習都對復原力有幫助，而且這是一輩子的功課。請記得：你可以影響自己的健康和免疫系統；當有健康上的疑慮時，想一想你的問題點，然後設定一個目標，像是成功度過一個沒有感冒的冬季。

全方位復原力增強計畫

　　現在該是用行動實踐復原力的時候了，本章將介紹一些在日常生活中養成習慣的訣竅，還有可以在週末或閒暇時進行，改變自己心態和情緒的練習。雙管齊下，你會發現自己克服困境的能力有長期顯著的進步。用一週的時間嘗試喜歡的技巧，然後接下來一個月天天實踐這些技巧，你將會培養出更好的身心靈健康與幸福。

　　養成新習慣的不二法門，就是重複地執行，所以練習的這一週請全心投入。以下是該如何在力量和彈性的功課外，同時練習並實踐復原力的說明：

1. 保留你已經養成習慣的力量技巧和彈性技巧。
2. 選擇五個你覺得最有幫助的復原力技巧。
3. 用一週的時間好好練習這五個技巧，找出融入你日常生活的最佳方法和觸發點。（可以參考後面的習慣堆疊法與建議觸發點。）
4. 接下來一個月天天執行，直到成為你的直覺反應。
5. 週末和放假時花多一點時間做較複雜深入的技巧，像是「正面反彈」、「放手」、「找到你的支持」。
6. 當你覺得準備好了，可以挑選更多其他的技巧，重複上述步驟。

現在把之前提到的復原力技巧全部列出，讀完後請標記出對你最有幫助的項目，然後擬定演練計畫。

- **循序放鬆**——先繃緊，然後放鬆肌群，能緩和你的身體和心情。這是被廣泛使用，效果很好的安撫技巧，特別是你在陌生旅館的床上無法入眠，或是半夜3點突然醒來時。
- **放鬆反應**——除了定速呼吸外，你也可以試試這個冥想技巧，週末時進行20分鐘的練習。
- **療癒式呼吸**——幫助你迅速從手足無措、慌張驚恐的狀態中恢復。
- REST——放假、飲食、睡眠，還有犒賞自己。記得規劃自己休息的時間，不可以略過，這些事情是「一定要」，而不是「最好要」。
- **樂觀的養成：**

  跳躍——定時跳躍能讓人更樂觀。

  正面反彈——重建你的樂觀和自我信念。記住自己想法情緒轉壞的時刻，聽聽腦子裡的聲音，充分沉浸在自責等負面情緒裡，然後用邏輯來釐清、質疑、反駁這些想法。把自己抽離受威脅的反應模式，決定對你而言究竟什麼才是真實的。

  我不能／我能——當你不喜歡的事情發生卻無力阻止時，對空氣揮拳，並用力大喊「我不能」或「我不接受」，直到精疲力盡為止。然後找出自己態度的變化，能不能是「好吧！不管什麼事，我能好好面對，從中學

習，我接受這是自己的功課。」這個技巧能幫助你接受困境，也能確保你的成長心態。

好奇寶寶——與其封閉自己和推卸責任，不如發揮好奇心想想為什麼會發生這樣的事、你打算怎麼做，以及你能夠學到什麼。

落葉——觀想一片落葉飄下，停在你身上情緒反應最激烈的部位。想像這片葉子溶解成一片保護膜，馬上舒緩你的疼痛和不適。

放下——針對持續不斷困擾你的念頭和感受，請這麼做：療癒式呼吸、小憩、省思、回饋、記取教訓、向前走；別忘了在過程中全程保持成長心態。

- **找到你的支持：**

  個人支持團隊——看看自己的支持清單是否有需要加強的地方，擬定達成計畫。

  發展人脈網絡——看看自己的人際脈絡圖，想一想該怎麼和你需要的個人或團體產生連結。

  你的「付出回饋」清單——看看自己的「付出回饋」清單，你希望回饋的對象是誰：慈善機構、企業責任專案、擔任他人導師、幫助家人和親友？

- **飲食**——抗氧化物、薑黃、蛋白質、減少飲酒、陽光及維生素 D，這些對你的健康和復原力都有幫助。

- **HIIT**——每隔一天就採用 HIIT 運動 20 到 25 分鐘。沒有運動的日子，一樣要找方法加快心率三次，像是騎腳踏車或快走。

現在，讓我們來養成習慣：

晚上就寢

- 如果你覺得焦慮不安，坐起來，拿出紙筆做一次「正面反彈」。

  觸發點：躺在床上輾轉反側時。

- 練習循序放鬆來幫助入眠。

  觸發點：凌晨時分，你半夢半醒，腦海卻還充滿雜念時。

上班前

- 花一點時間跳躍，補充自己的樂觀能量，同時加快心率。

  觸發點：等開水燒開的時間。

在家工作

- 記得找時間起來走一走、跑一跑，或騎騎腳踏車，振奮自己的精神。

  觸發點：在行事曆上事先排出休息的時間。

- 聯絡你的支持團體，既可增進活力也能避免愈來愈孤僻。

  觸發點：覺得與世隔絕或是成就感低落時。

- 攝取大量抗氧化物，像是各色蔬菜、甜椒、番茄、藍莓、黑莓等。

  觸發點：進入廚房準備午餐時。

- 出太陽時，即使外面很冷或是你真的很忙，一定要出門走走。讓手臂、臉龐充分沐浴在陽光下，補充維生素D。

  觸發點：陽光普照時。

上班途中

- 通勤的部分路程可以走路、騎腳踏車或慢跑，加速心率。前一晚先把會用到的裝備準備好，就不會耽擱隔天早上的行程。

  觸發點：離開家門時。

- 通勤路上盡量找機會加速你的心跳，像是在地鐵站或辦公室不要用電梯，改爬樓梯。

  觸發點：看到樓梯方向指示時。

一天當中

- 當你壓力過大導致心跳加速，並且覺得事情很嚴重時，當天請定時做療癒式呼吸練習，直到問題處理完畢為止。

  觸發點：發現自己的心跳開始加速時。

午餐時

- 盡量挑選不同顏色的蔬菜水果，均衡攝取各種重要抗氧化物。找找看菜單上有沒有鮮豔的蔬果。

  觸發點：走進商店／看見餐廳菜單時。

- 試試薑黃飲料。通常有機養生食品店可以找到現成的薑黃飲品，或者你也可以自己做：半茶匙薑黃粉、薑末、半顆檸檬汁、蜂蜜、半根肉桂棒、黑胡椒，上述材料全部放在一起後，加入熱水然後擰汁。

  觸發點：自己煮飯或是到有機食品店時。

- 午餐時拿出紙筆快速地做一次「正面反彈」，尤其是上午不順遂時。這麼做能幫你面對早上發生的事，也能讓

你更樂觀地迎接下午。

觸發點：午餐吃完時。

- 如果你習慣在午餐時間運動，可以做15分鐘的HIIT（運動2分鐘，休息1分鐘，共五次），然後再用餐。

觸發點：設定手機鬧鈴提醒自己該運動了。

下午

- 如果身體出現不適，用「落葉」觀想來舒緩。

觸發點：坐在辦公桌前時。

- 出現問題或障礙時，運用「好奇寶寶」練習找出「為何」與「如何」，而不是一味用舊有辦法處理。

觸發點：發現自己的多巴胺降低，對工作提不起勁時。

- 當你察覺自己有抗拒的心情，特別是有必須做卻完全不想做的事時，做一次安靜的「我不能／我能」。如果情況嚴重，請在週末預留時間做完整的「我不能／我能」和「放手」。

觸發點：打從心底抗拒做某件事時。

回家路上

- 壓力大的日子，回家路上請做十次療癒式呼吸。出現難題時也可以馬上做療癒式呼吸來調節心跳。

觸發點：走出辦公室或情緒開始激動時。

- 和你的支持團隊保持聯絡，寫信或傳簡訊給他們，在低潮時獲得所需的支持。

觸發點：坐在火車或公車上／在車上繫好安全帶時。

傍晚

- 心裡有事時，和家人、朋友聊天，別藏在心裡不說。
  觸發點：當家人或朋友問你好不好時。
- 做一輪HIIT。激烈運動有紓壓效果，所以感覺焦慮時，下班就到健身房或有氧課程報到。
  觸發點：離開辦公室時。
- 冥想；每天用放鬆反應練習或其他方法冥想20分鐘。
  觸發點：換睡衣就寢時。
- 用循序放鬆提升睡眠品質。
  觸發點：躺在床上時。

週末和假日

- 週末和一名摯友相約做「放手」與「好奇寶寶」，請彼此幫助對方練習，這也是你的回饋機會。
  觸發點：星期五晚上下班後。
- 每週定期和按摩師、教練、整骨師、心理醫師會面，獲取你需要的支持，同時刺激副交感神經系統。
  觸發點：設定行事曆提醒。
- 需要討論個人成長時，請和信任的導師相約，你會獲益良多。
  觸發點：排入行事曆。
- 週末時，至少其中一天要安排時間好好和家人相處。
  觸發點：排入行事曆。
- 每週一次為你關心的團體或地方組織擔任志工。

  觸發點：星期六早上處理完生活瑣事後。

- 每週安排1小時的省思時間，想想這一週發生的事，不可省略。

  觸發點：星期天早上或下午（記得趁你還有精力時進行）。

- 安排REST的時間；即使工作很忙，也要找時間休息、吃美食、睡飽、犒賞自己。

  觸發點：規劃下週行程時。

- 做一些你真心喜愛的事：和好友相聚、看戲、看展覽、音樂會、郊外健行、參加派對等。

  觸發點：排入行事曆。

- 安排假期。

  觸發點：養成習慣，每年1月1日就先敲定假期時間。

加分題：

- 在彈跳床上跳一跳，沒有比盡情跳躍更能提振活力的事了。

一開始建立復原力習慣時，可以先鎖定五個技巧，沒有人可以一次掌握所有的技巧，但是一定要包含療癒式呼吸和REST原則，以及至少一項促進大腦化學物質的技巧（「跳躍」、「正面反彈」、「我不能／我能」、「好奇寶寶」、「落葉」）。

選好想培養的技巧後，還要找到適合自己的觸發點，也就是一天中明顯適合你運用該技巧的時間點。別忘了，簡單好記的觸發點是最好的。

記下你的復原力實施計畫和**觸發點**。

演練七天

多試試不同的方法，找出這些復原力技巧融入你生活的最佳時機。還記得增量收益的原則嗎？你為復原力所做的每件小事都會累積。有些復原力技巧很適合在週末時獨自進行，或是和家人、朋友一起深入練習。如果你有孩子，請和他們分享，孩子多半能理解，而且這些練習愈早開始愈好。

實踐復原力

度過七日演練期，也決定最適合的計畫後，接下來一個月就能自然而然地步上軌道，因為你已經擁有培養復原力習慣的計畫。你選擇的復原力技巧應該能輕鬆地和原本的力量與彈性技巧並行；好好使用這些技巧，你就能迅速地放鬆和回復、知道如何處理壓力、掌握樂觀的心態、拋開過去，還有接受和給予所有重要的支持。

要記得情緒激動的時刻是最重要的，因為那也是你學習的機會。培養好自己的復原力，人生將不只是一波波的壓力，而是一趟充滿挑戰的精彩旅途。

現在該是探討持久力的時候了，該如何堅定、專注地邁向未來目標，即使遇到困難也不放棄。我們將學習如何長時間維持動力，度過並克服困頓時刻，最終達成自己的目標。

Part IV

比恆毅力更久的
持久力

我從不舉白旗，也從不覺得自己已經無路可走。

—— 南極探險家厄尼斯特·薛克頓（Ernest Shackleton）爵士

持久力是心志強度、決心、堅持不懈，還有規劃。你要有在艱困時繼續努力不輟的策略，也要能長期維持顛峰的表現。

當你在生理、情緒及心理上都遇到挑戰，卻又必須保持高度耐心對外溝通時，比方說，子女正在準備幾個月後舉行的普通中等教育證書（General Certificate of Secondary Education, GCSE）考試，或是手上的案子出問題，而你開始懷疑自己當初是否做錯決定時，需要的就是持久力。

多巴胺和DHEA是持久力的基礎。多巴胺是下定決心的關鍵，因為它提醒我們未來將會得到的報酬（像是滿意的工作、金錢、成就感、充實感、克服難關等），而DHEA則提供持久的儲備活力，像是在遠洋航行的大船引擎。DHEA是睪固酮的前驅物，而睪固酮能帶來對持久力有幫助的肌力與自信。

意念形象法是激發多巴胺分泌的關鍵技巧，因為想像且視覺化不存在的現實，能轉移我們在奮鬥過程中感受到的辛苦。許多藝術家和運動員會採用意念形象法，大多數會每天進行5到10分鐘，保持自己的專注力與心理素質。

決心，特別是自我決定，是我們能否在高壓下仍可戰勝體內大量皮質醇的重要因素。雖然有些人是天生就有恆毅力（grit），但恆毅力是可習得的，重點在於動力。

當我們的目標符合自己的價值觀和追求，又能充分發揮自身潛力時，動力就會更強大。只要能更清楚意識自己內在的深層激勵因子，就更能繼續堅持。

自我欣賞與來自旁人的鼓勵，也能幫助我們撐過困難的時刻。我們一定要懂得慶祝自己的成就，接受並給予他人感謝，這樣就能提升體內的多巴胺，進而讓我們專注於原先設定的目標。

當佩頓在設計針對企業主管的訓練課程時，她堅持放進一門「讚美的力量」課程，因為讚美對個人和人際關係有著莫大影響。她完全相信一位前同事說過的話：「植物需要的灌溉遠遠超過需要的修剪，人也一樣。」

情緒上、生理上、心理上的持久力都是可以訓練的，將持久力的訓練技巧融入生活中，我們就可以提升活力、突破痛苦的限制，並且睡得更好。在生活輕鬆時鞭策自己，其實是為了以後忙碌和高壓的日子培養足夠的精力。

培養持久力，需要的是準確分析和一套紮實又有彈性的計畫。你之前所養成的力量、彈性、復原力習慣都是計畫的一部分，學會持久力，你的計畫就完整了。《神經科學先驅》（*Frontiers of Neuroscience*）期刊曾在 2010 年做過一次專題，探討生理活動和困境中學習這兩件事，直到人死亡前都會增加大腦中的神經元。要把這些新培養的習慣建立在我們的長期記憶裡，勢必要花費一段時間，你需要背誦、練習、規劃、重新規劃，這就是培養持久力的法門。

嚴格遵守計畫，維持自身持久力

「身體像是一台機器，由內在的我操作。我是駕駛員，定期拜訪維修人員，如物理治療師、按摩師、教

練，讓他們測試訓練我這台身體機器。每天上課前，我跟著教練做40分鐘運動，上課後再做30到40分鐘，課程則是1.5小時。我對待自己的身體就像對待法拉利（Ferrari）跑車。」

即使心裡有時會冒出「我太累了」、「也許今天該休息一天」的念頭，計畫和每天的固定課程仍敦促著費麗，她不聽從這些聲音。和念頭對抗是很累人的，但是她有一套效果很好的計畫，而且嚴格遵守。

費麗已是54歲的芭雷舞者，但是仍有人邀請她在三年後演出某些重要角色，屆時她將是57歲。「我告訴他們，『如果我可以，就會去跳。』我的實際年齡或許聽起來很老，但是！真正的年齡是你的心態。」

這是一場持久賽

如何看見長期目標與夢想？

> 在成長過程中，我學到的一課就是永遠要對自己誠實，而
> 且絕不讓他人的言語影響你追求自己的目標。
> ——前美國第一夫人蜜雪兒·歐巴馬（Michelle Obama）

　　想像一下你剛下定決心要自行創業、參加慈善馬拉松、爭
取升遷，或是為了買一樣特別的東西開始存錢，達成這些目標
的第一步就是專注在目標上。本章要談談怎麼觀想目標，以及
如何確保體內的化學物質能支持你追求目標。

　　1990年我為自己的舞蹈公司設定目標：兩年後參加倫敦
普萊斯劇院的春之舞祭。當時我在心裡打造清楚的場景，想像
父母坐在觀眾席，而我的舞者則站在舞台兩側的布幕後。時間
快轉到1992年，我在普萊斯劇院的舞台上蜷伏在一個大箱子
後方。這是一齣名為「海之青」（Ultramarine）的舞碼，開場
的安排是我會出其不意地跳到箱子上，因此必須在觀眾就坐前
躲好，雖然因為首演而緊張萬分，我還是挪出1秒慶祝此刻，
一路走來並不容易，遭遇不少困難挑戰，但是我們做到了！

　　佩頓的31歲繼子亞當就曾利用意念形象法，強化自己
投身生態旅遊業的雄心。佩頓形容亞當就像怪醫杜立德（Dr
.Dolittle）和已故的鱷魚先生史蒂夫·歐文（Steve Irwin）的

綜合，對動物與大自然充滿熱情。取得動物學學位，並在動物園、國家公園等機構工作數年後，亞當開始想像未來願景：在哥斯大黎加擁有自己的生態旅遊公司。他看到一塊 10 英畝的腹地，鄰近海邊，有碼頭、農場、沙灘排球、房舍、多功能活動室；他也看見帶團探險雨林、瀑布、浮潛、潛水、泛舟、單車登山，甚至還能看到團員臉上的興奮之情，這些場景在他的腦海中清晰無比。雖然他還沒有找到這樣的地方，但正在存錢，並尋找未來的合作夥伴，為創業做準備。亞當觀想的願景，讓他充滿賺取收入和累積相關經驗的動力。

大腦中的視覺皮質和多巴胺息息相關，多巴胺是帶給我們歡愉與獎勵的化學物質。當我們看見心裡渴望的事物，腦中會湧現一波多巴胺；當我們追求該事物，腦中又會再出現一波多巴胺；最後終於得到時，會感受到更大量的多巴胺。如果目標事物和味覺或觸覺有關，多巴胺的分泌量會更高。因為視覺與多巴胺密不可分，如果我們能清楚地觀想出自己的目標畫面，想像達成時的感覺，成功的機會也會更大。缺乏觀想，目標失去「真切感」，自然容易半途而廢。

關於達成目標的專業建議

- 「確認你的目標和內在動力相契合，觀想『最好的你』。」——**板球員泰勒**
- 「設立實際漸進的目標，但也別忘了勇於冒險，卸下防備。」——**演唱家西倫貝格**

- 「我夢想著成為一名舞者需要的所有資源。」
  ——芭蕾舞者費麗
- 「不要設定『勝利』為目標，而是以你最想改善的事情為目標。」——橄欖球員克魯斯
- 「逼真地想像你的未來。專心在之後會愈來愈好的事實上，也就是達成目標或里程碑的獎勵。要想著，我知道現在很辛苦，但是撐過去之後，生活會更好。」——機師范豪特

現在我們先練習一下如何在內心聚焦，在心裡打造目標影像，需要從容的專注。如果你喜歡這項聚焦練習，可以囊括在你的持久力練習項目裡。記住，雖然你想要對目標產生更強的動力，但是不能弄巧成拙，變成一種負擔。你的專注要恰到好處，不多也不少。

練習：聚焦練習

當我們開始閉上眼睛觀想時，可能會毫無頭緒。心思到處飄移，不知道停在何處。到底目標觀想應該從哪裡著手呢？

把注意力輪流聚焦到大腦的各個部分。

- 將焦點移到大腦前方——注意到這裡有一處空間。
- 將焦點轉移到大腦後方，沉甸甸的圓形小腦——注意到你的脊髓和身體對觸覺的感知變化。

- 將焦點移到大腦右側——注意自己有什麼感覺。
- 將焦點移到大腦左側——注意自己有什麼感覺。
- 將焦點移到你覺得大腦最少使用的部分。
- 將焦點移回大腦中央後休息。

把精神輪流聚焦到身體的各部位。一邊做，一邊想像自己開著一顆大燈泡，隨著注意力照亮每個部位。每處請聚焦3秒。

- 腳。
- 臀部。
- 中心（在 Part I 提過，中心是肚臍正下方）。
- 太陽輪／胃部（肋骨尾端，胃部正後方的橫膈膜和脊椎相連處）。
- 心臟／胸腔。
- 頸部／喉嚨。
- 大腦中央。
- 頭頂上方。

把焦點移回大腦前方，這是大多數人觀想的空間，通常稱為「心眼」。

練習：看見遠景

這個意念形象法要先想著你要達成的目標，然後化為一幅鉅細靡遺的圖片。這項練習主要是透過想像未來甜美的成果，讓你釐清自己想要的目標，並促進多巴胺分泌。

　　特定類型的焦點很重要，紐約大學（New York University）在2014年進行的兩項實驗顯示，如果你聚焦的方式像是打開聚光燈照在目標的話，就會覺得目標變近了，似乎較容易達成。另外，觀想走向目標時，被指示要注意四周環境的人和被指示只要盯著目標前進的人相比，要花費較長的時間才會達到目標，後者快了23%。這表示你觀想目標的方法不只會影響成功與否，也會影響你的步調。

　　這項練習可以獨自進行，也可以和伴侶、朋友或同事一起做，如果整個團隊的目標一致，甚至能做團體練習。如果從未試過，請找一個不受打擾的角落。熟練之後，你幾乎隨時隨地都能觀想。

- 安靜地坐或站，閉上眼睛，呼吸。
- 在腦海中浮現你的目標，開始明確地拼湊出目標達成後的畫面。
- 花些時間醞釀，讓畫面清晰。你在哪裡？你在做什麼？你在和誰說話？其他人在做什麼？聽一聽、聞一聞、嚐一嚐，彷彿置身其中。
- 在意想的這一刻，充分感受這幅畫面帶給你的正面感受：成就感、幸福感、輕鬆、心滿意足、欣喜若狂等。
- 張開眼睛。
- 在紙上畫出一條由左至右的時間軸。
- 在時間軸右端寫下你的目標和意想畫面的細節。
- 訂下時程表：六個月／一年／二年／五年等都可以。
- 定期複習心裡的畫面，特別是你需要多些耐心和動力

時。這麼做能讓你牢牢記住願景；每次你一想起這幅畫面，大腦就會自然分泌多巴胺。

● 找時間向另一個人敘述你的觀想，以言語表達的過程會讓你的目標更真切。

請把時間軸放在手邊，因為下一章要討論如何加入短期里程碑，以及怎麼利用身體來加強達成目標的決心。

20 設定里程碑

身體如何幫助我們一步步達成目標？

> 叫筋脈賁張，叫血氣直衝，把善良的本性變成一片殺氣騰
> 騰。……咬緊牙關，張大你的鼻孔，屏住氣息，把一根根
> 神經像弓弦般拉到頂點！」
> ——莎士比亞《亨利五世》（*Henry V*）第三幕，第一景

　　人們提到決心時，喜歡用「咬緊牙關」這個用語是有生
理學根據的。如果你咬合牙齒、收緊下巴，就會自然地屏住呼
吸，腹部繃緊，於是可以利用全部的腹部肌肉來支持你做事。
我們能用這種暫時收縮肌肉的技巧來加強決心，實踐計畫。

　　肌肉收縮能帶給我們意志力和為了長遠重要目標而承受眼
前痛苦的能力，2011 年新加坡大學和芝加哥大學（University
of Chicago）發表一份研究，標題是「從緊實的肌肉到堅定的
意志力」（From Firm Muscles to Firm Willpower），結果顯示，
人體對意志力與邁向長期目標所需的自制行為都舉足輕重。受
試對象被要求繃緊手、手指、手臂等肌肉，同時也接受不同的
意志力考驗：把手放在裝滿冰塊的桶子裡、喝下難喝但健康的
醋飲、克制不碰好吃卻有害的零食，收縮肌肉的確對我們軟弱
或想逃避時有幫助。

> **生活絕招**：哪些肌肉是你能收縮又不引人注意的？在你意志薄弱或必須面對討厭的事時，試試收縮這些肌肉，其實很有趣！

練習：肌肉收縮

在你的意志力和決心受到考驗時，肌肉收縮動作的效果會最好。收縮一塊或一組肌群約4秒之久，通常是不引人注目的部位，才方便在公開場合進行，像是拇指壓緊食指、繃緊臀部肌肉，或是手臂往身體的方向收緊。多試試不同部位，找出最適合你的地方。（我喜歡的做法有二：一個是雙手伸平，然後十指緊貼；另一個則較為激烈，我會雙手握拳，收縮腹部肌肉，然後大聲說：「來吧！戴爾，妳辦得到。」）

設計你自己的肌肉收縮動作：

- 站或坐著。
- 參考之前提過的例子，多嘗試幾個不同部位的肌肉收縮動作，看看哪一個動作會讓你覺得更堅定。
- 可以加上一些口號，鼓勵的話或精神喊話都可以。
- 多練習幾次，直到熟練為止。
- 開始在你感覺意志力薄弱或想要放棄時練習這個技巧。

你會發現，肌肉收縮技巧能讓自己更順利地度過，抵達最後終點前一定會有的挫折和失敗。

設定和運用里程碑

雖然觀想目標能讓夢想更清晰，也會帶來更多動力，但想要成功的話，還是需要用務實的態度來安排短期可行的里程碑，以及具體的行動方針。

因此，除了最終目標外，我們也應該觀想各個里程碑。關鍵在於，當觀想最終目標變得太過棘手或令人缺乏興致時，趕快轉而觀想里程碑，反之亦然。如果你在追求最終目標的過程中被困住了，就把焦點轉移到下一個短期的里程碑。舉例來說，在新兵訓練或服兵役時，傳統是以天為倒數單位：還剩下九十八天、還剩下九十七天、還剩下九十六天等。如果你打算完成各個里程碑，可是這表示接下來數週，甚至數個月其實都沒有機會喘息，因此必須轉移注意力到最終目標，好為自己打氣。

藉由觀想里程碑來達成夢想

晨間新聞主播米契爾是積極進取的年輕人，她有一個願景。由於熱愛媒體與寫作，米契爾選擇進入艾默森學院的新聞系就讀，她的夢想是有朝一日成為美國頂尖新聞節目之一——《今日秀》（*Today Show*）的晨間新聞主播。有了清楚的長期目標後，米契爾也設定並觀想幾個中途里程碑：

• 在校內電視頻道工作。當時的她一設定里程碑後，就

開始了這份工作。

- 成為校園電視頻道《早安艾默森》（*Good Morning Emerson*）的主播。（在校最後一年，她順利應徵上該職位。）

- 畢業後能找到晨間新聞主播的工作機會。（米契爾持續注意工作機會，並且運用人脈，在畢業後找到一個美國小型城市的晨間新聞主播工作，任職兩年。）

- 成為全美前六十大新聞節目之一的晨間新聞主播。（在做好準備前，米契爾的經紀公司推掉許多不符合該里程碑的機會，直到她找到現在的工作為止。）

- 她的下一個里程碑是，成為全美前十大新聞節目之一的主播。

　　米契爾說：「我在家裡永遠開著電視頻道，興致一來，甚至會假裝自己是《今日秀》的主播，就是為了不斷提醒自己，我的夢想是什麼。」為了加強她的觀想，米契爾還有一張自己坐在《今日秀》主播台上的照片，這果然是很實在的提醒。

　　軍隊一般會以歌唱或口號，撐過長時間的訓練，因為這些動作可以轉移對痛苦的注意力。一起唱歌能刺激催產素分泌，也能降低恐懼，注入勇氣。當你在健身房裡挑戰極限時，發出的低吼和粗重的呼吸都會提高睪固酮的分泌，讓你完成任務。

　　轉移注意力也可以幫助多巴胺分泌。遇到困難乏味又不得不做的事情時，想像一下等一下要喝的美味咖啡或是明年的度假計畫，就能轉移你的注意力。你也可以反其道而行：想想最糟的情況是什麼，會是怎麼樣的痛苦光景。記得：新念頭最能有效刺激多巴胺分泌，所以想像時要盡量發揮創造力。

　　有時候失去鬥志決心的原因是，目標讓你喘不過氣、提不起勁又疲累不堪。你的心裡開始出現**我可能做不到**的念頭，或是更糟的**我失敗了**。這時候身體會自己踩煞車，分泌**過多**的安撫作用化學物質乙醯膽鹼，造成我們不想繼續堅持。在這種情況下，你必須放過腎上腺一馬，把焦點轉移到最接近的里程碑上；如果最接近的里程碑還是讓你覺得力有未逮，可能就需要增加一個合理的小里程碑。一旦找到清楚可行的里程碑，請用肌肉收縮、跳躍、發聲、快速深呼吸、大笑等動作，重建你的活力。

> **生活絕招：**當情況愈來愈困難或遭遇失敗時，咬緊牙關、握緊拳頭、上下跳躍，就能找回你的活力，告訴自己：「拜託，我還不到放棄的時候。」

　　很多人都有夢想，像是創業、寫書、蓋自己的房子、環遊世界等，但是鮮少有人採取行動實現。觀想未來**與**擬定務實的計畫同樣重要。

關於里程碑的專家建議

- 「加強里程碑的意義,像是和教練或隊友分享你的里程碑。」——**足球員巴恩斯**
- 「里程碑應該要稍微有調整的彈性。」
  ——**板球員泰勒**
- 「如果無法達到里程碑,你應該重新評估,把重點放在學習和改進,別把它視為失敗。」
  ——**劇團教師羅絲**
- 「有時候年輕時設定的里程碑,會因為生活發生變化而暫時無法達成。如果你需要繞道而行,就保持開放、好奇的心,持續學習,邁向新的里程碑。」
  ——**演唱家西倫貝格**
- 「專注在你的最終目標,全力以赴,持續前進,記住團隊對你的期望。」——**機師范豪特**

練習:設定里程碑

　　清晰的思路是設定里程碑的關鍵,因此我建議在較空閒的日子裡,專心花費1到2小時進行,這會是將來詳細計畫的基礎。如果你是團隊的一員或是和家人一起做計畫,按照以下的步驟進行即可;如果是大團體,建議拆成不同小組,每個小組負責不同的時間點,然後再一起進行討論。

- 記住你在「看見遠景」時觀想的目標。

- 從目標開始反推，詢問自己「我需要達成的倒數第二個目標是什麼？」觀想這個目標，然後標記在你之前繪製的時間軸上，繼續反推，直到你找出三到五個里程碑，接著觀想這些里程碑，在時間軸上標出大致的時間為止。

- 在兩個里程碑中間，寫下達成下一個里程碑所需的方法、行動、資源、訓練等。發揮想像力和創意，而且要明確。

- 接下來這一點乍看之下雖然奇怪，但是效果很好。獨自一人或找人一起預演時間軸。找一個足以讓你直走的空間，一邊走，一邊講出你需要做的事。在每個里程碑駐足一下，再觀想一次。詢問自己問題，評估進度是否合理，然後訂定具體計畫。

- 在執行下一個里程碑計畫前，都可以用上述辦法預演一次，這樣能讓你的皮質醇和睪固酮提升到足以面對挑戰的水準，也會有足夠的多巴胺令你對成果產生期待。

- 將時間軸貼在牆上，或設成你的電腦或手機桌面。

- 實際執行時，別忘了慶祝每個里程碑的達成，和他人分享你的成果。

- 覺得艱難或快要支撐不了時，做做肌肉收縮運動，專注在你的下一個里程碑，刺激多巴胺的分泌。

- 每達到一個里程碑，請運用你在過程中學到的經驗，重新檢視並修改前往下一個里程碑的計畫。

總結來說：

- 設定並觀想里程碑。
- 慶祝成就。
- 運用肌肉收縮技巧。
- 重新評估策略。

　　下一章是關於如何訓練培養我們的韌性，在感覺快要放棄時，找出體內潛藏的最後能量，繼續堅持。

21 持久力隧道

如何在困境中保持專注前進？

> 當看不見隧道盡頭的光時，就是你打開出口的機會，位置
> 由你決定。
>
> ——阿舒克·卡拉讓克（Ashok Kallarakkal）

很多人堅持忍耐並非出於選擇，而是沒有第二條路，有時候我們決定接受考驗，但有時候卻是考驗找上了你。運動員、舞者、各行各業的翹楚接受挑戰是自己的選擇，更棘手的是生活中考驗著生理與心理的難題。該如何鍛鍊日常生活中的持久力？運動員和舞者有什麼值得借鏡之處？多巴胺又是如何在困頓時刻支撐我們繼續走下去？

「持久力隧道」（Endurance Tunnel）是指，一段你知道必須靠著持久力支撐過去，相對困難的時光。在隧道裡摸索前進時，你希望自己有足夠的毅力走到出口，但是如果欠缺維持持久力的策略，在最辛苦時可能會覺得隧道好像愈來愈窄，甚至要塌陷，於是覺得自己再也走不下去了。

保持隧道暢通的方法之一是，有效地藉由呼吸來刺激DHEA的分泌，同時增加身體的含氧量。武術家在空手劈木板前，會用呼吸聚集體內的「氣」，然後釋放在木板上；美國海豹部隊（US Navy Seals）則是用呼吸肌肉訓練器，透過提高呼

吸難度來強化呼吸系統的韌性。這兩種職業都是訓練能在極度高壓或戰爭衝突的情況下，持續表現的能力。雖然我們不見得會參戰或拜師學武，也可以有一套訓練自己持久力的方法。之後會學到「感受力量」的持久力呼吸技巧，你可以納入個人持久力練習計畫中。

堅實的核心肌力也是持久力的要素之一，能避免我們在忙碌和壓力下崩潰。正如之前所提，肢體的持久力將帶來心理與情緒上的持久力。由於科技進步，許多以前日常生活中的肢體勞動（如劈柴、挑水）已經消失了，因此有計畫地利用健身房或皮拉提斯等訓練肢體持久力變得愈來愈重要。

我對核心肌力、決心和目標達成這三者的高度關聯曾有親身體驗，自孩提時代，雖然一週上三次跳舞課，但身體卻一直很孱弱。5歲時有過嚴重的腎臟感染，10歲時得過腹膜炎，18歲時已經是職業舞者，但身體狀況還是不好。尤有甚者，我又茫然無知地踏入一段不適合的婚姻。之後我決定在舞蹈練習外加入全面的健身房訓練，同時開始自我靈性探索之路。我在25歲時離開那段婚姻，開設自己的舞蹈公司，重新回到人生軌道上。健身房訓練帶給我舞蹈欠缺的部分，就是如何對抗阻力，這不僅讓我變得有決心，也讓我投入身體智能領域。

從那時候開始，我發展一套客戶不需要到健身房也能進行的訓練，稍後會一一分享。當你開始培養自己的身體智能，生理上的成長也能滋養你的心理和情緒。佩頓與我開始撰寫本書時，為了趕上截稿日期而忙得焦頭爛額，走過好幾段不同的持久力隧道。我發現自己主動增加每天跑步和運動的時間與次數，似乎是要提升心理戰力，就必須先衝高身體活力。

走過持久力隧道，迎向光明未來

　　歌手畢爾是公司的發音顧問，她的丈夫傑夫是作曲家，多次榮獲艾美獎（Emmy Award）肯定。十一年前，傑夫確診罹患多發性硬化症（肌肉逐漸萎縮退化的神經性病變）。他變得十分疲倦，大部分時間都在睡覺，作曲時間驟減，而且完全無法指揮。雖然醫師表示會想辦法延緩退化過程，但當時的醫學能力卻無法修復已受損的神經。畢爾和傑夫進入似乎快要塌陷的持久力隧道。

　　畢爾很快開始研究多發性硬化症，她相信如果傑夫的大腦能有更充足的血液和氧氣，將會對症狀有幫助。同時畢爾也覺得除了醫囑外，心臟強健的生活也能提升腦部健康。綜合以上假設，兩人開始每天做運動（刺激副交感神經系統，能增加乙醯膽鹼分泌，抑制腎上腺和皮質醇）、冥想（增加血清素，並強化免疫系統）、吃原形食物（維持血糖平衡，並減少毒素），以及充足的睡眠（幫助大腦癒合，第25章將有更多的討論）。此外，陽光與歡笑能提升多巴胺分泌，刺激傑夫的創作力。作曲這件事也成為治療過程的一部分，因為傑夫大腦受損最嚴重的胼胝體和音樂創造息息相關。

　　這是一條漫長的路，不是幾天就能看見效果。但是每隔兩年傑夫做核磁共振檢查時，都可以看見癒合的痕跡；大腦裡不但沒有出現新的損傷，原有的損傷也逐漸縮小。現在傑夫可以慢跑、滑雪、作曲、指揮，有些最知名的作品甚至是發病後的創作。

畢爾表示，他們無從得知這些進步是因為新的生活習慣或是單純的好運，不過每個人的病症都不相同，目前也已經有充分研究顯示，運動、營養、生活習慣確實能影響多發性硬化症的進程。

姑且不論傑夫的健康狀況，至少我們可以確定畢爾家庭生活上的改變維持了持久力隧道的暢通，走向更光明的未來。

（注意：身體智能不是多發性硬化症的解藥，我們只是分享這則案例，藉此說明正面積極的生活方式對畢爾夫妻的幫助，請在採取任何新方法前諮詢你的醫師，切勿在沒有醫囑下停用任何藥物。）

生活絕招：此刻的你對未來有什麼感覺？不管答案是什麼，想像你身體裡的每個細胞都在微笑，像是植物朝著陽光生長一般，你也將朝向隧道出口的光亮移動。

趕上截止期限應該是一般人最常遭遇到的持久力隧道。佩頓沒有寫書時，主要是設計複雜的諮商訓練課程，以及舉辦各種活動，這些事都有截止期限。通常佩頓走完一個隧道後，馬上又要進入另一個隧道，每件事都必須如期完成。還好客戶多半會提供足夠的資訊，因此佩頓能知道接下來有哪些隧道必須通過。她會安排一些里程碑和達成之後的獎勵（通常是一片高品質的巧克力），激勵自己保有工作鬥志。她說：「我絕對相

信自己有順利完成一切的能力，這個正面心態是我能保持冷靜和成功的關鍵。」

當持久力隧道與人生課題有關時，保持你貫徹意志的能力就很重要。有些隧道讓我們明白自己的極限，證明我們必須另覓辦法。如果我們無法改變隧道方向，或是隧道真的太長、太難，最後反而會造成破滅與痛苦。

訓練開始：通過「持久力隧道」

練習：感受力量

這個呼吸技巧能提高身體和大腦的活力，也能幫助你專注在眼前的任務上。

- 閉上嘴巴，用鼻子呼吸，但是不要輕鬆地用鼻孔上方吸入空氣，為了增加呼吸時的阻力，請直接將空氣吸入鼻子後方、喉嚨後側的上面（這需要一些練習）。如果做得正確，你呼吸時會發出摩擦聲，像《星際大戰》（*Star Wars*）裡的黑武士（Darth Vader）一樣。因為製造的氣流障礙，你會發現為了要吸進足夠的空氣，橫膈膜和呼吸肌肉必須更努力把空氣吸入腹部。
- 找到正確的呼吸方法後，練習在吸滿氣時，閉氣3秒，同時一邊閉氣，一邊縮緊腹部。
- 專心注意自己是**怎麼**將空氣吸入身體的，空氣會先充滿下腹部，再來是中腹部，最後是上腹部，然後閉氣。
- 吐氣時請反向進行：先呼出肺部空氣，再來是中腹部，最後是下腹部。

- 技巧熟練後，你會發現吐完氣後會停頓一下，準備好後，隨時可以再度吸氣。

以這種方法進行五次緩慢而高強度的呼吸練習，當你回復正常呼吸時，會覺得煥然一新，充滿力量。這是對呼吸道的有效鍛鍊，也能賦予你主控感。我通常會在開始進行大任務前做這項練習。

（注意：這項練習在鼻塞時不適用，如果鼻塞的話，嘴巴噘成圓圈，像是用吸管喝飲料一樣，這麼一來，也會增加呼吸阻力，其餘按照同樣步驟進行即可。）

練習：持久力運動

誠如之前的章節所言，特定動作能帶給人特定的心態。以下是你可以納入持久力訓練計畫的六種動作。

1. 核心肌群的持久力

有時候我們要全力以赴才能走過持久力隧道，而第7章介紹的核心肌力就是主要的力量之一。完整的肢體和核心肌群運動，能讓你感覺自己有能力更全面地解決困難並面對壓力，也更有繼續堅持的力量。

為了培養這份力量，首先要把重點放在延長下述練習中，肌肉承受壓力的時間和增加動作的難度。進行這些運動時，盡量使用最深層的核心肌群支持你。每做一組動作前，記得肩膀向後聳，然後放下，這會自然地啟動核心肌群，並保持在正確位置。記得要流暢主動地控制肌肉動作，基本原則是3秒進入

訓練動作，3秒回復原來姿勢。

　　請在家中照著以下的解釋和圖像做練習，但是別忘了傾聽身體的聲音，進行必要調整。

抬腿

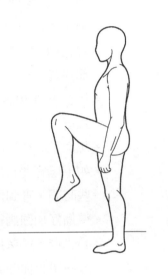

- 雙腳站直，請採用第2章介紹的姿勢技巧。
- 肩膀向後聳並放下。
- 骨盆上提，感覺啟動整個下腹部的肌肉。
- 將全身重量移到非慣用腿上。
- 非慣用腿的膝蓋可微彎，提起另一隻腿的膝蓋，愈高愈好。臀部和骨盆位置保持不變。
- 稍做停頓，找到維持姿勢的平衡點。
- 慢慢將腿放下，保持肩膀放鬆，骨盆上提。
- 將全身重量移到慣用腿上，按照剛才的步驟，以相同的速度舉起另一側的膝蓋，停頓，然後放下。
- 找出做了第幾次是你的疲倦點，然後再多加幾次做為練習的基本次數。

棒式曲膝

- 跪下，兩隻前臂向前著地，手掌打開貼地或握拳皆可。（想要增加難度的話，前臂可以稍微向外轉。）

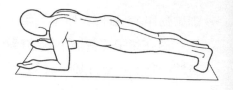

- 以前臂和手肘支撐身體重量，感覺到肩胛骨下方的肌肉收縮。先向後伸出一隻腿著地，然後換另一隻腿。腳趾向下踮起，骨盆離地，雙腳與臀部同寬。

- 保持臀部和肩膀呈一直線，骨盆不可過高或過低（利用鏡子檢查姿勢）。

- 想像手肘往臀部方向移動，增加整個棒式的張力。

- 如果已經覺得吃力，在此停頓5秒，然後每三天拉長一些時間，直到你可以支撐30秒為止。

- 準備好加強訓練強度的話，保持肩膀向後放鬆，啟動核心肌群，並保持臀部、肋骨、脊椎原位不動。朝著手肘方向舉起你的非慣用腿膝蓋，雖然膝蓋碰觸不到手肘，但是緩慢穩定地往前舉，直到無法前進為止。

- 慢慢地收回膝蓋，腳放回原位，換成慣用腳重複上述步驟。

- 每邊至少做五次；隨著體能成長，請增加練習次數。

- 留意核心肌群的參與程度和緊實與否，彷彿你是用核心肌群來舉腿。練習的品質比次數更重要。

2. 腿部和下背部的持久力

持久力深蹲

- 雙腳站直，打開距離比臀部稍寬，腳趾向前或略向外張
  （選擇你舒服的角度），雙手在身體兩側自然下垂。
- 肩膀向後並放下，緊縮核心肌群。
- 膝蓋彎曲，骨盆盡可能往下，彷彿你正要坐在矮凳上。
  以腳踝支撐身體重量，同時雙臂伸直往前舉起，保持身
  體平衡。往下的同時，請保持肩膀向後放鬆，大腿盡可
  能和地板成平行。膝蓋不可超過腳趾，雙腳站穩。
- 維持不動，想增加伸展強度的話，雙臂盡量往前伸展，
  同時骨盆盡量向後移動。
- 保持核心肌群用力，慢慢回復原來的姿勢，腳和手同一
  時間回到原位。
- 3秒下蹲，3秒維持，3秒站起。
- 剛開始至少重複五次，然後逐漸增加練習次數。
- 加入變化——深蹲到底，起來一半，然後再蹲下去，重
  複做五次。

- 或是深蹲十次（下去3秒，上來3秒），最後一次維持深蹲姿勢5秒。

3. 肩膀、胸腔、上背部的持久力
手臂畫圈

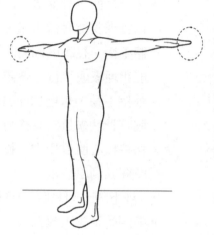

- 使用第2章的姿勢技巧站直，手放在身體兩側。
- 肩膀向後並放下。
- 兩手向外平舉，直到肩膀高度，掌心朝下，盡量利用核心肌群和肩胛骨下方肌肉的力量，手臂與肩膀的肌肉才不會緊繃。
- 手臂緩緩向前畫圓八次，然後向後畫圓八次，保持核心肌群用力（想像你是用指尖畫小圓圈）。
- 放下手臂，保持核心肌群用力。
- 剛開始至少做五次，請隨著體能增加練習次數。

4. 找回企圖心
爭取與控制

- 眼神聚焦於房間的邊緣。
- 朝邊緣方向伸出手臂，整個身體往前拉。

- 朝邊緣方向跨出一步，拉近身體的距離。
- 當你覺得已經伸展到極限時，試著再多往前幾公釐，然後握拳，彷彿要把空氣抓在手裡。
- 將拳頭收回身邊，加以控制。
- 後腿往前腿靠攏站好。
- 另一隻手臂重複上述步驟。
- 再做六次。記得兩隻手臂交替進行，每次朝不同的方向伸展。保持呼吸順暢。

5. 找回內在平靜

放置與平衡

- 雙手像是形成箱子的左右兩面，準確來說，像是用雙手在測量一般。

- 手掌從左右相對轉成上下相對。

- 重複進行此動作，用心感受動作本身的順暢和穩定（這也是我們在講述如何架構專案時經常用到的姿勢）。

- 接下來，手臂動作如前，但是每一次手掌回到左右相對

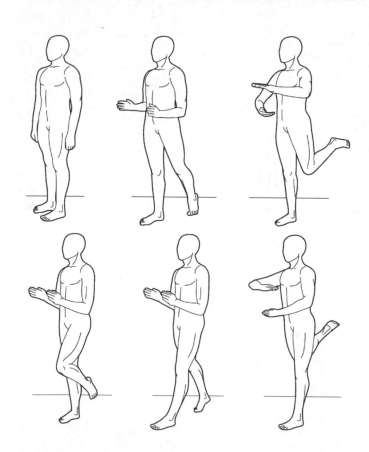

時，一腳往前踏，將身體重量移到前腳。

- 當手掌從左右轉成上下相對時，後腳離地，用前腳保持身體平衡。盡可能單腳站立不動。

- 如果你能站穩，然後想增加挑戰的話，雙手往前，單腳離地向後：手臂和一腿與地板平行，單腳站立。剛開始做這個動作通常會覺得**很辛**苦，所以慢慢嘗試再加強。可以先以上一步說明為目標，數到五，然後腳放下。雙腳交替練習，直到你覺得找回內心的專注和平衡為止。

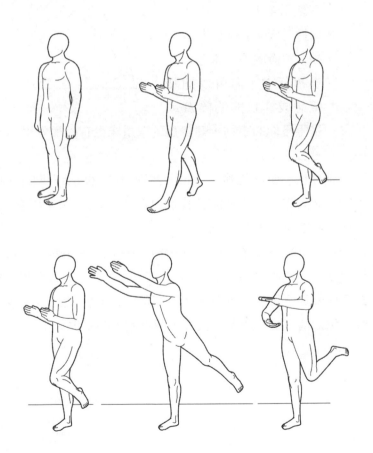

6. 打破限制
猛推

- 找一面牆壁，雙掌平放牆上。

- 一腳在前，一腳在後，站穩，雙臂微彎。瞬間大力推向牆壁；雙腿、核心肌群、背部、手臂都要用全力。

- 保持這樣的姿勢和力道10秒，然後放手，休息。

- 重複三次。你可以把牆壁想成要移開的障礙或

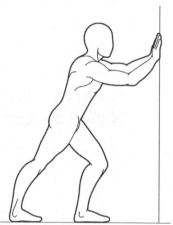

是困擾你的事物，健身房的舉重床也有同樣效果。

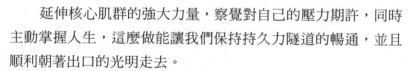

　　延伸核心肌群的強大力量，察覺對自己的壓力期許，同時主動掌握人生，這麼做能讓我們保持持久力隧道的暢通，並且順利朝著出口的光明走去。

　　現在你已經知道怎麼在困難時持續前進，如何設定目標和里程碑。在我們討論目標、激勵和感激之前，先看看該怎麼面對、掙脫痛苦帶來的限制。下一章的主題和生活的許多課題有關，包括情緒上的悲傷、哀慟，或身體上的受傷、生病。

22 突破痛苦限制

如何在極度不適的狀況下繼續努力？

你無法逃避痛苦，但可以選擇克服。
　　　　　——作家保羅‧科爾賀（Paulo Coelho）

我們的大腦和身體有一套複雜的「中樞控制」神經系統，在感到疼痛或疲勞時，這套系統會讓我們本能地想要停止手邊正在做的事，以免受到傷害，這是人類生存機制的一部分。問題是，中樞控制神經系統非常謹慎，它經常在離實質傷害還有好長一段距離前就開始作用，所以其實在大腦喊暫停時，我們的身體還可以支持好一陣子。光是釐清這個觀念，就能幫助你在需要時繼續堅持。之前曾談過休息和恢復的重要性，但是我們也要能掙脫痛苦加諸的限制，否則人類無法在天災後大劫餘生、攀登聖母峰、打破世界紀錄，或是忍痛生產。

> **生活絕招**：下一次你覺得快要撐不下去：寶寶晚上醒來第五次、專案又遇上瓶頸，或是任何讓你抓狂的事，想一想過度謹慎的中樞控制神經，你知道自己比以為得還要堅強，告訴自己：「我還有力量。」很快就會覺得更正面。

運用不同方法增加自己的活動很重要，這樣才能增加相信自己能度過難關的信心。在本章中，我們將學會簡單卻有效刺激腦內化學物質分泌的方法。這個方法能影響腦下垂體分泌 β 腦內啡這種最強大的腦內啡，進入神經系統，麻痺痛覺，讓我們覺得舒服。只要你知道怎麼指揮大腦恢復冷靜，就能在需要時刺激腦內啡的分泌。

想像你正在一場週日足球賽的場邊，天氣又濕又冷，但孩子正踢得興高采烈。這時候你的選擇是：縮著身體，不斷抱怨；或是想辦法轉移大腦對痛苦的注意，繼續在場邊為孩子加油打氣，甚至和其他父母一起享受一場精彩的球賽？

一個非常簡單卻有效舒緩痛苦的辦法就是微笑，當我們微笑時，血清素和腦內啡也會分泌，幫助我們度過困難時刻。

> **生活絕招**：當你跑步時碰上瓶頸，腿開始疼痛或覺得快撐不下去時，試著微笑看看，一定會有幫助！

板球選手泰勒每次在板球季開打前，都會挑選一種技巧來突破。她會嚴格地分解該技巧，感受自己無法熟練活用的痛苦，然後設定目標和里程碑，最後重新架構出更強的球技，她稱這個過程為「打破泡泡」，她說：「有時候肢體上的磨練能加強心理的持久力。疼痛反而是好事，因為你能做到的絕對比自己以為得多。事實上，感覺到痛才能帶來改變。」古諺有云：「不經一番寒徹骨，焉得梅花撲鼻香。」

信念能改變我們的疼痛承受度，安慰劑效應就是最好的證明。位於英國威爾斯的亞伯里斯威斯大學（Aberystwyth

University）的研究顯示，相信自己服用新合法體能增強藥的自行車選手，騎車速度加快2%到3%，儘管他們服用的其實是安慰劑。科學家相信，安慰劑之所以有效，是因為腦下垂體被告知體能限制已經不存在了，對藥物作用的**信念**，促進大腦釋放腦內啡，減輕身體的疼痛與疲倦。

無獨有偶地，我們對疼痛或疲倦的**預期**也會影響痛覺。就在今天稍早，我指導的客戶曾在十年前斷過幾根肋骨，身體無法有彈性地彎曲，因為他的神經系統**仍然**在為之前的疼痛做準備，即使肋骨早已在數年前痊癒，疼痛依舊存在大腦裡。西英格蘭大學（University of the West of England, UWE）的研究就發現，罹患骨關節炎的患者感覺的疼痛與真正的關節損害狀態並不一致；患者**知覺**的疼痛程度似乎和自己對病情嚴重程度的預期有關。

對職業舞者而言，受傷是家常便飯，也因此多半能分辨哪些傷勢並不妨礙練習繼續，哪些傷勢不容小覷，必須馬上休息，我相信大家都能更有效地做出類似的判斷。之前在Part II提到MOT技巧時，我們的身體會說話，而緊繃和疼痛就是主要的警告。如果我們明白也相信大腦用來提醒自己的疼痛，其實不代表已經到達肢體極限，就會減少對痛苦的畏懼，並且更有效地回應。

過去身為舞者時所受的傷，讓現在的我變得更強大。在復原的過程中，我整個人重新整合受傷的部位，了解這個部位的需求，密切注意這裡的感覺，就好像慢慢填補地圖上原來缺乏的細節資訊。

當體內缺少多巴胺或腦內啡、沒有外在或內在獎勵，也沒

有人在一旁注視著，幫你加油打氣時，很多人會就此放棄。你的身體吶喊著：「我受不了，馬上停止！」這時候觀想腦下垂體來分泌 β 腦內啡可以力挽狂瀾，讓你產生足以突破瓶頸的力氣。每撐過一個難關，你將更加堅強。

練習：突破痛苦限制

我們曾指導的學員都很喜歡這項練習。請參見下頁圖，形狀如碗豆的腦下垂體位於大腦中央，眼部後方。這就是合成並儲存腦內啡這種天然強力止痛藥的組織，其中又以 β 腦內啡的效果最大。觀想你的腦下垂體，想像 β 腦內啡像項鍊上的一串珍珠般，一圈圈地纏繞，像源源不絕的小球囊，隨時可以打開，然後釋放到體內。

身體受到極大傷害時，人體為了生存會自動分泌腦內啡。如同神經學家珀特在著作《情緒分子的奇幻世界》所言，我們其實可以指揮大腦分泌這些愉悅化學物質，來抑制全身的神經接收器，壓制疼痛和不適感。這些化學物質也能延長我們顛峰狀態的時間。步驟如下：

- 閉上眼睛，觀想大腦中的腦下垂體，讓畫面浮現在腦海中。
- 對自己說：「我還有力氣。」別忘了大腦在危險還很遙遠時就會製造疼痛，所以你是安全的。
- 從十開始倒數，同時觀想腦下垂體分泌愈來愈多的愉悅化學物質 —— β 腦內啡。看著腦內啡愈來愈多，像一顆顆小球囊懸掛在腦下垂體下方擺盪著。

- 一邊倒數，一邊想著這幅畫面。
- 數到一時，讓小球囊迸裂開來，所有的 β 腦內啡進入脊髓，然後到達神經系統的愉悅接受器。
- 呼吸 —— 讓腦內啡湧進體內每處需要的地方。
- 立刻感受到痛覺和不適的大幅減緩。

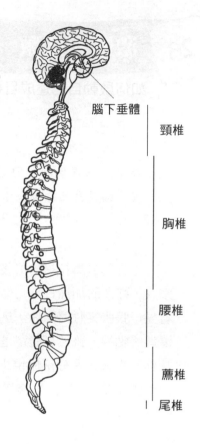

腦下垂體

頸椎

胸椎

腰椎

薦椎

尾椎

　　這項練習能幫助你緩解幾分鐘的肢體疼痛或情感不適，有時候這幾分鐘就是你能度過難關的關鍵。如果你持續鍛鍊這個技巧，就會看見自己面對困境的態度出現變化；不再只是被動地面對，而是化困境為轉機。

　　有時候即使沒有生理疼痛或心理不適，我們還是忍不住習慣性地抱怨和不滿。現在我也用這個技巧改變自己面對生活瑣事的心情，像是作帳或報稅。讓我們一起養成心態上的轉變，然後更深入了解能帶來激勵和感激之情的化學物質。

23 激勵和感激

如何啟動自己達成目標的意志？

> 如果你正在做一件自己真心在乎的事，不需要別人的敦
> 促，願景自然會拉著你前進。
>
> —— 賈伯斯

當你跑到馬拉松的最後一個轉角，精疲力竭，這時候聽到
家人、好友的加油打氣；你聽到自己的名字、聽到鼓勵，並且
看見一張張笑臉望向你。這些事物帶來一絲新的力量，剛好能
撐過終點線。雖然身體還是痛著，但疼痛似乎突然緩和了。因
為你的大腦正在分泌愉悅化學物質三重奏：血清素（自尊）、
催產素（愛與連結）、多巴胺（愉悅和獎勵），同時還加了一
些腦內啡。

> **生活絕招**：你想幫誰歡呼，又有誰會幫你歡呼呢？趕快
> 聯絡他們。

感激是一種強大的驅動力。很多人都誤以為激勵業務團隊
最有效的工具是金錢。錢固然重要，但受到肯定和成就感其實
是比金錢還有效的經典激勵因子。

322

神奇激勵經驗帶領隊伍前進不懈

在接受美國海軍軍官訓練時，范豪特參加一場7哩的「急行軍」，背著36公斤的背包、一把來福槍、頭盔和防彈背心。行軍人員在3至6公尺寬的道路上排成兩行前進。

在這一次行軍前，范豪特隸屬的這一排已經待在野外好幾天了。范豪特當時是見習副排長，職責是在隊伍前後不停移動，查看大家的狀況，然後定時回報給隊伍最前方的排長。行軍開始沒多久，他就發現好幾個人已經落在隊伍後方。體能不算是頂尖的范豪特馬上告訴自己：「我不能落後。」每隔半哩，范豪特就必須到隊伍前方向排長彙報狀況，然後馬上回到隊伍後方，激勵大家繼續向前。當落後的人愈來愈多，隊伍愈來愈長時，范豪特為了準時彙報給排長，開始在隊伍前後來回不斷奔跑著。他不僅生理上全心投入，也主動激勵整排的同袍，不斷吼道：「大家做得好，繼續走，腳步不要停。」他相信其他人可以看見自己的投入，雖然身體疲憊不堪，同袍還是找到回報的力氣，對著范豪特大喊道：「做得好，范豪特！」就是這股共同的精神力支持范豪特前進，也支持著整個隊伍。

人類是群居動物，即使是最堅強的海軍，經過數週的單人求生訓練後也會**渴望**和人對話。看過電影《浩劫重生》（*Cast Away*）嗎？你應該還記得湯姆・漢克斯（Tom Hanks）飾演的主角查克・諾倫（Chuck Noland）的排球朋友威爾森（Wilson）對他來說多麼重要。

即使是對好勝心強的人，社會連結也有正面幫助，當我們努力贏得獎牌、達成目標、開發新產品、治癒病患時，常常也是為了其他人——或許是家庭，或許是團隊，或許是國家。

想像你漂流到一座孤島，只剩下一張家人的泛黃照片。其實大陸就在肉眼可見的遠方，唯一需要做的就是建造一艘木筏。又熱又渴的你好想放棄，但是看著家人的照片，想到他們，你的大腦分泌多巴胺（對家人的需求）和催產素（對家人的愛），於是你靠這股力量走過持久力隧道，掙脫苦痛的限制，完成木筏，航向大陸。人類需要彼此，我們互相給予的支持與感謝就是重要的動力來源。

對美式足球員巴恩斯來說，最大的動力來自於「別只想著自己」。他認為，你必須了解自己是某個大團體的一分子，只是因為社群媒體的影響，大家常常忘了這一點。他說：「我的動力主要來自我的家庭，和自己無關。我想成為家人的驕傲，好好照顧他們的生活。」遇到困難時，他會想著心理學家卡爾・羅哲斯（Carl R. Rogers）的話：「你將成為什麼樣的人，端視你現在做的事。」你的行為影響的不只是自己，還有他人。只要不是想著自己，就算是想著旁邊的隊友，動力也會大得多。

那麼你呢？當你觀想自己的目標，還記得我請你觀想其他人的反應時，你的感覺是什麼呢？我相信這份感覺會加強你的

使命感，這就是我們應該善加利用的感覺。

當你和其他人因為長時間的努力而感到疲累不堪時，感謝也是能刺激分泌讓人感覺不錯化學物質的絕佳辦法。與其不斷地擔心難題，不如想想已經付出哪些努力，對這些付出抱持感謝的心，尤其應該感謝那些幫助我們朝著目標前進的努力。比方說，「謝謝你把襪子丟到洗衣籃裡，減輕我洗衣服的負擔」遠比「你總算願意把襪子放到洗衣籃了！平常不是這樣的」來得有效。感謝能促進多巴胺分泌。

> **生活絕招**：以感謝來激勵他人。回家的路上，發送三封感謝信或簡訊吧！

語言也是影響激勵對象的重要部分，我們在評論團隊或公司表現時，不該用責備的語言，要強調對方的自主權才能產生激勵效果。英國皇家空軍特技飛行隊（Red Arrows Aerobatic Team）有一套固定步驟：每趟表演飛行完成後，每位駕駛先一個接著一個評論自己的表現——哪裡做得好、哪裡犯錯、哪裡可以進步，然後才開始評論其他人的表現。我們也向公司的管理階層學員推薦類似的步驟，運用在員工指導上。

這樣的步驟能培養自主性與切身感這兩項重要的激勵因子，也能培養出個人獨立自主（高多巴胺和睪固酮），但又和他人緊密連結（高催產素）的文化，提升所有人的持久力。

> **生活絕招**：主動向最近正處於低潮的朋友表達感激。

　　自我感激和感激你擁有的一切，也能激勵自己，我們通常對自己很嚴格，總是想著很多我們沒有的東西或是還沒有做到的事，因而忘記自己**擁有**的和**已經**達成的。感謝、讚美自己，肯定自己的成就，是我們能在生活中激勵自己的好方法。

目的、價值觀及使命

　　目的和價值觀給予我們決心與想在逆境中證明自己的慾望，也讓我們願意犧牲奉獻。

　　人類最基本的目的是生存 —— 找到食物、水、住所，再來就是社交需求。前面 Part I 曾提及，五大社會領域分別是地位、確定性、自主性、關係感、公平性，如果缺乏其中一項，就會覺得生存受到威脅。但是，在這些需求都被滿足的情況下，我們的目的就愈來愈重要了，能加強持久力。很多納粹大屠殺的倖存者都表示，覺得自己一定要活下來，才能告訴其他人這段歷史，這就是他們的目的。有時候，人類能完成看似不可能的任務，是因為他們的目的帶來力量。

　　帶著行動不便的孩子一同旅行，彰顯我的父母追求「正常家庭」的目的，還有他們的「平等」價值觀。他們相信我的姊姊吉莉安應該也能體驗康瓦爾郡（Cornwall）的懸崖，這表示我的父親必須背著 10 歲的吉莉安，一步步走在強風吹拂的海邊小徑；我的母親懷著身孕，拿著輪椅；9 歲的我與 6 歲的弟弟則帶著野餐盒和其他需要的東西。那天我的父母展現他們的毅力，這件事也從固執的堅持變成全家人的勝利。回程的車上，全家人的歌聲至今仍在腦海裡迴盪著，因為父親和母親成功示

範如何擁有有目的、價值觀及使命的生活。

許多組織耗費時間找出自己的使命和價值觀,最後的用途只是放在企劃書裡,但是價值觀必須被實踐,這也是當我們和轉型中的公司合作時,會協助公司找到體現價值觀方法的原因。

團體共享的價值觀需要談論,也需要共同實踐,否則很快就失去激勵作用。英式橄欖球員克魯斯分享薩拉森人橄欖球俱樂部的做法。在球隊最近的一次「文化之旅」(球員帶著家人同行的犒賞和團結之旅),每個人在遊覽車上都拿到一張卡片,上面有十個適合聊天的問題,目的是希望大家在旅程中用這些問題和其他人交談。克魯斯說:「這是提醒大家要多交流,特別是和新成員,聊聊薩拉森人橄欖球俱樂部的文化,談談大家相處的方式,還有我們是怎麼照顧彼此的。」

當任務和價值觀相符時,我們多半會充滿動力,可是有些乏味卻又非做不可的事情,似乎不可能與任何價值觀相互呼應。別小看這些事,試著轉換角度來看,例如:年底作帳可以是體現責任感的價值觀、照顧年邁父母可以是體現感恩的精神。遇到你拖延不想做的事,換個角度找出它的價值,就能激勵自己盡快完成。

開始訓練:激勵和感激

以下的訓練也可以和朋友、伴侶或教練一起做,會很有趣。需要的時間大約1小時,一個人30分鐘。

練習：列出目的

這個練習可能喚醒你對目前做的事的目的，也可能找出其他更大的目的，於是修改自己的路線。每個人都有一個核心目的；你擅長做什麼？哪件事讓你樂在其中？舉例來說可能是：

- 我……修理東西。
- 我……探險。
- 我……教學。
- 我……發明。
- 我……付出給予。
- 我……玩樂。
- 我……建造。
- 我……跳舞。
- 我……組織。

用以下這些問題來認識自己：

- 你喜愛做什麼事？
- 你擅長做什麼事？
- 這件事該如何和其他人的需求做連結？
- 為什麼／是否會有人願意付你薪水做這件事？
- 你現在會怎麼形容自己的核心目的？

練習：列出價值觀

你的價值觀是什麼？你打從心裡相信，並身體力行的價值

觀是最重要的嗎？至少列出前三大價值觀，像是誠實、全力以赴、冒險犯難、善良等。

23激勵和感激

練習：列出使命

使命的驅動力是你的核心目的和價值觀。要找出你的使命，詢問自己有什麼事能將核心目的傳遞給世界、社會、工作團隊、社群或家人。試想如果你履行核心目的，會對其他人造成什麼影響。花點時間好好思考，試試不同的選項（可以參考我的範例）。留意你在練習時的身體變化──用到對的詞彙時，身體會出現一股「前進」力量（因為多巴胺上升，皮質醇維持在平衡點）。

我的使命是什麼？

我的核心目的是：

我跳舞（雖然我也寫作、訓練、為人妻、為人母，但最重要的是，我「跳舞」）。

我的三大價值觀是：

• 創造力／堅持──永不放棄。
• 承諾──說到做到。
• 學習──保持自己和他人的成長。

我的使命是：

介紹身體智能，並提升此領域在文化中的重要性，我相信人人都有機會成為更完整的生命。

329

誰能獲益？

誰會因為你實踐了你的目的而獲益？

不久前，我和弟弟聊天，問他為什麼會選擇成為職業自行車手。一開始他說，這麼做完全是為了自己，他喜歡有目標和達成目標的感覺，喜歡挑戰自己，不斷思考怎麼樣才能騎得更快，也喜歡克服騎車時生理、心理上的考驗。我則分享他的生活對我的幫助：

- 我受到他的鼓舞和激勵，因此全力以赴（多巴胺上升）。
- 他的生活穩定，如果我需要後援，他能提供協助（睪固酮下降）。
- 他的表現傑出，提升全家人的社會地位（血清素上升）。
- 因為生活充實，他有餘裕提供家人情緒支持（催產素上升）。
- 他對本書有貢獻。
- 我為他感到驕傲（我的催產素上升）。
- 他的生理、心理、情緒都很堅強，我不需要擔心他。（抑制皮質醇上升）。
- 他對職業的投入為他的女兒和我的兒子做了很好的示範（睪固酮與多巴胺上升）。
- 我可以繼續……

有時候我們可能正在鼓舞著身邊的人卻不自知。

練習：感激他人

這項練習能幫助你了解感激有多大的動力。

- 留意他人的成就和協助。
- 主動恭賀對方的成果，並且謝謝他們的幫忙。
- 提供細節：何時、何地，還有他們為何讓你特別感激。
- 明確說出這件事對你的影響。

練習：感激自己

花2分鐘感謝所有你想要感謝的事物，還有你完成的所有事，這是很棒的持久力練習，也能帶來正面的持久力心態。

晚上就寢前，花2分鐘感謝你今天做到的事。養成每天躺在枕頭時，做這項練習的習慣。

早上起床時，花2分鐘感謝你擁有的事物，如溫暖的床鋪、遮風避雨的家等。養成每天關掉鬧鐘後，做這項練習的習慣。

> **生活絕招**：在床邊放一本感謝日誌，記錄所有美好的事。

找出自己的動力來源，對他人和自己表達感謝，這些事帶給你什麼感覺？留心身體與情緒的反應，是否覺得自己更專注於目標了？列出你的目的、價值觀、使命後，是否激勵自己？

現在我們已經從激勵和感激中感受到多巴胺帶來的能量，接下來該學習如何有策略地獲得持久力所需的能量。

24 提升活力

如何利用儲備能量？

坐著期盼所耗費的能量，和起身規劃是一樣的。

——羅斯福

什麼時候最適合奮發做困難的工作，或做出困難的決定？要如何減少活力的損耗，提升活力水位？本章要討論如何主動掌握你的身體、大腦、時程表，還有生活。

活力是生活的主要貨幣，無論你的活力是來自於伴侶、孩子、寵物、完成工作，人人都愛精神奕奕的感覺。大腦中負責執行能力的前額葉皮質是需要很多能量的器官。事實上，大腦所需的能量就占了人體能量的20%，遠遠超過其他器官。呼吸練習、運動、睡眠和飲食都是維持活力充沛的重要因素。

> **生活絕招**：沖冷水澡（在淋浴的最後30秒轉成冷水），
> 或是用冰冷的水洗臉，能增強腦部功能，進而提升活力。

依據人體的需求，每秒身體和大腦中每個細胞的數百個粒線體（mitochondria），都在轉換食物與氧氣為人體可利用的能量。你可以把粒線體想成細胞內的小小充電電池。瑞典體育與健康科學學院（Swedish School of Sport and Health Sciences）

在2011年指出，一套肌耐力與肌力的綜合訓練（騎自行車與腿部推舉）能增加粒線體的生合成，讓肌肉製造出更多能量。短時間的激烈運動後，粒線體數量增加，提高我們的氣力與能量。但是，我們也發現長時間過度運動後，粒線體數量會下降，並影響體內許多細胞的功能。

生活是一門關於努力和休養的平衡藝術，鞭策自己後，我們應該更有效地休息恢復，下一次需要時才會有更多的能量。

> **生活絕招**：感到疲倦時，請多加留意，這是身體在告訴我們，該是補充能量了。好的工作節奏應該是：加倍認真，然後充電休息，再度加倍認真，然後充電休息。

關於活力管理的專業建議

- 「如果即將發生的重大活動讓你過度緊繃或亢奮，可以在之前靠著運動或進行其他困難任務，藉此消耗多餘的能量。」──**板球員泰勒**
- 「親近那些相信你能力不止於此，而且願意督促你的人，他們會讓你成長，變得更具持久力。」
  ──**芭蕾舞者費麗**
- 「無所事事反而最容易消耗你的活力，做一些呼吸練習或伸展運動，保持身體的活力和心理的靈活。」──**編舞家麥奎格**
- 「找出讓你維持最佳演出的條件，這會因人而異，如

果是前一天整天不說話，或是上場前需要睡午覺之類，也不需要懷有罪惡感。退一步，找回自己的平靜，暖身，然後專注。」——演唱家西倫貝格

- 「失去前進的動力是很可怕的——例如，休息太久（記得設定自己回來工作的時間）。在休息時間做一些簡單的事，才不會完全喪失你的動力。」——機師范豪特
- 「很多人只要一忙，就會自然而然地把『自己的時間』拋在腦後，他們藉由腎上腺素和咖啡因支撐，覺得缺乏睡眠是足以自豪的事。傑夫和我體認到，如果沒有『自己的時間』來恢復，也沒有東西能給予他人。真正的活力來自於充分休息涵養的身體與心靈，照顧自己絕對不是自私的事。」——配唱歌手畢爾

雖然（在合理範圍內）鞭策自己會讓你更堅強，但還是得留心。銀行家卡羅斯來律動企業找我們諮詢時，剛剛完成一筆常常需要加班、責任重大的重要交易。他告訴我們，他突然無法像以前一樣快速地分析出事情之間的關聯，失去思考的能力。這其實是高度心理壓力、長期處於威脅反應、缺乏運動和睡眠，三者加總所造成的後果。經過一個月的休息，加上足夠的睡眠與運動，卡羅斯的大腦總算完全恢復了，現在他對自己的思考能力多了一份尊重，不再視為理所當然。

我們已經知道粒線體需要休養，而連接大腦細胞的神經膠細胞（glial cell）也需要時間維修，通常是趁著自己不太需要動腦時。所以請在沒有太多任務時，讓自己的大腦休養生息；

旅行是不錯的心靈調劑。

　　運動不足會減少一種稱為腦源性神經營養因子（Brain-Derived Neurotrophic Factor, BDNF）的蛋白質，它的功能是負責新神經元的生長，而缺乏睡眠則會阻止神經元發揮作用保持髓鞘的絕緣狀態，於是減弱神經元彼此之間的神經脈衝傳導。所以，保持運動習慣與維持睡眠品質很重要，才能幫助大腦並修復，維持完整的功能性。

> **生活絕招：**大腦愈累，就愈無法節制使用腦力，也很難保持客觀。你過勞的警訊是什麼？你總是最後一個離開辦公室，心中感到憤憤不平嗎？你是不是總是找不到喘一口氣，恢復能量的時間？告訴自己「停下來」，用剩餘的大腦能量重新規劃自己的生活。

分解一日行程

　　即使我們充分休息，而且神采奕奕，經過 2 小時的複雜思考和決策後，神經間的聯繫也會退步。這是因為具有絕緣作用，負責保護神經的髓鞘漸漸耗損、變薄。因此，我們應該在大腦還充滿活力時，先進行高難度的思考：解決手邊問題、做策略規劃、進行重要專案等。大約 2 小時之後，再來做比較瑣碎的事，像是回覆重要性低的郵件、安排會議時間。很多人的順序剛好相反，想要減少待辦事項，所以一早就先處理簡單的行政庶務。以下是我們的建議：

- 盡量簡化早上上班前需要做的決定，前一天就準備好第二天要穿的衣服，先規劃好第二天要處理的主要任務，這樣一起床就會知道注意力該放在哪裡。

- 如果你的同事或生意夥伴分散在不同時區，或是客戶習慣晚上發郵件給你，每天早上最好先檢查一下收件匣，看看有沒有急需處理的郵件。

- 急需處理的郵件回覆後，排除所有分心的機會，掛上「請勿打擾」的牌子。

- 把最精華的2小時花費在設定好的重要事項上，讓大腦發揮最大的效益，在這段時間內做複雜的決策。

- 訓練自己不要一直檢查郵件。

- 在家工作的好處之一是，如果起得夠早，你可以整整投入工作2小時。

- 在這2小時內，如果你想到任何該做卻沒有那麼重要的事，寫下來，然後就別再理會，晚一點再處理。

- 前2個小時過了以後，我們的專注力大約是以45分鐘為一個單位。所以每隔45分鐘到1小時左右，站起來伸展筋骨、喝杯水，讓大腦休息2分鐘以後再繼續。

- 如果你的組織非常熱衷開會，或是同事喜歡接著安排好幾個會議，請拿回你的行程安排權，只參加和你的「重要事項」有關的會議；請客氣地回絕無關的會議，並且附上一些支持性的意見。別讓你的行事曆塞滿各式各樣的會議，導致沒有時間吃午餐、上洗手間，或是進行真正的工作。

- 如果你有時工作得較晚，想吃點心，或是工作內容讓你很想喝一杯，這表示大腦的電力（粒線體）減弱了。想一想你是否真的必須繼續工作。如果非做不可，請速戰速決，用呼吸練習提升能量，而不是以糖或酒精。工作完成後再給自己一點獎勵，像是洗熱水澡或一杯紅酒。
- 你必須有一套收心的例行儀式，或是藉由冥想讓自己的皮質醇與腎上腺素下降，才能好好入睡。

> **生活絕招**：如果你有小孩，應該趁早向小孩介紹活力管理練習，向他們解釋大腦的運作方式，鼓勵他們前一天就為第二天做準備。

　　有些人的生理時鐘比較獨特，顛峰時間可能是下午或深夜。找到**自己**的顛峰時段，用一樣的原則把這精華2小時留給困難的事。家有青少年的父母知道有些青少年就是無法早起，我贊成中學和大學應該晚點開始上課。如果你是夜貓子，但有事情**一定**要早起處理，前一晚一定要確實做好收心儀式，早點入睡，然後養成習慣，把比較刺激性的活動安排在白天。

　　在創意策略思考和社群媒體之間切換你的注意力，會降低大腦的效率。當你轉而處理這些非計畫內的資訊，就會需要更長的時間才能重新進入本來的主題，而且不斷切換也會喪失一些深度思考的連結，專注能創造高效率。

> **生活絕招**：需要全神專注時總是被打擾嗎？如果你能設定適當的聯絡限制，工作效率就會更高。

掌握你的生理激素平衡

當你進行重要任務時，血液裡的睪固酮會上升，因為挑戰新任務帶給我們勇往直前的感覺。如果有危險的話，就會本能地逃避任務，所以最好在開始前，以勝利姿勢來提升睪固酮。多巴胺也會隨之增加，因為你會很快出現成就感的獎勵。早上精力充沛時，記憶力強，而且你能吸收更多的資訊，這表示乙醯膽鹼平衡腎上腺素（做得好！）。即使一陣子之後，你的大腦已經沒有那麼敏銳，但一開始產生的自信和動力仍能支持一整天的行動。拖延與逃避該做的事，只會讓多巴胺降低並增加皮質醇的分泌，對你沒有好處。

和自己的對話

我們對自己的想法和感覺影響很大。當我們面對新的任務時，因為缺乏經驗做判斷，很難知道自己做得是否已經足夠。完美主義這時候反而會扯後腿，如果一直告訴自己，第一次就要做到完美無缺，可能就不會徵求其他有經驗的人的建議。

在家上班因為少了和其他人的互動，效率會很高，但是也別忘記主動和人聯絡，滿足我們的社交需求。對喜歡和其他人分工合作的人來說，遠距上班可能降低創造力，效率也較低，所以請利用機會與同事在 Skype 等通訊軟體上聯絡，或是盡量出差，增加碰面時間。

如果你喜歡承擔責任和發號施令，或者總是覺得做事一定要鞠躬盡瘁，你就有能量耗損或超載的危險。責任分擔是很

重要的，不要一直想著**我、所有事、每分每秒**，而是要想著**分權、選擇、優先順序**。

　　規劃行程時，請記得要有所選擇，也要區分輕重緩急，這樣才能把精力更有效地用在對的事情上。當規劃大型專案時，利用「看見遠景」練習和「設定里程碑」練習。

> **生活絕招**：用行事曆來管理你的能量，預先想好你的需求，確實安排休息時間。

開始訓練：提升活力

　　以下這兩種呼吸練習能刺激大腦和身體、提振活力，還有喚醒粒線體，可以在早上等紅燈時練習，或是在必須熬夜完成工作前練習。

練習：「暖身」呼吸法

- 深吸一口氣，像吹蠟燭一樣，用嘴巴短促地吐氣，直到吐盡為止。
- 吐完氣後，停止呼吸5秒。
- 重複五次。
- 嘗試不同的嘴型，直到你找出最有力的吐氣法。

練習：「甦醒」呼吸法

- 先擤鼻子，把鼻子清乾淨。

- 大力地用鼻子吸氣、吐氣，逐漸加快速度，直到你能以最快的速度吸氣吐氣長達 1 分鐘為止。
- 記得使用腹式呼吸——吸氣時腹部鼓起，呼氣時腹部凹下，否則你會覺得頭暈。
- 一邊快速呼吸，一邊微笑，你或許能同時促進血清素和腦內啡的分泌。
- 結束快速呼吸後，感覺一下身體和大腦的變化，是否覺得神清氣爽？好好利用這個狀態。
- 練習後，可能會覺得身體有些刺痛或頭暈，那是因為你剛剛輸送大量的氧氣到身體和大腦裡，粒線體獲得養分，開始釋放能量。

練習：節省精力

- 找出每天／每週／每個月最消耗精力的事（可能是某種類型的思考或某種活動），你的精力都花在哪裡？
- 你身體的哪個部分感受到這種精力耗損？
- 列出每種耗損。
- 針對每種耗損制定行動計畫。

舉例來說，如果你經常被喜歡找你聊天的同事分散注意力，先確認自己的心情，然後找時間和對方誠懇地談談，詢問是否可以等午餐時間再來找你聊天。

在你列出每種耗損的同時，留意多巴胺會降低（這是糟糕的感覺）；當你做好因應的行動計畫，多巴胺會上升（感覺好多了）。解決小的耗損原因能帶給你即時成就感，但是較難解

決的耗損原因可能會讓你有棘手的感覺。

這項練習可以幫助你戒除那些消耗能量的想法，或是停止那些和價值觀不相符的活動。舉例來說：

- 如果你的思考是以**我、所有事、每分每秒**為起點，請注意在什麼情況下，這樣的思考模式讓你感到疲累，想一想該怎麼改變。
- 如果你每天早上都手忙腳亂，或是容易和家人發生爭執，這就是一種耗損的表現，想一想該怎麼解決。
- 如果某個會議總是超時，想一想如何改善會議的進行。
- 如果你注意到工作上某件事總是能引發自己的負面想法，這就是一種耗損，找時間練習「正面反彈」技巧，來扭轉你的負面想法。
- 當你決定採取行動前，注意身體的反應，身體會知道這是正確的決定；你會馬上覺得更輕盈，這是多巴胺上升的結果。
- 向相關人士溝通你打算改變的決定，獲得理解和支持。
- 每週在行事曆上安排時間，檢查這些耗損改善的情況，可以增加或微調行動計畫。

怎麼安排時間操之在己，你要為自己的活力負責，決定如何使用能量。找出耗損活力的事後，就能獲得更多的能量，也會減少有心無力時產生的無力感，提升對自己能力的信心。

睡眠是補充能量、重整認知能力，以及穩定情緒的最關鍵要素。接下來，我們要談如何獲得足夠的優質睡眠。

25 越睡越成功

如何藉由一夜好眠來提升能力？

睡眠是重整大腦與身體健康最有效的方法。

——科學家馬修‧沃克（Matthew Walker）教授

　　睡眠對大腦功能的影響，比我們清醒時的所有活動都來得大。睡覺時，大腦會整合記憶和經驗，排出腦部的廢棄物，並更新大腦細胞。這些活動對日常表現會有重大影響，賦予我們清晰思考的能力、專注力，還有同時處理多項任務的能力。

　　你是否曾有這樣的經驗，一次又一次反覆練習某項技能（如運動或樂器），卻怎麼也做不好，結果好好睡了一覺後，第二天突然就福至心靈地做到了？或是你曾經一早醒來，腦海裡突然有了好點子？這些都是睡眠的功勞。德國盧貝克大學在2004年發表研究，結果顯示，睡眠幫助銜接大腦裡原有的知識記憶和新學習的知識，孕育出這些靈光乍現的時刻。

　　睡覺時，大腦裡的神經系統支援細胞（神經膠細胞）努力地修復神經元，讓我們學會白天吸收的各種想法與動作。神經膠細胞補強神經路徑、清除毒素，也輸送養分和新神經元細胞到需要的部位。上一章曾提到，神經膠細胞也會重建大腦神經元附近的髓鞘，後者的作用是保護神經元，並減少神經訊號在傳遞時流失。所以只要有充足的優質睡眠，讓大腦完成這些工

作，我們的思路自然就會清晰，認知能力也會提升。

身體也會在睡眠時修護，肝臟會在此時更認真地分解糖和脂肪，製造新肝臟細胞；副交感神經系統分泌乙醯膽鹼（復原與再生的化學物質），腎上腺則趁機補充第二天可能會用到的類固醇，包括DHEA和睪固酮；肌肉纖維修復的速度比白天快；淋巴系統努力排出體內各組織的毒素，活化皮膚、肌肉、肌腱、內臟、循環系統及排泄系統；你的心靈則會過濾各種念頭和情緒，找出相對應的記憶，然後決定哪些屬於長期記憶，哪些屬於短期記憶，又有哪些該捨棄。在我們沉睡時，整個身體默默進行著奧妙的再生工程。

然而，很多現代人都有睡眠時數不足的問題。智庫蘭德歐洲（RAND Europe）在2016年發表一項報告的結論是，全英國因為疲勞而導致的生產力損失，加總後高達400億英鎊。研究中也指出，如果能把睡眠時間從不到6小時拉長為6到7小時，英國每年的生產力會增加240億英鎊。同一份報告裡，蘭德歐洲估計，美國平均每人每年因為疲勞的損失是1,967美元，總和起來是4,000億美元。美國睡眠基金會（American Sleep Foundation）的資料則顯示，約40%的美國人每晚睡不到7小時。加州大學洛杉磯分校的神經學家伊茲哈客・佛里德（Itzhak Fried）博士指出，缺乏睡眠的能力表現和喝醉時的能力表現相仿。他在2017年的研究正是關於睡眠匱乏會破壞大腦細胞彼此間的溝通能力，睡眠不足時，訊息傳導會有延誤，導致我們的反應時間被縮短，也就是說如果你在睡眠不足的狀況下開車，會需要較長的時間才能**看見**行人走到車子前，因為大腦處理資訊的速度變慢了。

到底要睡多久才夠？你又該如何判斷自己是不是睡眠充足？根據英國羅浮堡大學（University of Loughborough）體育、運動和健康學院的建議，「如果醒來後感覺清新，而且接下來一天能有效率地處理事情，不會因為疲倦而打斷行程，你的睡眠時間應該就足夠了。」說得好，但是我們再說得明確一些。

根據聖母大學（University of Notre Dame）潔西卡·潘恩（Jessica Payne）博士的研究顯示，97.5%的人在睡眠7小時以上時表現最佳，而18到64歲的人每天的睡眠應該介於7到9小時。全球關於睡眠的研究結論，包括英國睡眠學會（Sleep Council）和美國國家睡眠基金會（National Sleep Foundation），多半符合7到9小時的原則。

如何爭取更多睡眠？

要增加每日睡眠時間至7到9小時可以同時從三方面著手：夜間睡眠時間、日間能量午睡及類睡眠（proxy sleep，大腦和身體的高強度短暫休息）。如果你晚上只能睡7.5小時，但是知道自己其實需要睡到8小時，就可以利用白天補足。

逐步增加夜間睡眠時間

如果你向來習慣只睡6小時，一開始可以先增加20到30分鐘，慢慢再拉長到7小時睡眠時間。重建睡眠習慣需要時間，甚至是一、兩個月，所以別灰心。先試著提早30分鐘上床，可以設定手機鬧鈴提醒自己展開睡前儀式，像是調暗燈

光、泡澡、放緩呼吸節奏等。別匆促準備就寢,給自己充分的時間。多試幾次,找出你需要的時間和儀式。

能量午睡的藝術

對行程滿檔的人來說,利用時間午睡是增加睡眠的有效辦法之一。美式足球員巴恩斯分享他一邊在俄亥俄州立大學美式足球隊踢球,一邊攻讀博士課程時的做法:

「我在就讀博士時,也是校隊選手,這不常見。在美式足球校隊的最後兩年,我同時開始博士課程,所以必須有充足的睡眠,才能同時在課業和球場上有所表現。通常我會在清晨4點30分起床,利用時間準備學校作業與美式足球的練習。接著上午通常都在上課或唸書,中午時會在午餐前睡20分鐘。球隊的練習通常是下午1點30分到7點30分。結束後,我會在7點45分時睡15分鐘放鬆,接著吃晚餐,處理其他該處理的事,然後在9點前做好睡覺準備。」

這是巴恩斯找到能讓他有足夠睡眠的辦法。

佩頓和我也很重視午睡,尤其是截止期限很趕或需要密集差旅時。佩頓住在美國亞利桑那州,所以經常需要在早上6點和歐洲或美國東岸的人通話(視訊的普及也讓佩頓必須更早起床,準備儀容)。同一天晚上,佩頓可能也需要和亞洲的人通話。有時候連續好幾天都是這樣的行程,所以她必須仔細聆聽身體的需求,在有空檔時睡20或30分鐘。當她在海外旅行時,睡眠充足變成首要任務,她寧可犧牲吃飯(最糟的情況下,甚至是洗頭)的時間來睡覺,確保大腦能有正常表現。

如果少了午睡,本書也不可能出版。我在寫書的期間,通

常會早起，到下午2點時已經能有不少進度，但是會繼續寫到晚上6、7點為止。如果下午感覺疲倦，我會給自己30分鐘，設好鬧鐘，放好耳塞，躺在沙發上，用抱枕矇住眼睛。通常我會需要10分鐘入睡，然後享受20分鐘的充電午睡。鬧鐘響起時，起先可能會有賴床的衝動，但是大腦很快會覺得神清氣爽，讓我能繼續再寫好幾個小時。少了午睡的幫助，寫作的進度勢必會變得緩慢又磨人；我可能會忍不住分心，甚至在電腦前直接打瞌睡。

類睡眠

2到5分鐘短暫但高強度的休息很有效，這叫做「類」睡眠。你不需要真的入睡，但是大腦會進入休息狀態，增強腦中的 θ 波和 δ 波，消除大腦疲勞。類睡眠在任務難度高，還有大腦剛開始感覺疲倦時非常有用。過去我在帶領舞團彩排時就發現這件事；當舞者開始出現疲態時，我會要大家睡2分鐘。我們全部躺在地上，讓自己盡快進入最接近睡眠的狀態。鬧鐘一響，再次感覺精神抖擻。躺下來這個動作，會提醒腎上腺停止分泌腎上腺素和皮質醇。

睡眠習慣的溝通和協調

如果伴侶的睡眠習慣和你截然不同（我就是），你們勢必得協調出折衷辦法。我的丈夫從事電影業，所以可能會沒日沒夜地工作，或是在家悠閒地享受生活。他

是天生的夜貓子，通常半夜1點才會入睡，早上10點起床。我通常晚上10點30分到11點一定要就寢，然後早上6點到6點30分起床。兩人的睡眠時間差距大的問題是，當他上床時，會把我從深度睡眠或快速動眼期裡吵醒，因為我對光線和聲音很敏感。因此，現在我睡覺時會戴上蠟丸耳塞，並且請他盡量躡手躡腳地上床。丈夫知道睡眠對我的重要性，因為我經常會在早上發表演說和上課，需要有最好的表現。

如果在需要早起的那週，丈夫真的還是吵到我睡覺，我就會選擇分房睡幾晚。先顧好睡眠，才有能力好好溝通，並安排生活的其他部分。

如果你家有幼兒，常在半夜醒來，我的建議是看看第二天誰的行程比較重要，然後由另一位照顧寶寶睡覺，如果你是獨自扶養孩子，盡量每隔一晚就和孩子同時上床就寢。

睡眠品質

和睡眠時間一樣重要的是睡眠品質，尤其是深度睡眠與快速動眼期睡眠的長度。

一個睡眠週期大約能持續90分鐘，大多數的人一晚會經歷五到六個週期。睡眠時會輪流進入淺度睡眠、深度睡眠及快速動眼期的睡眠狀態。以一段8小時的睡眠來說，大概50%的時間是淺眠（4小時），25%是快速動眼期睡眠（2小時），

20%是深眠（1.6小時），剩下的5%則是入睡和起床的時間。淺眠時，會分類記憶、處理情緒及調整身體代謝；快速動眼期時，大腦會製造新的神經傳導物質，對記憶、學習與解決問題的能力很重要。身體也在這段時期合成新神經元、做夢和排除大腦的毒素。深眠期時，身體會生長與自我修復，這是生長激素（Human Growth Hormone, HGH）分泌最旺盛時。我們一個晚上會進入數次的快速動眼期，每一次進入的時間都會比上一次長。如果當晚的最後一個睡眠週期被打斷，或根本沒有機會發生，你會缺乏快速動眼期睡眠，影響大腦的表現。酒精、安眠藥物和抗憂鬱藥物也會干擾快速動眼期，所以請盡可能用自然的方法入睡。

人體能在24小時為一天的週期內做到白天起床，夜晚睡覺，主要是因為有褪黑激素，它是血清素的姊妹。日光減弱時，褪黑激素會上升，然後皮質醇下降，讓我們進入睡眠狀態；早上時，褪黑激素下降，皮質醇上升，於是我們起床。如果你憂心忡忡或非常憂鬱，血清素分泌下滑，導致無法合成足夠的褪黑激素，就會破壞睡眠品質。

有些人很容易入睡，但有些人則不是如此。影響睡眠的可能因素有很多：帶小孩、生活型態改變、搬家、病痛、內分泌、憂慮、工作過量、伴侶打鼾、輪值夜班、旅行等。在一段時間的失眠或旅行後，有補眠的現象是正常的。

配戴電子產品來追蹤自己的睡眠狀態，能提供我們一些有用的資訊，像是深眠和快速動眼期的長度。雖然我們無須過度擔心自然的睡眠波動，但是應該盡量以行動確保自己的睡眠時間與品質。

睡眠習慣

　　無論第二天是否有重要比賽，英式橄欖球員克魯斯每晚都能好好睡上9小時。唯一能打擾他睡覺的只有球隊到外地比賽時，晚上同房的隊友可能會打呼。他現在已經知道哪個隊友會打呼，房間名單一出來，就可以馬上申請換房。這個例子的重點是：每個人都要捍衛自己的睡眠需求。提升睡眠品質的好習慣包括：

- **檢查房間溫度**。涼爽的房間能幫助入睡，而且睡得更安穩，房間溫度應該控制在攝氏18度以下。
- **更換床墊／床**。席伊麗床墊（Sealy）和羅浮堡大學在2016年合作進行一項大型睡眠調查，發現不舒服的床墊會縮短約1小時的睡眠時間。過去十年床墊製作技術推陳出新，如果你的床齡將近十年，該是換張新床的時候了。兩個人同睡的話，床愈大，品質愈好。所以如果你容易受另一半的動作干擾，就換一張較大的床。
- **睡前收心儀式**。睡前30分鐘用鬧鈴提醒自己該進行收心儀式，可以先從減緩呼吸節奏開始，泡熱水澡、喝洋甘菊茶、聽輕柔的音樂，然後調暗燈光。
- **避免使用科技產品**。如果想睡得香甜，就別在睡前收發電子郵件。就寢前使用電子視聽產品會刺激皮質醇分泌（叫你起床的化學物質）。最好把這些電子產品放在臥室外。如果你一定要帶進房間，最好不要放在床邊或入睡前使用。睡前1小時盡量不要看任何電子螢幕。哈佛

醫學院的一份研究顯示，晚上時平板和電話螢幕發出的藍光會影響褪黑激素的分泌，干擾睡眠品質。現在大部分電子產品都可安裝過濾藍光的軟體，如果你是用手機當鬧鐘的人，晚上記得打開過濾功能。

- **盡量隔絕光線**。遮光簾和眼罩能阻隔光線干擾。在城鎮街道，路燈經常會照進屋內，也會抑制體內褪黑激素的分泌。

- **睡前伸展操**。請參見本章後面的伸展動作，能刺激副交感神經系統，達到放鬆的作用。

- **在白天運動**。日間時從事運動能幫助晚上入睡。健走、跑步、瑜伽、有氧舞蹈、高爾夫球等運動都能調節神經系統，於是晚上準備就寢時，副交感神經能如常運作。

- **避免睡前激烈運動**。快就寢前做激烈運動會妨礙睡眠，因為腎上腺受刺激後，會在接下來幾個小時內分泌腎上腺素。如果你唯一可以運動的空檔只有晚上，運動完可以泡熱水澡，在水裡放一茶匙浴鹽，幫助肌肉放鬆。

生活絕招：白天多走路能幫助晚上入睡，試著每天在三個會議裡來回走動，不要整天坐著。不是在公司工作的話，午餐時間記得起來走動。提早一站下公車或捷運，然後步行到目的地。

- **別太晚吃飯或吃過量**。消化一頓飯大約需要2到3小時。如果晚上8點或9點才吃豐盛的晚餐，會影響你在10點或11點左右入睡。吃一頓豐盛的晚餐是好事，但

是如果你有消化不良、胃酸過多、胃食道逆流或睡不好的問題，可以考慮中午多吃一點，晚餐則吃得清淡。

- **盡量不碰糖和酒精**。體內含有大量糖分或酒精時，即使你已經入睡，腎上腺仍然會持續運作，直到糖分和酒精完全消化為止。消化完後，肝臟會發出警訊，提醒腎上腺「快點！釋放更多能量！」於是，在夜半時分或一大早，皮質醇增加分泌，回應對能量的需求。早上起床時，我們的確需要皮質醇的幫助，但不是在半夜2點！如果發現糖分和酒精確實影響你的睡眠品質，晚上請選擇不同的休閒方式。別忘了，黑巧克力（可可含量70%以上）既美味又能刺激血清素分泌。

- **安排派對時間**。就算你在派對和狂飲之後，睡得不省人事，快速動眼期睡眠仍然不夠，這也是通常第二天覺得頭昏腦脹的原因。如果你喜歡參加派對，請仔細安排行程表，預留充分的休息時間。

- **留心咖啡因**。咖啡因會減少體內腺苷酸（adenosine）的吸收，而腺苷酸的功能是安撫大腦幫助入睡。愛喝咖啡的人請參考第7章提到的咖啡因攝取原則。

- **裸睡**。和伴侶肌膚接觸能刺激催產素分泌，藉此降低皮質醇，所以為了睡眠著想，最好裸睡。

- **買一副好耳塞**。能夠隨著個人耳朵形狀調整的蠟丸耳塞，是我最重要的睡眠工具之一，特別是在旅館過夜，或是在火車和飛機上工作時。

- **控制自己／伴侶的打鼾**。大家都知道隨著年紀變大，肌肉會逐漸鬆弛，打鼾的頻率也會隨之增加。打鼾的原

因通常是因為喉部、舌頭和臉部的肌肉鬆弛，導致嘴巴後方的軟顎下垂，特別是在躺下來時。當呼吸時氣流經過變窄的氣管，會因為震動而有聲音。飲酒或服用助眠藥物後，也容易鼾聲大作，因為這會讓整個臉部與喉嚨的肌肉放鬆。改善鼾聲的辦法，包括側睡和鼻腔擴張貼布，當然少碰酒精和安眠藥也有幫助。請參見本章的「對抗打鼾」練習。

- **掌握思緒**。失眠有可能是因為紛亂的思緒造成皮質醇分泌上升，影響入睡。如果半夜因為想太多而醒來，可以告訴大腦「停下來」、在床邊準備紙筆做「正面反彈」練習，或是用「節省活力」技巧寫下正在想的事和行動計畫。

- **盡可能在當下解決問題**。心中帶著困擾上床睡覺，對睡眠品質大大有害，試著在睡前盡可能解決這件事，如果超出你的能力所及，就先好好睡一覺。

- **放鬆情緒**。如果已經躺在床上，但下巴收緊、肩膀緊繃、小腹收縮、雙眉緊蹙，你肯定會睡不好。請做「循序放鬆」，並試著抒解情緒。自從撰寫本書以來，我遇到許多利用循序放鬆幫助睡眠的人，包括一名英國政府高階官員和板球選手泰勒。

生活絕招：假如你在重要活動的前一晚睡得不好，別驚慌，只要你這一陣子都有好好睡，讓腎上腺有充分的時間休息，就會有足夠的能量撐過去。最近我做了一場大型演講，對象是來自世界各地的150位企業領袖，但是我前一晚只睡了3小時。於是我使用定速呼吸節奏，從

機場到會場的計程車上,把握時間冥想20分鐘。接下來一整天,全神貫注在活動上,結果非常順利。

- **善用呼吸節奏**。呼吸節奏和睡眠品質密不可分。緩慢的呼吸能促進乙醯膽鹼的分泌;急促的呼吸則會釋放腎上腺素。你應該還記得在談力量時,曾提過定速呼吸對心理、情緒、生理、心率變異性及迷走神經都有很大影響。如果你一整天都好好呼吸,晚上入睡也會簡單不少。

生活絕招:躺在床上翻來覆去睡不著嗎?沒有特別理由就是無法入睡?試試以下的辦法:
- 下床。躺在地板伸展四肢,身體向前彎,並放鬆頸部。
- 站起來,做一些需要「動腦」的事(但是別碰科技產品),如看書或寫作。
- 坐起來冥想。

- **什麼都不做**。這對不管是真正失眠或只是睡不好的人都很重要,也是蓋伊·梅多斯(Guy Meadows)博士在著作《睡眠寶典》(*The Sleep Book*)中的主要內容之一。梅多斯在書中解釋該如何接受休息、停止抗拒睡眠,並且學著什麼都不做,無所事事本來就是一件很好的事。
- **攝取睡眠營養品**。5-HTP(5–羥色氨酸)能平衡GABA。GABA促進血清素、多巴胺和茶氨酸的分泌,這些化學物質能提升 α 腦波,並減少皮質醇的產生。

開始訓練：一夜好眠

旅行與睡眠

　　坐長途經濟艙時，大多數的人都無法好好睡覺。無法平躺下來，意味著腎上腺無法獲得休息，而副交感神經系統也不能發揮作用。牛津大學（University of Oxford）時間神經科學教授羅素・佛斯特（Russell Foster）相信，時差可以用光線來治療。如果你是向東邊飛行，到達前幾天，請避開有提神效果的早晨陽光，多晒晒下午和傍晚的陽光來放鬆；往西邊飛的話，下機後的幾天盡可能接觸早晨陽光，會減輕疲憊感。

練習：睡前伸展操

　　如果你躺上床時，覺得全身僵硬或一直想著某件事，請利用第8章介紹的彈性運動，或是挑選一項下述的伸展操做做。這能幫助你清理思緒、放慢呼吸速度，還有刺激下半部脊椎的脊髓液和神經。以下每個動作都能穩定我們的身體與大腦。

前彎（清理思緒）

- 雙腳站立，與臀部同寬，
  腳趾向前。
- 雙臂在頭頂上交抱。
- 腰部以上向前彎。
- 如果前彎時，大腿後側覺
  得非常緊繃，可以微微屈
  膝。（如果你有高血壓，前
  彎請勿超過5秒，然後慢慢
  往上。）

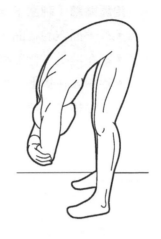

祈禱姿勢（緩和呼吸速度，並增加呼吸強度，模仿睡眠狀態）

- 跪下，雙臂往前伸直放在地板上。
- 雙手盡量向前伸，胸部靠在大腿上。
- 膝蓋向外張，手往前伸時會感覺背部肌肉的伸展。
- 如果你的柔軟度夠，可以把前額靠在地板上；如果不
  行，請放抱枕。
- 放鬆脖子，持續呼吸。

抬腿貼牆（刺激下半部脊椎脊髓液和神經）

- 找一面空的牆面，最好是在有地毯的房間。
- 躺在地上，背部和牆面成垂直。
- 抬腿靠在牆上，盡量伸直，臀部緊貼牆壁。
- 放鬆休息，持續呼吸。

這個技巧在你半夜醒來後睡不著時也有效果。

練習：對抗打鼾

每天做這個運動，可以保持臉部肌肉緊實靈活，防止軟顎下垂：

- 利用喉嚨後方的肌肉，盡量誇張地發音——mee、moo、maw、mah、may……。

- 重複十次。
- 發出 ng 的音（如同「doing」最後發的音），然後保持在同一聲調，張開喉嚨後方，轉換成「啊」音。
- 重複十次。

- 如果你是打鼾的一方：
  —— 減少酒精和鎮定劑的攝取。
  —— 試試鼻腔擴張貼布。
- 如果你的伴侶打鼾：
  —— 協助伴侶慢慢養成側睡的習慣。
  —— 使用隔音度高的蠟丸耳塞。
  —— 分房睡。

練習：「收心」呼吸法

　　想要收心，就必須設法降低腎上腺素和皮質醇，同時提高乙醯膽鹼與褪黑激素。通常睡前的收心儀式能發揮作用，躺在床上時也能做到。很多客戶和親友都對這個呼吸法讚不絕口。

- 吸氣 1 秒，吐氣 1 秒；吸氣 2 秒，吐氣 2 秒，以此類推。持續延長呼氣和吐氣時的秒數，直到你找到最適合自己的節奏為止。
- 保持該節奏，持續呼吸。
- 你可以感覺到自己變得緩和嗎？
- 隨著每一次吐氣，讓身體沉入舒適的床墊裡。

你不只會容易入睡，睡眠品質也會改善，加強腦內的 θ 波、δ 波和 γ 波。這個技巧也可以在清晨醒來，但是想再睡回籠覺時使用。

練習：心靈隱居和清掃

想像一個你想要隱居的地點：山頂、海邊或是湖中的一葉扁舟，觀想你身在其中。思緒受到干擾的話，就用心靈清掃技巧：想像門簾、鏟雪車，或是某個人把你的雜念向外掃，於是你觀想的畫面會再度出現。感覺到愉悅和寧靜時，自然會帶動體內的血清素與褪黑激素分泌。

練習：循序放鬆

在肌肉緊繃的情況下，先從腳開始——繃緊，然後放鬆；再來是小腿——繃緊，然後放鬆，而後逐漸往上移動，直到做完頭部的放鬆為止。

練習：重播你的一天

回想你今天做過的事，一件接著一件在腦海中播放。這能增加生心理的穩定感，進而抑制皮質醇的分泌。如果你在起床後的行程都充滿壓力，就選擇美好或放鬆的片段進行重播。

練習：從五百倒數

和上一個練習雷同，讓大腦想一些單調的事，有些人覺得簡單的數數有安撫效果。

練習：數數你的幸福

想想你生命中所有美好的事物，感受多巴胺和催產素進入大腦時，帶來的美好情緒與正面態度。

練習：（2分鐘）類睡眠

- 設定柔和的鬧鐘鈴聲。
- 這個練習的竅訣在於，馬上進入最接近睡眠的狀態。
- 找一個適合頭部休息的位置，像是額頭靠在手臂上或斜靠著椅子，身體調整到最舒服的姿勢。如果可以的話，最好能躺下來2分鐘。
- 調整心情。
- 蒙住眼睛。
- 按下鬧鐘開關，告訴自己：「睡覺」。
- 完全靜止不動，像一塊石頭。
- 清空所有的念頭。
- 這個技巧可能需要練習才會熟練，但是絕對能給你更長的清醒時間。如果你非常疲倦，2分鐘絕對不夠，你的身體會想再睡久一點，這是正常的。

使用睡眠檢核清單：

- **食物**——睡前2到3小時之前進食完畢，減少糖分和酒精的攝取。
- **科技產品**——睡前1小時收起所有科技產品，放在臥室外。
- **溫度**——最佳溫度為攝氏18度。

- **睡前30分鐘收心**——調暗燈光、泡澡、伸展。
- **光線**——遮光簾或眼罩。
- **聲音**——耳塞。

你可能必須說服伴侶也接受這些睡眠習慣，佩頓的丈夫仍不願意接受攝氏18度這一點。

介紹完睡眠和睡眠習慣後，下一章要討論如何透過飲食與健身來幫助我們清醒時的每分每秒，培養我們的能量和活力，創造長壽、健康、快樂的生活。

26 塑造持久力的營養與健身計畫

用飲食和運動擁有長久的顛峰人生

照顧你的身體，這是你唯一的居所。

——創業家和作家吉姆・隆（Jim Rohn）

身體需要攝入優質食物才能持續製造能量，建立強壯耐用的骨頭和肌肉。我們也應該有計畫地鍛鍊身體，提升儲備精力，遇到困難時才能發揮生理與心理的力量來度過難關。較聰明的做法是，在生活輕鬆時就進行持久力訓練，別等到緊要關頭才開始。以下所說的食物和運動能在我們最需要時提供能量，也能幫助在生活各方面維持良好的表現。

打造持久力的飲食

能量

如何獲取更多的能量？別回答提神飲料或大量的咖啡，兩者長期下來會讓你更加疲勞。以下是增加能量供給的方法：

- 椰子水能迅速提升活力，而且沒有過高的糖分。椰子水裡含有鈣、磷、鉀、鈉和氯化物，這些都是體液裡的重要電解質成分。電解質是充滿電流的分子，人體內所有

需要電流傳導才能發揮的功能都需要電解質，尤其是包括心臟和神經系統的肌肉動作。雖然加工食品含有高量的鈉與氯化物，但是通常缺乏其他的電解質成分，所以少吃垃圾食物和外賣，多煮新鮮原形食物與綠色蔬菜。流汗時，人體會流失電解質，運動後可以多喝椰子水。其他電解質含量豐富的食物，包括芹菜、西瓜、黃瓜、奇異果、鳳梨、甜椒、胡蘿蔔及益生菌優格。味噌湯也能提供豐富礦物質，如果能食用湯裡的海帶會更好。

- 食用**慢釋放性碳水化合物**，像是堅果、全麥麵包、番薯、燕麥和酪梨，這些食物的升糖指數低。少吃糖果、餅乾、蛋糕、馬鈴薯、洋芋片、白飯及香蕉等高升糖指數食物。低升糖食物正如其名，能緩慢穩定地釋放能量到人體裡；相反地，巧克力棒則是一股腦兒地釋放糖分，血糖衝高，於是你覺得活力充沛，可是半小時後糖分代謝完畢，活力也消失了。這種循環可能會導致你不斷追求糖分的刺激。要克服吃糖的欲望，可以將高升糖食物和低升糖食物搭配在一起食用。舉例來說，吃熱帶水果（高升糖）時，搭配一把杏仁（低升糖）；吃香蕉（高升糖）時，搭配一片全麥麵包（低升糖）；吃白飯（高升糖）時，搭配豆類、肉類及非澱粉類蔬菜（低升糖）。以下是一些受歡迎的低升糖食物：

　　──番薯。

　　──非澱粉類蔬菜，如蘆筍、菠菜、白色花椰菜、綠色花椰菜及芹菜。

　　──堅果和堅果奶油。

——紮實的全麥麵包。

——扁豆和豆子。

我發現最好的零食就是水果（乾燥或新鮮都可）加上一把堅果，準備一些在袋子裡取代巧克力棒。低糖分的營養棒也混合低升糖和高升糖食物：水果、穀物及其他養分。

維持骨骼強健

維生素D能促進鈣質的吸收，對骨骼健康很重要。想要擁有持久力和長壽，我們需要健康、不斷再生的骨頭。食用富含維生素D的食物，照射充足陽光，就能保持骨骼的健康，也能預防老年時骨質疏鬆。維生素D豐富的食物包括：

• 高油脂魚類。

• 蛋黃。

• 紅肉。

• 營養強化奶和黃豆製品。

• 營養強化柳橙汁。

均衡的飲食**應該**就能攝取到充足的維生素D，但是很多人的攝取量明顯不足。建議每天至少15微克（70歲以上攝取20微克）；一片85公克的鮭魚約含有11微克維生素D。

維持肌肉強健

• 蛋白質是建立並維持肌肉量的關鍵，我們進行阻力訓練

時也需要蛋白質，才會增加肌肉。

- 如果你想透過健身房訓練來增加肌肉，訓練結束後20分鐘內飲用蛋白質飲品，如乳清或黃豆蛋白粉，能幫助肌肉生成（最多30公克）。

- 年紀較大的人想要維持或增加肌肉，不妨試試蛋白粉。光靠食用魚、肉、蛋、起司等高蛋白食物，無法立刻提供與蛋白粉等量的可用蛋白質。15公克蛋白粉搭配運動，特別是阻力訓練，已經證明能有效增加肌群。

打造持久力的運動

培養持久力的健身方式，應該是逐步提高動作難度、拉長距離、增加次數，還有對抗阻力的訓練。遠程的自行車、跑步、走路都是很棒的持久力運動，因為能保持器官年輕，延年益壽。其實只要不斷增加難度，任何一種運動都能鍛鍊持久力。但是如果你年過40，請在鍛鍊時多加小心。我遇見很多人想要重拾過去的體態，於是用以前20歲或30歲時的方法健身，反而造成運動傷害。請保持耐心，循序漸進。

針對持久力的健身建議

- 園藝或家務都能鍛鍊持久力，因為多半是克服阻力的動作，如搬動、推、拉、抬舉。從事一整天體力工作，其實是很好的健身方式。你的平常工作愈是靜態，在工時以外的時間維持身體勞動就愈重要。只要沒有醫療上的

顧慮，給自己一些體能上的挑戰是好事。

- 長程健走是鍛鍊持久力的好運動，因為你能調整節奏，挑戰自己。這能建立對自己的信心，幫助你在痛苦時撐下去。

- 參加慈善健走或賽跑會改變你對自己的看法，也會重新認識自己的能力。

- 想要加強健走或跑步時的挑戰性，可以在規劃路線時放入更多有台階或山坡的路線。上坡運動可以加強肌肉和骨骼，提高持久力。

- 如果你決定參加馬拉松，記得做功課，並安排至少六個月的訓練期。參考曾跑過馬拉松的人的意見。

- 在第24章「持久力隧道」中，我介紹一些能訓練核心肌力，給你更多支持力量的持久力運動。把這些運動納入日常行程，增加你的活力。

- 進一步加強你的體能訓練，制定長期計畫。較好的做法是與健身教練一起討論擬定計畫，逐漸提高你的訓練項目強度，並確定這是你做得到的計畫。

- 早起。挑選一週，每天提早30分鐘起床。利用這段時間做阻力訓練、冥想，或練習第24章的持久力運動。

- 肌肉收縮對決心有很大的幫助。如果你很了解自己的身體，又時常旅行，不妨隨身攜帶一條彈力帶。佩頓旅行時一定會在行李裡放彈力帶，網路上也有大量可以參考的彈力帶運動建議。不過還是要強調，最好先和你的健身教練討論。

- 運動時，如果你打算給自己更大的挑戰，培養持久力，

請記得循序漸進。務必確認你運動的方法和姿勢是正確的，運動的質比量重要。

- 在健身時聽音樂，能激勵很多人更賣力地投入。選擇音樂的原則是，開始時先聽比較和緩的暖身音樂，接下來隨著難度增加，再換到快節奏的音樂。如果太快進入快歌，反而會對多巴胺的分泌造成負面影響，降低你下一次運動的意願。所以，給身體一點時間進入狀況。音樂能轉移我們的注意力，不去想身體的不適，也能提振士氣，曾參加尊巴舞課程的人都能明白合適的音樂有多重要。也要慎選結束時的音樂。

- 想鍛鍊心理和情緒的持久力，可以延長靜坐的時間，練習正念或練習本書提過的任何一種呼吸技巧，冥想靜修也是對持久力很好的考驗。如果你現在每天都做10分鐘的呼吸練習，可以考慮週末時每天靜坐30分鐘，甚至在靜坐時加入第19章提過的「聚焦練習」。大腦和身體每個部位分別聚焦2分鐘——總共約26分鐘，最後4分鐘便隨心意漫遊。

接下來，你會學到並決定如何練習與實行這些持久力技巧，將它們納入你的生活習慣中。

全方位持久力增強計畫

　　哪一個是你最迫不及待想要練習的持久力技巧？哪一個是你想多多嘗試，增加未來活力和動力的技巧？在演練週中，你可以試做所有有興趣的持久力技巧，然後在接下來一個月內每天練習。享受這些技巧帶給你的豐沛能量，最後設定一個你想利用這些技巧達成的高難度目標。

　　本篇中有一些是每天日常生活中隨手可做的技巧，也有些是遇到難關時有幫助的技巧，還有少數是適合在週末花多一點時間探索的技巧，端視你的目的和對未來的規劃而定。

1. 保持你已經養成習慣的力量、彈性及復原力技巧。
2. 除了原有的習慣外，另選五個你想嘗試的持久力技巧。
3. 用一週的時間演練你選的五個技巧，找出融入生活的最佳方式和時機。（可參考以下關於習慣堆疊法和觸發點的建議。）
4. 接下來整個月，每天執行這五個技巧，直到它們變成你生活的一部分為止。
5. 週末時花費較長的時間練習有深度、多步驟的技巧，如「看見遠景」、「提升活力」，以及第23章裡關於激勵和感激的技巧。

　　（當你覺得準備好了，可以再挑選其他的持久力技巧，按照上述步驟，加以演練，然後實行。）

　　以下是我們在本篇學過的技巧清單，看完清單後，勾選幾個你覺得對自己最有幫助的技巧，然後擬定一套演練和實踐計畫。

- **聚焦練習**——遇到困難時，保持心理活力和安穩是很重要的。練習將注意力放在大腦與身體的不同部位，然後回歸大腦中央休息。
- **看見遠景**——清楚觀想你希望達成的目標，並訂出時間軸。
- **肌肉收縮**——找出可以在緊要關頭激發你力量的動作和詞彙。
- **設定里程碑**——設定並觀想里程碑，想像自己慶祝完成目標時。用里程碑規劃你的進度，預演一次整個計畫的時間軸。
- **感受力量**——呼吸，增加呼吸時的阻力能帶給大腦和身體活力。
- **持久力運動**——運用核心肌群的運動，鍛鍊持久力、企圖心與內在平衡，像是「爭取與控制」、「放置與平衡」、「猛推」。
- **突破痛苦限制**——觀想腦下垂體正在釋放天然止痛藥（腦內啡）到血管裡，減輕你正在承受的痛苦。別忘了中樞神經系統總是過度小心，所以當你覺得疲憊時，請告訴自己：「我還有力量，還能走下去。」

- **激勵**

  列出目的——用一個詞彙說出你存在世界上的目的。

  列出價值觀——你做人的原則是什麼？

  列出使命——用幾句話說出你這輩子的使命。

  誰能獲益——誰能從你做的事情中獲益，又會如何獲益？

- **感激他人**——口頭／簡訊／寄信給你想要感謝的人，謝
  謝他們曾做過的事。

- **感激自己**——用心地列出所有你擁有的美好事物和你的
  價值。

- **沖冷水澡**——淋浴的最後30秒轉成冷水，你會精神一
  振。

- **「暖身」呼吸法**——吸氣，然後急促地一口接一口吐
  氣，直到吐完為止，重複進行。

- **「甦醒」呼吸法**——用橫膈膜的力量吸氣，然後吐氣，
  直到你能以最快速度呼吸長達1分鐘為止。

- **節省精力**——下定決心在每天最前面的2小時，完全專
  注在最困難的任務上，不分心做其他的事；在其餘時
  間，則找出最消耗能量的事，調整處理模式。

- **能量午睡**——白天疲倦的話，20到30分鐘的午睡能讓
  你的精神恢復。

- **睡眠習慣**——將室溫調至攝氏18度，臥室內盡量不放科
  技產品，在床邊放紙筆，以便隨時寫下第二天要做的事。

- **睡前伸展操**——前彎、祈禱姿勢、抬腿貼牆。

- **「收心」呼吸法**——放緩呼吸節奏，到接近睡眠的狀態。

- **入睡技巧**——「心靈隱居和打掃」、「重播你的一天」、

「從五百倒數」、「數數你的幸福」。

- **（2分鐘）類睡眠**——2分鐘的完全靜止放鬆，像睡覺一樣，有著絕佳的提神效果。
- **飲食**——喝椰子水、吃慢釋放性碳水化合物、高升糖和低升糖食物搭配食用、添加超級蔬果、吃富含維生素D的食物與蛋白粉。
- **運動**——多做家務和園藝活動，走路與跑步也很好。練習持久力運動，然後找健身教練討論如何提升運動的次數和阻力。隨身帶著彈性帶，用音樂激勵自己。
- **長時間靜坐／呼吸法**——週末時，每天靜坐30分鐘，使用本書介紹的任何一種呼吸法，還有聚焦訓練。

現在，讓我們來養成習慣：

演練週之前的週末

- 將超級食物和優質蛋白質排入下週的飲食計畫，多嘗試各種營養價值高的食物。在以健康為訴求的超級市場購物，並多選購我們提過的食物，你也可以諮詢營養師。
  觸發點：擬定下週購物清單時。
- 花30分鐘靜坐，同時做「聚焦練習」，試試看。
  觸發點：喝完咖啡與做完雜事後。
- 做「看見遠景」練習，注意力放在你想達成的某件事上，可以獨自進行或找同伴一起做，觀想未來某個時點。
  觸發點：做完「聚焦練習」後。
- 根據上面的觀想結果，「設定里程碑」，擬定具體可行

的計畫，寫下你的里程碑。

觸發點：做完「看見遠景」後。

- 找出你的核心目的、價值觀及使命，和朋友一起討論，當你確切做到時，有誰能獲益。

觸發點：朋友來訪時。

一早醒來

- 花2分鐘感謝你所擁有的一切事物，寫感恩日誌。

觸發點：按掉鬧鐘後。

上班前

- 比平常早30分鐘起床，用這段時間做短短的阻力訓練、冥想，或是「感受力量」呼吸技巧。

觸發點：按掉鬧鐘後。

- 淋浴時最後30秒轉成冷水。（你會一整天精神抖擻，充滿活力，雖然這30秒有點辛苦。）

觸發點：淋浴尾聲。

上班途中

- 規劃你今天的重點事項和里程碑，遇到難題時做「肌肉收縮」，增加你的能量。完成每個里程碑時，別忘了慶祝一下。

觸發點：車廂門關閉或綁上安全帶時。

在公司或在家上班

- 一開始的2小時專心處理「高難度任務」，先檢查有沒有需要緊急處理的事情，結束之後，關上你的收件匣或是掛上「外出中」，就能不受干擾地處理高難度，需要策略性思考的重要任務。

  觸發點：在辦公桌前坐下時。

- 做五次「感受力量」呼吸法，重燃身心的鬥志。

  觸發點：結束2小時的高難度任務後。

- 檢視哪些事情特別消耗你的能量，然後做出調整。

  觸發點：做完「感受力量」呼吸法後。

- 吃一些含有高升糖和低升糖食物的零食，如水果加堅果。

  觸發點：去茶水間或廚房時。

- 每工作45分鐘就休息一下，站起來走走，和人聊聊天，再繼續工作，這樣會讓注意力更集中。

  觸發點：手機設定的提示音響起時。

午餐時

- 放下手邊的工作，深呼吸，然後花15到30分鐘享用營養滿點的午餐。

  觸發點：手機設定的提示鬧鈴響起時。

- 用完午餐開始繼續工作之前，做2分鐘類睡眠。

  觸發點：吃完飯後。

- 不時回想你在做「看見遠景」時觀想到的景象，幫助自己記住長期目標，還有你的目的、價值觀及使命 —— 感受到多巴胺的釋放。

觸發點：回到辦公桌前，準備投入下午的工作時。

下午

- 專注在你的下一個里程碑，除非出現一定要處理的緊急事件，不然請保持你排好的優先順序。在今天結束前，達成你的下一個里程碑，收縮肌肉，全力以赴。

  觸發點：打開收件匣時。

- 想睡？沒精神？如果你的辦公室有合適角落，睡20分鐘的午覺吧！如果環境不允許，也可以進行2分鐘類睡眠，然後再做「甦醒」呼吸法，保證你神清氣爽。

  觸發點：注意力不集中，眼睛忍不住要閉上時。

- 吃緩慢釋放性碳水化合物零食：堅果、五穀、原形食物、低糖的營養棒。

  觸發點：去健身房1小時前。

- 工作到一段落時，記錄自己今天的成果，安排好明天的優先順序。

  觸發點：關上電腦，收拾桌面時。

晚上

- 認真執行運動計畫，一週去健身房或運動三次。運動計畫必須符合你的能力，慢慢增加動作次數和難度。聽音樂來鼓舞自己，然後用「突破痛苦限制」技巧來面對肉體上的不適。請記得，你感到痛苦和疲憊時，通常距離真正的生理傷害還很遠。

  觸發點：走出辦公室或車站後。

- 回家的路上，仔細回想自己今天所有增加活力的行為：有效率的對話、正確使用能量的決定、健身等。檢查所有消耗能量的事件，像是不斷擔心最後結果的念頭，卻無法集中精神；或是明知沒用但還是去做的事。

  觸發點：坐在車上，或是等紅燈時。

- 感激他人——發出三封感謝的簡訊或郵件。

  觸發點：快要進到家門前。

- 用更豐富的對話來表達對自己與他人的感謝。通常被問到今天過得如何時，我們只會說「很好」，簡短有力。現在開始轉換一下，當別人問候你時，具體說說幾件事，包括今天發生的好事、挑戰或是讓你傷神的事，然後反問對方，欣賞他們今天的成就或分享他們遇到的困難。（如果你當下沒有時間多談，就安排其他的時間，你可以說：「我先換衣服，然後再好好聊聊。」如果你不想提，就向對方解釋清楚原因。）

  觸發點：當伴侶／室友／家人問你：「今天過得好嗎？」

- 設定「外出中／請勿打擾」訊息。當你和家人、朋友聚會時，避免查看公司郵件或接公務電話，因為這是屬於你，也是屬於家人、朋友的時光。

  觸發點：和家人、朋友聚會時。

- 每天抽出30到60分鐘獎勵或徹底放鬆，做一些讓自己開心又不費心的事，像是追劇、讀書或泡熱水澡。做這些事的唯一理由，就是你覺得快樂。和家人討論應該如何安排這段放鬆的時光，並請他們盡量不要打擾。

  觸發點：晚餐後。

- 準備隔天要穿的衣服和需要的文件，早上就不需要消耗寶貴的腦力。

  觸發點：刷完牙後／登出電腦時。

- 設定室溫在攝氏18度能提升睡眠品質，放下一切科技產品，如果可以的話，把手機和電腦放在臥室外，隔絕所有螢幕的光。清理房中雜物，在清爽的空間裡入睡。

  觸發點：睡前1小時，可以設定手機鬧鈴提示。

- 睡前做一、兩個伸展操，像是「前彎」、「祈禱姿勢」、「抬腿貼牆」。

  觸發點：調暗燈光準備睡覺時。

- 提早1小時就寢。

  觸發點：設定手機鬧鈴提示。

- 用「收心」呼吸法、循序放鬆，或任何第25章提及的睡眠技巧，讓自己擁有一夜好眠。

  觸發點：躺上枕頭時。

加分題：

- 和孩子、家人分享這些技巧，能夠增加他們對你的理解，也能提升身邊人的持久力。

- 「突破痛苦限制」是可以在生活中不斷幫助你對抗不適的重要技巧。下一次當你發現自己出現**好累、這太難了**等想法時，試著轉換想法：**我還有能完成工作的能量**，或是**也許我沒有真的這麼累，可能只是我的心態**。

（注意：如果你有高血壓或其他健康上的狀況，在增加你的運動量之前，務必和醫師做討論。）

最理想的情況是，挑選你較悠閒的一週展開持久力技巧的演練，這樣才有餘裕給自己多一些生理挑戰，也能好好關注這些技巧對心理和情緒的作用。即使目前的生活一切順遂，也要專注**培養**自己面對困境時的持久力。

記下你的持久力實施計畫與**觸發點**。

演練七天

接下來七天請好好探索這些持久力技巧，充分應用練習，讓技巧融入你的生活裡。有些關於未來長期願景的技巧，特別適合在週末時，獨自或和家人一起花多一點時間好好研究。

實踐持久力

演練期後的一整個月，請好好執行你的持久力鍛鍊計畫。在每個觸發點實踐持久力技巧，別心存猶豫或改變行程。當你開始使用持久力技巧時，就會擁有**更多**的活力。搭配你之前已經培養的力量、彈性和復原力技巧，新的持久力技巧能讓你一步步邁向自己希望創造的未來。

恭喜！你已經完成身體智能裡的持久力訓練，為長遠的未來準備充足的能量。現在我們要將身體智能的四大訓練合而為一，好好討論你該如何在漫長的人生旅程中，堅持不懈地培養自己的身體智能。

把一切合而為一

如何不間斷地培養身體智能？

偉大的事物是由一連串小事集結而成。

——畫家文森·梵谷（Vincent van Gogh）

　　寫到這裡，我們希望你已經了解身體智能的技巧會提升自己的潛能，接下更多挑戰，並且實現你的夢想。完成本書的訓練計畫後，你已經演練並實踐了二十個技巧（每個要素有五個）。透過這些技巧，你將會感受到身體智能對生活的正面影響；當然，你也可以專注於其中一、兩項要素，挑選自己有興趣的技巧練習，無論你的選擇是什麼都很好。

　　接下來是關於如何長期鍛鍊身體智能的一些建議，在這條漫長的路上，你需要的是彈性、一以貫之的計畫與再計畫。

- 想要進一步提升身體智能時，請自我檢視，詢問自己：「我想要改變或改善的是生活的哪一面向？」
- 觀察自己在不同時期中，需要重視的分別是哪一項身體智能要素，你可能已經找出自己的優先順序。
- 了解自己的優先順序後，挑選下一個應該重視的要素。
- 定時翻閱本書，我們建議你每個月做一輪習慣檢查。
- 你可以不斷重複進行本書安排的四個月訓練計畫；一個

月針對一項要素，先重新挑選五個力量技巧，下個月再增加五個彈性技巧，以此類推。一段時間後，你就能開發出屬於自己的技巧，更有彈性地進行訓練計畫，因為你愈來愈能掌握身體智能。

- 不斷練習技巧，直到內化成自然反應為止。例如，你在一個月內每天都練習調整呼吸節奏的技巧，即使不去思考，很快也會自然而然地調節呼吸節奏。將技巧融入每日的例行活動就能慢慢養成習慣，也許這個過程會有些辛苦，但是最後一定會成為你的一部分。

- 不要忘記，每次當你練習一個技巧時，都正在朝著你的願景前進。

- 別太苛責自己，如果習慣中斷了，別擔心，在適當的時點重新培養就好了。

- 你可以根據自己的需要，中止原來練習的技巧，然後重選打算養成習慣的其他技巧。但是，別中止那些你已經確定很重要的技巧，如果你常忘記使用這些技巧，請試著找其他合適的時機來養成習慣。

- 面臨新挑戰時，根據自己的需要制定新的身體智能計畫，再次閱讀本書，找出對當下的你最有用的技巧。

- 和其他人分享本書，一起練習並分享心得，互相支持彼此，有些技巧一起進行會更有樂趣。

身體智能不是立竿見影的特效藥，而是人生中一段充實又愉快的旅程。20多歲時的我，完全不清楚怎麼增加自己的力量、彈性、復原力和持久力，也因此很難找出保持讓自己快

樂、自信、有效率的方法，生活充滿疑惑與傷害。研究身體智能技巧，應用在自己身上，並且與其他人分享，已經是我人生旅程中重要的一部分。身體智能讓我在遇到困難時，知道該如何回應，帶給我人生豐富的喜悅與樂趣。

佩頓在過去雖然經常在生活和工作上運用種種舞蹈、聲音、劇場中的技巧處理各種難題，但是她並沒有自覺。直到加入律動企業後，佩頓才徹底明白她是如何運用技巧，和各種體內的化學物質變化。現在她掌握更多的技巧，能夠更加嫻熟地運用，生活的各個面向也都獲益良多。

持續鍛鍊身體智能幾年後，你會自然而然地內化所有的觀念和技巧，更有能力維持自己的顛峰表現。生活總是不盡完美，在遇到問題時能應用這些技巧，對你是很大的優勢，也能讓**你**主掌自己的經驗、發展及成就。

工作的型態不停轉變，人們平均壽命愈來愈長，許多人一生中將會從事不只一種，而是兩到三種不同的職業，有些人甚至沒有退休的時候。擁有身體智能的人將能在生命各個階段中，從容面對變化與挑戰，活得更有智慧、更健康也更快樂。

我們希望本書能在未來幾年間受到更多人喜歡，並且落實在生活裡，請把本書放在你的身邊，在你最需要幫助時應用。

身體智能的實例

以下是將身體智能四大要素合而為一，並且確切落實在生活中的兩個絕佳範例。

重拾自信，脫胎換骨

法蘭索瓦任職於世界知名大銀行，是一位年輕的銀行家。他非常聰明，但是在社交上常常缺乏自信，低估自己的能力和社會地位。他特別覺得不舒服的一件事，就是在辦公室裡被一群名校MBA畢業生包圍；雖然法蘭索瓦也有傑出的專業證書，但是教育背景卻和其他人不同。不過，即使沒有正統的MBA學位，他在內部還是升遷得很快。法蘭索瓦注意到那些MBA畢業生似乎特別受到尊重，和人交談時信心滿滿又從容不迫。此外，法蘭索瓦的父親始終相信，他對兒子嚴厲的批評是為了兒子好，殊不知長期下來卻嚴重打擊法蘭索瓦的自信，甚至讓法蘭索瓦出現自卑感。

接受我們指導的前兩個月，法蘭索瓦每天早上在家裡的行程是：收攝身體、由一數到十的集中嗓音，還有發音練習。接著通勤路上，他會練習定速呼吸法、MOT，以及聚焦練習，讓注意力集中在大腦和身體上，以便應付接下來繁忙的一天。法蘭索瓦巧妙地整合力量與彈性技巧，加強自信和適應能力。他開始察覺自己的變化；在辦公室裡愈來愈會和同事談天說笑，也更有膽量直接找主管談話，爭取支持。如果出現負面想法或焦慮，法蘭索瓦就會做「正面反彈」。他也學會用「放下」技巧來處理負面經驗，讓自己盡快恢復正常。

因為過去經常感覺被孤立，而且總是埋首工作，經營人脈和社交往來一直不是法蘭索瓦的生活重點，現

在他開始在社交下功夫，也規定自己至少要花費一定的時間在導師與同事身上。他利用「看見遠景」的技巧來觀想未來，然後擬定一套可執行的策略。法蘭索瓦知道自己渴望找到伴侶共組家庭，但是銀行的超長工時和壓力，也表示他一定要有計畫地投入時間在社交生活，遠景才會實現。

一年後，他還是必須很努力地確保高工時不會破壞到自己的家庭和社交時間，但是目前法蘭索瓦已經有了親密伴侶、升遷兩次，而且完成部門內最成功的兩筆交易案。

重新掌握職場和家庭

我指導塔妮雅的時間長達一年，她是公司的高階主管。我們剛認識時，塔妮雅每天超時工作，週末繼續加班趕進度，工作和個人生活完全失去分際。塔妮雅在公司裡是活力充沛的資深主管，參與許多專案與董事會的活動。她的父母和公婆每年都會分別來探望他們，並且一起小住幾個月。對塔妮雅和丈夫來說，這些家人來訪是生活的重要部分，但是其實也帶給她很大的家庭壓力，因為房子不大，當父母和公婆同住時，塔妮雅就完全沒有個人空間，與丈夫的關係也變得緊繃。

在衡量整體狀況後，我們分別針對塔妮雅的職場和

家庭生活，列出不同的技巧與重點。在職場上：

1. 提升資源：利用「看見遠景」、肌肉收縮和里程碑的技巧，描繪出自己的目標與達成的途徑。同時，她也在上班時，盡量融合姿勢、定速呼吸法、收攝，以及聲音的力量等技巧，加強自己掌握局勢的能力。最後，塔妮雅花了八個月的時間，說服執行長同意招募新人，擴編她的部門團隊。

2. 設立工作時間的界線：提升工作效率而不是延長工作時數，同時懂得拒絕不合理的截止期限。塔妮雅採用第24章的節省活力技巧，而且停止從「我、每件事、總是」的角度來思考。她努力爭取到支援，將工作向外分派；塔妮雅也找出要達成自己的願景與公司目標的行動優先順序，然後挑選幾件對事業幫助最大的關鍵任務，積極投入。

在家庭上，塔妮雅和手足商量該如何分擔照顧父母的責任。面對糾結的家庭關係時，她持續使用「關係轉換」和樂觀的技巧，特別是「正面反彈」。塔妮雅後來搬到一間有私人辦公室的房子，這樣一週裡至少有一天可以不受打擾地在家上班。她和丈夫也發現，兩人常常忽略為人父母的責任，於是下定決心要多留給時間給家人。他們採用激勵與感謝的技巧，承諾每天晚上7點一

定和女兒共進晚餐。這個規則讓家中每個人都更開心，也讓塔妮雅與丈夫更滿意自己的親職表現。

兩年後，塔妮雅順利晉升為董事會成員，領導更大的團隊，隨時準備好維持自己的表現水準，設立個人時間的界線，也讓她身邊的人發揮最大的潛能，愉快生活。

最後，祝福各位好好享受身體智能帶來的美好生活！

參考資料

前言

1. 霍華德・嘉納（Howard Gardner），《發現7種IQ》（*Frames of Mind: The Theory of Multiple Intelligences*），時報出版，2013年。

2. 丹尼爾・高曼（Daniel Goleman），《EQ：決定一生幸福與成就的永恆力量》（*Emotional Intelligence: Why It Can Matter More Than IQ*），時報出版，2016年。

3. Marily Oppezzo and Daniel L. Schwartz, 'Give Your Ideas Some Legs: The Positive Effect of Walking on Creative Thinking', *Journal of Experimental Psychology: Learning, Memory, and Cognition American Psychological Association*, Vol. 40, No. 4 (2014): 1142-52.

4. Pablo Brinol, Richard E. Petty and Benjamin Wagner, 'Body Posture Effects on Self-Evaluation: A Self-Validation Approach', *European Journal of Social Psychology*, Vol. 39, No. 6 (2009): 1053-64.

5. Dr Justin Kennedy, 'Neurocardiac and Neuro-biofeedback Measurement of Financial Executive Performance as Associated with HRV Metrics', *Neuroleadership Journal*, Vol. 4 (2012): 81-7.

6. Kirsten Hotting and Brigitte Roder, 'Beneficial Effects of Physical Exercise on Neuroplasticity and Cognition', *Neuroscience and Biobehavioural Reviews*, Vol. 37, No. 9 (2013): 2243-57.

7. Vinoth K. Ranganathan, Vlodek Siemionow, Jing Z. Liu, Vinod Sahgal and Guang H. Yue, 'From Mental Power to Muscle Power, Gaining Strength by Using the Mind', *Neuropsychologia*, Vol. 42, No. 7 (2004): 944-56.

8. Guy Claxton, *Intelligence in the Flesh: Why Your Mind Needs Your Body Much More Than It Thinks* (London and New Haven: Yale University Press, 2015).

第1章

1. David Rock, *Your Brain at Work: Strategies for Overcoming Distraction, Regaining Focus, and Working Smarter All Day Long* (New York: Harper Collins, 2009).

2. Sally S. Dickerson, Peggy J. Mycek and Frank Zaldivar, 'Negative Social Evaluation, But Not Mere Social Presence, Elicits Cortisol Responses to a Laboratory Stressor Task', *Health Psychology*, Vol. 27, No. 1 (2008): 116-21.

3. Katrin Starcke and Matthias Brand, 'Decision Making Under Stress: A Selective Review', *Neuroscience & Biobehavioral Reviews*, Vol. 26, No. 4 (2011): 1228-48.

4. Grant S. Shields, Jovian C. W. Lam, Brian C. Trainor and Andrew P. Yonelinas, 'Exposure to Acute Stress Enhances Decision-Making Competence: Evidence for the Role of DHEA', *Psychoneuroendocrinology*, Vol. 67 (2016): 51-60.

5. Ethan S. Bromberg-Martin, Masayuki Matsumoto and Okihide Hikosaka, 'Dopamine in Motivational Control: Rewarding, Aversive, and Alerting', *Neuron*, Vol. 68, No. 5 (2010): 815-34.

6. Anne Campbell, 'Oxytocin and Human Social Behavior', *Personality and Social Psychology Review*, Vol. 14, No. 3 (2010): 281-95.

7. Derrik E. Asher, Alexis B. Craig, Andrew Zaldivar, Alyssa A. Brewer and Jeffrey L. Krichmar, 'A Dynamic, Embodied Paradigm to Investigate the Role of Serotonin in Decision-Making', *Frontiers in Integrative Neuroscience*, Vol. 7 (2013).

Part I

1. Pranjal H. Mehta and Robert A. Josephs, 'Testosterone and Cortisol Jointly Regulate Dominance: Evidence for a Dualhormone Hypothesis', *Hormones and Behavior*, Vol. 58, No. 5 (2010): 898-906.

2. David Rock et al., 'SCARF: A Brain-Based Model for Collaborating With and Influencing Others', *NeuroLeadership Journal*, Vol. 1 (2008): 44-52.

3. Antonio Damasio, *Descartes' Error: Emotion, Reason and the Human Brain* (London: Vintage Books, 2006).

4. 安東尼歐・達馬吉歐（Antonio Damasio），《意識究竟從何而來？——從神經科學看人類心智與自我的演化》（*Self Comes to Mind: Constructing the Conscious Brain*），商周出版，2017年。

5. Antonio Damasio, *The Feeling of What Happens: Body and Emotion in the Making of Consciousness* (London: Vintage Books, 2000).

6. Barnaby D. Dunn, Tim Dalgleish and Andrew D. Lawrence, 'The Somatic Marker Hypothesis: A Critical Evaluation', *Neuroscience and Biobehavioral Reviews*, Vol. 30, No. 2 (2006): 239–71.

7. Michelle M. Duguid and Jack A. Goncalo, 'Living Large: The Powerful Overestimate Their Own Height', *Psychological Science*, Vol. 23, No. 1 (2012): 36–40.

8. Li Huang, Adam D. Galinsky, Deborah H. Gruenfeld and Lucia E. Guillory, 'Powerful Postures Versus Powerful Roles: Which Is the Proximate Correlate of Thought and Behavior?', *Psychological Science*, Vol. 22, No. 1 (2011): 95–102.

9. Pablo Brinol, Richard E. Petty and Benjamin Wagner, 'Body Posture Effects on Self-Evaluation: A Self-Validation Approach', *European Journal of Social Psychology*, Vol. 39, No. 6 (2009): 1053–64.

10. Amy J. C. Cuddy, Caroline A. Wilmuth and Dana R. Carney, 'The Benefit of Power Posing Before a High-Stakes Social Evaluation', *Harvard Business School Scholarly Articles*, No. 13-027 (2012).

11. Amy J. C. Cuddy, S. Jack Schultz, Nathan E. Fosse, 'P-Curving a More Comprehensive Body of Research on Postural Feedback Reveals Clear Evidential Value for Power-Posing Effects: Reply to Simmons and Simonson' (2017).

12. Johannes Michalak, Judith Mischnat and Tobias Teismann, 'Sitting Posture Makes a Difference—Embodiment Effects on Depressive Memory Bias', *Clinical Psychology and Psychotherapy*, Vol. 21, No. 6 (2014): 519–24.

13. Luciano Bernardi, Cesare Porta, Alessandra Gabutti, Lucia Spicuzza and Peter Sleight, 'Modulatory effects of respiration', *Autonomic Neuroscience: Basic and Clinical*, Vol. 90, No. 1–2 (2001): 47–56.

14. Bradley M. Appelhans and Linda J. Luecken, 'Heart Rate Variability as an Index of Regulated Emotional Responding', *Review of General Psychology*,

Vol. 10, No. 3 (2006): 229-40.

15. Leah Lagos, Evgeny Vaschillo, Bronya Vaschillo, Paul Lehrer, Marsha Bates and Robert Pandina, 'Heart Rate Variability Biofeedback as a Strategy for Dealing with Competitive Anxiety: A Case Study', *Association for Applied Psychophysiology & Biofeedback*, Vol. 26, No. 3 (2008): 109-15.

16. Dr Alan Watkins, *Coherence: The Secret Science of Brilliant Leadership* (London: Kogan Page, 2014).

17. Robin S. Vealey and Christy A. Greenleaf, 'Seeing is Believing: Understanding and Using Imagery in Sport', in Jean M. Williams (ed.), *Applied Sport Psychology: Personal Growth to Peak Performance* (International: McGraw-Hill, 2010).

18. Ian Robertson, *The Winner Effect: The Science of Success and How to Use It* (London: Bloomsbury, 2012).

19. 約翰‧科茨（John Coates），《犬狼之間的時刻：冒險、直覺及市場起落的生理學之謎》（*The Hour Between Dog and Wolf: Risk-Taking, Gut Feelings and the Biology of Boom and Bust*），財信出版，2013年。

20. J. M. Coates and J. Herbert, 'Endogenous Steroids and Financial Risk Taking on a London Trading Floor', *Proceedings of the National Academy of Science*, Vol. 105, No. 16 (2008): 6167-72.

21. Nicholas Wade, 'Your Body Is Younger Than You Think', *New York Times*, 2 August 2005: http://www.nytimes.com/2005/08/02/science/your-body-is-younger-than-youthink.html.

Part II

1. Dr Jason Devereux, Dr Leif Rydstedt, Dr Vincent Kelly, Dr Paul Weston and Prof Peter Buckle, 'The Role of Work Stress and Psychological Factors in the Development of Musculoskeletal Disorders', Health and Safety Executive Research Report No. 273 (Guildford: HSE Books, 2004).

2. John P. Buckley, Alan Hedge, Thomas Yates, Robert J. Copeland, Michael Loosemore, Mark Hamer, Gavin Bradley and David W. Dunstan, 'The Sedentary Office: A Growing Case for Change Towards Better Health and Productivity', *British Journal of Sports Medicine*, Vol. 49, No. 21 (2015):

1357–62.

3. C. B. Pert, M. R. Ruff, R. J. Weber and M. Herkenham, 'Neuropeptides and Their Receptors: A Psychosomatic Network', *Journal of Immunology*, Vol. 135 (2 Suppl.) (1985): 820s–26s.

4. Joshua Ian Davis, James J. Gross and Kevin N. Ochsner, 'Psychological Distance and Emotional Experience: What You See Is What You Get', *American Psychological Association*, Vol. 11, No. 2 (2011): 438–44.

5. T. A. Baskerville, A. J. Douglas, 'Dopamine and Oxytocin Interactions Underlying Behaviours: Potential Contributions to Behavioural Disorders', *CNS Neuroscience & Therapeutics*, Vol. 16, No. 3 (2010): e92–e123.

6. Paul J. Zak, 'Why Inspiring Stories Make Us React: The Neuroscience of Narrative', *Cerebrum*, Vol. 2 (2015).

7. Lea Winerman, 'The Mind's Mirror', *American Psychological Association*, Vol. 36, No. 9 (2005): 48–57.

8. G. Rizzolatti, L. Fadiga, G. Pavesi and L. Fogassi, 'Motor Facilitation During Action Observation: A Magnetic Stimulation Study', *Journal of Neurophysiology*, Vol. 73, No. 6 (1995): 2608–11.

9. M. Kosfeld, M. Heinrichs, P. J. Zak, U. Fischbacher and E. Fehr, 'Oxytocin Increases Trust in Humans,' *Nature*, Vol. 435, No. 2 (2005): 673–6.

10. 保羅·扎克（Paul Zak），《信任因子：信任如何影響大腦運作、激勵員工、達到組織目標》（*Trust Factor: The Science of Creating High-Performance Companies*）（電子書），如果出版社，2018年。

11. Jim Collins, *Good to Great: Why Some Companies Make the Leap . . . and Others Don't* (New York: Collins Business, 2001).

12. 小史蒂芬·柯維（Stephen M. R. Covey）、茹貝卡·梅瑞爾（Rebecca R. Merrill），《高效信任力：達成目標的極速能量》（*The Speed of Trust: The One Thing That Changes Everything*），天下文化，2008年。

13. David W. Merrill and Roger H. Reid, *Personal Styles & Effective Performance: Make Your Style Work For You* (Boca Raton, FL: CRC Press LLC, 1999).

14. Ken Robinson, 'Do Schools Kill Creativity?', TED Talk, 2006: https://www.ted.com/talks/ken_robinson_says_schools_kill_creativity.

15. Kenneth M. Heilman, Stephen E. Nadeau and David O. Beversdorf,

'Creative Innovation: Possible Brain Mechanisms', *Neurocase*, Vol. 9, No. 5 (2003): 369–79.

16. Ullrich Wagner, Steffen Gais, Hilde Haider, Rolf Verleger and Jan Born, 'Sleep Inspires Insight', *Nature*, Vol. 427, No. 6972 (2004): 352–5.

17. Marily Oppezzo and Daniel L. Schwartz, 'Give Your Ideas Some Legs: The Positive Effect of Walking on Creative Thinking', *Journal of Experimental Psychology: Learning, Memory, and Cognition*, Vol. 40, No. 4 (2014): 1142–52.

18. Carine Lewis and Peter J. Lovatt, 'Breaking Away from Set Patterns of Thinking: Improvisation and Divergent Thinking', *Thinking Skills and Creativity*, Vol. 9 (2013): 46–58.

19. Open Space: https://www.openspace.dk.

20. Mary B. Engler, PhD, et al., 'Flavonoid-Rich Dark Chocolate Improves Endothelial Function and Increases Plasma Epicatechin Concentrations in Healthy Adults', *Journal of the American College of Nutrition*, Vol. 23, No. 3 (2004): 197–204.

21. Lorenza S. Colzato, Annelies M. de Haan and Bernhard Hommel, 'Food for Creativity: Tyrosine Promotes Deep Thinking', *Psychological Research*, Vol. 79, No. 5 (2015): 709–14.

22. Des de Moor, *Walking Works* (London: The Ramblers Association and Macmillan Cancer Support, 2013) https://www.walkingforhealth.org.uk/sites/default/files/Walking%20works_LONG_AW_Web.pdf.

23. Tom Kerridge, *Tom Kerridge's Dopamine Diet: My Low-Carb, Stay-Happy Way to Lose Weight* (Bath: Absolute Press, 2017).

Part III

1. Pamela K. Smith, Nils B. Jostmann, Adam D. Galinsky and Wilco W. van Dijk, 'Lacking Power Impairs Executive Functions', *Psychological Science*, Vol. 19, No. 5 (2008): 441–7.

2. Health and Safety Executive, 'Stress and Psychological Disorders in Great Britain 2017': http://www.hse.gov.uk/statistics/causdis/stress/stress.pdf.

3. American Psychological Association, 'The Impact of Stress', 2012: http://

www.apa.org/news/press/releases/stress/2012/impact-report.pdf.

4. Eleanor Quested and Joan L. Duda, 'Antecedents of Burnout Among Elite Dancers: A Longitudinal Test of Basic Needs Theory', *Psychology of Sport and Exercise*, Vol. 12, No. 2 (2011): 159–67.

5. David Dobbs, 'The Science of Success', *The Atlantic*, December 2009: http://www.theatlantic.com/magazine/archive/2009/12/the-science-of-success/7761/.

6. Bruce J. Ellis and W. Thomas Boyce, 'Biological Sensitivity to Context', *Current Directions in Psychological Science*, Vol. 17, No. 3 (2008): 183–7.

7. Katty Kay and Claire Shipman, *The Confidence Code: The Science and Art of Self-Assurance – What Women Should Know* (New York: Harper Collins, 2014).

8. H. Benson, J. F. Beary and M. P. Carol, 'The Relaxation Response', *Psychiatry*, Vol. 37, No. 1 (1974): 37–46.

9. Toshiyo Taniguchi, Kumi Hirokawa, Masao Tsuchiya and Norito Kawakami, 'The Immediate Effects of 10-Minute Relaxation Training on Salivary Immunoglobulin A (s-IgA) and Mood State for Japanese Female Medical Co-workers', *Acta Medica Okayama*, Vol. 61, No. 3 (2007): 139–45.

10. Stephanie A. Shanti, *Prisoners of Our Own Mind: How Different Types of Meditation Contribute to Psychological and Physical Health* (Createspace Independent Publishing Platform, 2010).

11. Edmund Jacobson, *You Must Relax* (London: Souvenir Press, 1977) （亦可參見 https://joaomfjorge.files.wordpress.com/2016/05/edmund-jacobson-you-must-relax-healthpsychology.pdf）。

12. Carol S. Dweck, 'The Mindset of a Champion', *Stanford Medicine*, 5 February 2014: http://gostanford.com/sports/2014/5/2/209487946.aspx.

13. Carol S. Dweck, *Mindset: How You Can Fulfil Your Potential* (New York: Balantine Books, 2008).

14. Charles S. Carver, Michael F. Scheier and Suzanne C. Segerstrom, 'Optimism', *Clinical Psychology Review*, Vol. 30, No. 7 (2010): 879–89.

15. Sara L. Bengtsson, Raymond J. Dolan and Richard E. Passingham, 'Priming for Self-Esteem Influences the Monitoring of One's Own Performance', *Social Cognitive and Affective Neuroscience*, Vol. 6, No. 4 (2011): 417–25.

16. Mark Wheeler, 'Be Happy: Your Genes May Thank You for It', UCLA Newsroom, 29 July 2013: http://newsroom.ucla.edu/portal/ucla/don-t-worry-be-happy-247644.aspx.

17. Richard A. Bryant and Lilian Chan, 'Thinking of Attachments Reduces Noradrenergic Stress Response', *Psychoneuroendocrinology*, Vol. 60 (2015): 39–45.

18. 馬修‧利伯曼（Matthew D. Lieberman），《社交天性：人類如何成為與生俱來的讀心者？》（*Social: Why Our Brains Are Wired to Connect*），大牌出版，2018年。

19. Paul Zak, 'The Neuroscience of Trust', *Harvard Business Review* (Jan–Feb 2017): 85–90（亦可參見 https://hbr.org/2017/01/the-neuroscience-of-trust）。

20. Lara B. Aknin et al., 'Prosocial Spending and Well-Being: Cross Cultural Evidence for a Psychological Universal', *Journal of Personality and Social Psychology*, Vol. 104, No. 4 (2013): 635–52.

21. Bethany E. Kok et al., 'How Positive Emotions Build Physical Health: Perceived Positive Social Connections Account for the Upward Spiral Between Positive Emotions and Vagal Tone', *Journal of Psychological Science*, Vol. 24, No. 7 (2013): 1123–32.

22. Adam Grant, *Give and Take: The Surprising Power of the Good Guy in a Tough World* (London: Weidenfeld & Nicolson, 2014).

23. Kyeongho Byun et al., 'Positive Effect of Acute Mild Exercise on Executive Function Via Arousal-Related Prefrontal Activations: An fNIRS Study', *NeuroImage*, Vol. 98 (2014): 336–45.

24. Andrea M. Weinstein et al., 'The Association Between Aerobic Fitness and Executive Function Is Mediated By Pre-Frontal Cortex Volume', *Brain, Behavior, and Immunity*, Vol. 26, No. 5 (2012): 811–19.

Part IV

1. Gerd Kempermann et al., 'Why and How Physical Activity Promotes Experience-Induced Brain Plasticity', *Frontiers in Neuroscience*, Vol. 4, No. 189 (2010): 1–9.

2. Susan R. Barry, PhD, 'How to Grow New Neurons in your Brain', *Psychology Today*, 16 January 2011: https://www.psychologytoday.com/blog/eyes-the-brain/201101/how-grow-new-neurons-in-your-brain.

3. Shana Cole, Matthew Riccio and Emily Balcetis, 'Focused and Fired Up: Narrowed Attention Produces Perceived Proximity and Increases Goal-Relevant Action', *Motivation and Emotion*, Vol 38, No. 6 (2014): 815–22.

4. Iris W. Hung and Aparna A. Labroo, 'Firm Muscles to Firm Willpower: Understanding the Role of Embodied Cognition in Self-Regulation', *Journal of Consumer Research*, Vol. 37, No. 6 (2010): 1046–64.

5. Robert S. Weinberg and Jean M. Williams, 'Integrating and Implementing a Psychological Skills Training Programme', in Jean M. Williams (ed.), *Applied Sport Psychology: Personal Growth to Peak Performance* (International: McGraw-Hill, 2010).

6. 喬‧馬琴（Jo Marchant），《治癒力：訓練大腦治療身體，改善免疫系統，從此脫胎換骨（*Cure: A Journey into the Science of Mind Over Body*），愛米粒，2016年。

7. A. St Clair Gibson et al., 'The Conscious Perception of the Sensation of Fatigue', *Sports Medicine*, Vol. 33, No. 3 (2003): 167–76.

8. Christopher J. Beedie, 'Can a Placebo Make You Cycle Faster?', a clip from *Horizon: The Power of the Placebo*, 13 February 2014: http://www.bbc.co.uk/programmes/p01s6f3f（更多資訊可參見https://www.aber.ac.uk/en/news/archive/2014/02/title-146509-en.html）。

9. Christopher J. Beedie, 'Placebo Effects in Competitive Sport: Qualitative Data', *Journal of Sports Science Medicine*, Vol. 6, No. 1 (2007): 21–8.

10. Candace B. Pert, *Molecules of Emotion: Why You Feel the Way You Feel* (New York: Scribner, 1997).

11. Edward L. Deci, Anja H. Olafsen and Richard M. Ryan, 'Self-Determination Theory in Work Organizations: The State of a Science', *Annual Review of Organizational Psychology and Organizational Behaviour*, Vol. 4 (2017): 19–43.

12. L. Wang, H. Mascher, N. Psilander, E. Blomstrand and K. Sahlin, 'Resistance Exercise Enhances the Molecular Signaling of Mitochondrial Biogenesis Induced by Endurance Exercise in Human Skeletal Muscle', *Journal of Applied Physiology*, Vol. 111, No. 5 (1985): 1335–44.

13. Kelly A. Bennion, Jessica E. Payne and Elizabeth A. Kensinger, 'The Impact of Napping on Memory for Future-Relevant Stimuli: Prioritization Among Multiple Salience Cues', *Behavioural Neuroscience*, Vol. 130, No. 3 (2016): 281-9.

14. Alexis M. Chambers and Jessica D. Payne, 'Neural Plasticity and Learning: The Consequences of Sleep', *AIMS Neuroscience*, Vol. 1, No. 2 (2014): 163-8.

15. Jessica Payne, 'Talking Sleep', *Movius Consulting Blog*: http://www.moviusconsulting.com/talking-sleepjessica-payne/.

16. Marco Hafner, Martin Stepanek, Jirka Taylor, Wendy M. Troxel and Christian van Stolk, *Why Sleep Matters: The Economic Costs of Insufficient Sleep - A Cross-Country Comparative Analysis* (Cambridge, UK, Santa Monica, USA: The RAND Corporation, 2016).

17. Carol Connolly, Marian Ruderman and Jean Brittain Leslie, *Sleep Well, Lead Well: How Better Sleep Can Improve Leadership, Boost Productivity, and Spark Innovation*, Center for Creative Leadership White Paper, 2015: https://www.ccl.org/wp-content/uploads/2015/04/SleepWell.pdf.

18. Matthew Walker, *Why We Sleep: The New Science of Sleep and Dreams* (New York: Scribner, 2017).

19. Russell G. Foster, 'Body Clocks, Light, Sleep and Health', *D/A Magazine*, No. 15, January 2018: http://thedaylightsite.com/body-clocks-light-sleepand-health/.

20. Anne-Marie Chang, Daniel Aeschbach, Jeanne F. Duffy and Charles A. Czeisler, 'Evening Use of Light-Emitting eReaders Negatively Affects Sleep, Circadian Timing, and Next-Morning Alertness', *Proceedings of the National Academy of Sciences*, Vol. 112, No. 4 (2015): 1232-7.

21. Dr Guy Meadows, *The Sleep Book: How to Sleep Well Every Night* (London: Orion 2014).

22. Arianna Huffington, *The Sleep Revolution: Transforming Your Life, One Night at a Time* (London: W. H. Allen, 2016).

23. Dr Mike Dilkes and Alexander Adams, *Stop Snoring the Easy Way: And the Real Reasons You Need To* (London: Seven Dials, 2017).

裝備與工具

1. Lumo Lift（Android）或Upright Go（蘋果）——一種姿勢訓練程式，當你姿勢不正時會發出嗶嗶聲，可以單獨使用或結合智慧型手機和平板。
2. HeartMath emWave Pro——一種電腦程式與感應器，可以透過協調呼吸，提供生物回饋以改善心律變異性和提升連貫性，增加體內的DHEA。使用iPhone最適合。
3. Completecoherence.com——訓練協調性。跟前者功能相同，但是透過App形式，用電腦或Android手機最適合。
4. MUSE——腦部感測頭帶與App，讓你一邊冥想一邊獲得生物回饋，讓你了解大腦目前是多平靜或多激動。
5. Headspace.com——冥想App。
6. Equisync——提供音樂，讓你進行另一種形式的冥想：https://eocinstitute.org/meditation/。
7. Oblique Strategies——可以激發創意的App，每天會提供你一個詞彙或片語，激發你不同的思維。
8. Valkee——亮光耳機，可以提升血清素，防止季節性抑鬱症和調節時差。
9. Ultrabreathe 呼吸肌肉訓練器——一種提升呼吸性能的簡易裝置。

營養與健身專家

1. 營養學家賈斯汀・伊凡斯（Justine Evans），自然醫學醫師，大學主修營養醫學，http://www.justineevans.co.uk/。
2. 羅伯特・戴文波特（Robert Devenport），私人教練暨運動表現訓練師（可搜尋臉書和Instagram）。

商周其他系列　BO0301

突破生理限制的顛峰表現
你的「身體智能」，決定你的成就高度

原 文 書 名／Physical Intelligence：Harness Your Body's Untapped Intelligence to Achieve More, Stress Less and Live More Happily
作　　　者／克萊兒・戴爾（Claire Dale）、派翠西亞・佩頓（Patricia Peyton）
譯　　　者／曹嬿恆、陳松筠
企 劃 選 書／黃鈺雯
責 任 編 輯／黃鈺雯
編 輯 協 力／蘇淑君
版　　　權／黃淑敏、翁靜如
行 銷 業 務／莊英傑、周佑潔、黃崇華、王瑜

總 編 輯／陳美靜
總 經 理／彭之琬
事業群總經理／黃淑貞
發 行 人／何飛鵬
法 律 顧 問／台英國際商務法律事務所
出　　　版／商周出版　臺北市中山區民生東路二段141號9樓
　　　　　　電話：(02)2500-7008　傳真：(02)2500-7759
　　　　　　E-mail：bwp.service@cite.com.tw
發　　　行／英屬蓋曼群島商家庭傳媒股份有限公司　城邦分公司
　　　　　　台北市104民生東路二段141號2樓
　　　　　　電話：(02)2500-0888　傳真：(02)2500-1938
　　　　　　讀者服務專線：0800-020-299　24小時傳真服務：(02)2517-0999
　　　　　　讀者服務信箱：service@readingclub.com.tw
　　　　　　劃撥帳號：19833503
　　　　　　戶名：英屬蓋曼群島商家庭傳媒股份有限公司城邦分公司
香港發行所／城邦(香港)出版集團有限公司
　　　　　　香港灣仔駱克道193號東超商業中心1樓
　　　　　　電話：(825)2508-6231　傳真：(852)2578-9337
　　　　　　E-mail：hkcite@biznetvigator.com
馬新發行所／城邦(馬新)出版集團
　　　　　　Cite (M) Sdn Bhd
　　　　　　41, Jalan Radin Anum, Bandar Baru Sri Petaling,
　　　　　　57000 Kuala Lumpur, Malaysia.
　　　　　　電話：(603)9057-8822　傳真：(603)9057-6622　email: cite@cite.com.my

封 面 設 計／廖勁智　　內文設計暨排版／無私設計・洪偉傑　　印　刷／韋懋實業有限公司
經 銷 商／聯合發行股份有限公司　電話：(02)2917-8022　傳真：(02) 2911-0053
　　　　　地址：新北市231新店區寶橋路235巷6弄6號2樓

ISBN／978-986-477-701-3
定價／430元

2019 年（民108 ）8 月初版

國家圖書館出版品預行編目 (CIP) 數據

突破生理限制的顛峰表現：你的「身體智能」，決定你的成就高度 / 克萊兒.戴爾(Claire Dale), 派翠西亞.佩頓(Patricia Peyton)著；曹嬿恆, 陳松筠譯. -- 初版. -- 臺北市：商周出版：家庭傳媒城邦分公司發行, 民108.08
　面；　公分. -- (商周其他系列；BO0301)
譯自：Physical Intelligence：Harness Your Body's Untapped Intelligence to Achieve More, Stress Less and Live More Happily
ISBN 978-986-477-701-3 (平裝)

1.感覺生理

176.234　　　　　　　　　　108011531